高职高专"十二五"规划教材——汽车专业系列

汽车机械基础

主　审　奚　鹰
主　编　吴笑伟　晋兵营　陈宝华
副主编　李国富　杨长征　周　莉

东南大学出版社
·南京·

内容简介

本书是根据东南大学出版社"十二五"规划教材的要求编写的。本书基于工作过程系统化理念，整合了工程力学、汽车材料、机械原理、机械零件、液压传动等内容，以实用性、科学性和针对性为特色，以能力培养为主线，选取大量汽车工程中的实例，以实现汽车专业课程与基础课程的有机融合，组成了《汽车机械基础》课程的新体系。

本书探索项目导向、任务驱动课程模式，共分6个项目、18个任务。内容包括汽车构件的力学分析、汽车材料的识别与选用、常用零部件的应用与拆装、常用机构的应用与拆装、机械传动装置的应用与拆装、液压传动装置的应用与拆装。

本书主要作为应用型高职院校汽车检测与维修技术、汽车改装技术、汽车电子技术、汽车营销与服务等专业的必修课教材，也可以作为中职学校汽车类各专业学生的教材，还可以作为有关技术人员、管理人员和技术工人的培训教材和参考书。

图书在版编目(CIP)数据

汽车机械基础/ 吴笑伟，晋兵营，陈宝华主编. —南京：东南大学出版社，2016.1(2019.1 重印)
ISBN 978 - 7 - 5641 - 5986 - 3

Ⅰ.①汽… Ⅱ.①吴…②晋…③陈… Ⅲ.①汽车—机械学 Ⅳ.①U463

中国版本图书馆 CIP 数据核字(2016)第 013115 号

汽车机械基础

出版发行：	东南大学出版社
社　　址：	南京市四牌楼2号　邮编：210096
出版人：	江建中
责任编辑：	史建农　戴坚敏
网　　址：	http://www.seupress.com
电子邮箱：	press@seupress.com
经　　销：	全国各地新华书店
印　　刷：	丹阳市兴华印刷厂
开　　本：	787mm×1092mm　1/16
印　　张：	14
字　　数：	358 千字
版　　次：	2016月1月第1版
印　　次：	2019 年1月第2次印刷
书　　号：	ISBN 978 - 7 - 5641 - 5986 - 3
印　　数：	3001～5000 册
定　　价：	42.00元

本社图书若有印装质量问题，请直接与营销部联系。电话 025 - 83791830

高职高专"十二五"规划教材——汽车专业系列丛书编委会

编委会人员名单：（按姓氏笔画排序）

韦　倾　方　波　印德彬　刘志君　刘　涛
杜　潜　李　磊　吴炳理　吴　浩　邱翠蓉
何细鹏　张宝利　陈宝华　陈　高　林振琨
易宏彬　罗子华　周　欢　胡春红　耿会斌
聂　进　谈丽华　黄云力　鄂　义　董继明
熊少华

序

高等职业教育是高等教育的重要组成部分,高等职业教育是构建终身教育链条上的一个重要环节。没有高等职业教育的科学发展,就不可能有终身教育体系的建设和发展。人类进入21世纪,进入知识经济时代,在终身教育的背景下,对高等职业教育课程体系应当有一个新的认识,构建适合我国实际的高等职业教育课程体系已显得迫在眉睫。

高等职业教育课程体系必须本着服务行业、满足行业、适度超前的原则建构,基于战略发展设置育人标准、基于行业需要设置专业、基于岗位能力设置课程,这样才能促使高等职业教育健康、科学发展。以能力为核心的高等职业教育课程体系是进行高质量特色专业建设的关键和载体,已成为全国高职院校共同探讨的重大课题。

通过对国内外教材长时间以来的思考与探索,东南大学出版社正式启动了十二五规划教材编写项目。《汽车机械基础》就是在此背景下结合作者多年的教学经验编写的,旨在探索建立以"就业为导向、知识为基础、能力为本位"的适合高等职业教育的新型课程体系,以满足学生就业教育与终身教育的双重需求。该教材以实用性、科学性和针对性为特色,以能力培养为主线,突出了技能型教材的特点。

《汽车机械基础》教材系统整合工程力学、汽车材料、机械原理、机械零件、液压传动等内容,意在探索建立以能力为核心的适合高等职业教育的新型课程体系。除在内容上有所创新外,在体例上也有所突破,主要探索项目导向、任务驱动的课程模式。本书淡化学科体系,选取大量汽车工程中的实例,以实现汽车专业课程与基础课程的有机融合,培养学生分析问题和解决问题的能力。教材每一项目有项目描述和项目目标,每一任务有任务描述、任务分析、任务实施、相关知识、任务归纳和思考题,编写手段新颖,重点突出。

本教材内容丰富,实用性强,可作为应用型高职院校汽车检测与维修、汽车改装技术、汽车电子技术、汽车营销与服务等专业的必修课教材,也可以作为中职学校汽车类各专业学生的教材,还可以作为有关技术人员、管理人员和技术工人的培训教材和参考书。

以能力为核心的高等职业教育系列教材的开发和出版必将有力推动高等职业院校教学内容与课程体系改革。

同济大学教授、博导:奚鹰
2015年7月16日

前 言

本书是根据东南大学出版社《21世纪全国高职高专汽车系列技术技能型规划教材》的要求编写的,旨在满足全国高等职业教育技术技能型紧缺人才培养培训工程培养汽车类应用型人才的需要。

本书融汽车构件的力学分析、汽车材料的识别与选用、常用零部件的应用与拆装、常用机构的应用与拆装、机械传动装置的应用与拆装、液压传动装置的应用与拆装等内容为一体,意在探索建立以能力为核心的适合高等职业教育的新型课程体系。除在内容上有所创新外,在体例上也有所突破,主要探索项目引领、任务驱动的课程模式。本书融工程力学、机械原理、机械零件、液压传动等内容为一体,意在探索建立以能力为核心的适合高等职业教育的新型课程体系。本书基于工作过程系统化理念,以实用性、科学性和针对性为特色。除在内容上有所创新外,在体例上也有所突破,主要探索项目导向、任务驱动的课程模式。本教材以能力培养为主线,突出了技能型教材的特点,淡化学科体系,探索按理论行动体系组织教材,选取大量汽车工程中的实例,以实现汽车专业课程与基础课程的有机融合,培养学生分析问题和解决问题的能力。教材每一项目有项目描述和项目目标,每一任务有任务描述、任务分析、任务实施、相关知识、任务归纳和思考题,编写手段新颖,重点突出。

本书由河南交通职业技术学院吴笑伟、郑州铁路职业技术学院晋兵营、娄底职业技术学院陈宝华任主编,鄂州职业大学李国富、河南交通职业技术学院杨长征、重庆工业职业技术学院周莉任副主编,同济大学博导奚鹰教授任主审。同济大学奚鹰教授在百忙之中认真审阅了本书,提出了许多宝贵的意见和建议,特别是在许多方面给予了具体的指导,对提高本书的编写质量起到了很大的作用,作者在此致以衷心的感谢。

本书主要作为应用型高职院校汽车运用技术、汽车技术营销、汽车技术服务等专业的必修课教材,也可以作为中职学校汽车类各专业学生的教材,还可以作为有关技术人员、管理人员和技术工人的培训教材和参考书。由于时间仓促,水平有限,书中难免存在不妥或疏漏之处,恳请广大读者批评指正,以便再版时修正。

编 者
2015年12月

目 录

项目1　汽车构件的力学分析 ··· 1
　　任务1　汽车构件的静力学分析 ··· 1
　　任务2　汽车构件的强度分析 ··· 12
项目2　汽车材料的识别与选用 ··· 24
　　任务3　识别与选用汽车工程材料 ··· 24
　　任务4　识别与选用汽车运行材料 ··· 44
项目3　常用零部件的应用与拆装 ··· 73
　　任务5　螺纹连接件的应用与拆装 ··· 74
　　任务6　键连接装置的应用与拆装 ··· 82
　　任务7　联轴器的应用与拆装 ··· 87
　　任务8　销连接装置的应用与拆装 ··· 95
　　任务9　离合器的应用与拆装 ··· 100
　　任务10　轴系零部件的应用与拆装 ··· 107
　　任务11　制动器的应用与拆装 ··· 124
项目4　常用机构的应用与拆装 ··· 131
　　任务12　平面四杆机构的应用与拆装 ··· 132
　　任务13　凸轮机构的应用与拆装 ··· 142
项目5　机械传动装置的应用与拆装 ··· 150
　　任务14　带传动装置的应用与拆装 ··· 151
　　任务15　链传动装置的应用与拆装 ··· 160
　　任务16　齿轮传动装置的应用与拆装 ··· 167
项目6　液压传动装置的应用与拆装 ··· 193
　　任务17　认识液压千斤顶 ··· 193
　　任务18　液压元件的认识和拆装 ··· 198
参考文献 ··· 216

项目 1　汽车构件的力学分析

项目情境

汽车在高速行驶的过程中,车上的构件承受着复杂的作用力,同时存在多样的变形,对于一名汽车设计师或维修工程师而言,必须考虑汽车的安全性和可靠性,如怎样计算汽车转向盘的转矩、汽车发动机能提供的最大驱动力矩是多少、传动轴设计成空心是否合理、传动轴直径设计成多大才安全、制动踏板在制动时是否达到强度要求等。这些问题均可以利用工程力学知识进行解答。

项目目标

能力目标
1. 能对各种汽车构件进行静力学分析;
2. 能分析各种汽车零件的强度问题。

知识目标
1. 正确描述力矩、力偶矩;
2. 正确描述平面力系的平衡条件;
3. 正确描述各种基本变形的受力特点;
4. 正确描述拉伸与压缩、剪切与挤压、扭转与弯曲的强度计算。

任务 1　汽车构件的静力学分析

1.1　画受力图

任务描述

如图 1-1 所示结构,AB 杆中点作用力 F,杆 AB、BC 不计自重,杆 BC 在 B 端受到中间铰链约束。试确定 AB、BC 杆的受力图。

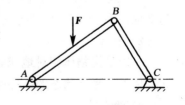

图 1-1　受约束杆件

任务分析

任务目标	知识目标	鉴定标准
1. 观察各种受力构件 2. 能正确分析构件受力 3. 能正确画受力图	1. 静力学基本概念 2. 静力学基本公理 3. 画受力图步骤	应知：静力学基本概念和公理 应会：正确画受力图

任务实施

画杆 BC 的受力图：

(1) 选取研究对象。选杆 BC 为研究对象。

(2) 受力分析。杆 BC 受二力作用处于平衡状态，是一个二力构件。故杆 BC 受力情况可利用二力平衡公理确定。

根据二力平衡公理，杆 BC 在 B 处受到约束力 F_{NB}，方向由 B 指向 C；在 C 处受到约束力 F_{NC}，方向由 C 指向 B。两个力大小相等，方向相反，作用在同一条直线上。

(3) 画受力图。杆 BC 受力如图 1-2(a) 所示。

画杆 AB 的受力图：

(1) 选取研究对象。选杆 AB 为研究对象。

(2) 受力分析。杆 AB 在 A、B 两点受力并受主动力 F 作用，是三力构件，中间铰点 B 按作用与反作用公理可确定其受力方向，即杆 AB 在 B 点受到约束力 F'_{NB}，与 F_{NB} 大小相等、方向相反。主动力 F 方向已知，按三力平衡汇交定理即可确定铰点 A 处的受力方向，A 处受力大小可利用力的平行四边形法则进行合成确定。

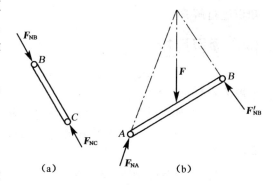

图 1-2 杆件受力图

(3) 画受力图。根据以上分析，杆 AB 的受力如图 1-2(b) 所示。

相关知识

1) 力系

力是指物体之间相互的作用。力的效应取决于力的大小、方向、作用点，这三个因素称为力的三要素。力具有方向性，所以力是一矢量，用带有箭头的线段来表示。力的法定计量单位为牛(N)或千牛(kN)。作用在物体上的一组力称为力系，力的作用线在同一平面内的力系称为平面力系，力的作用线汇交于一点的平面力系称为平面汇交力系。

2) 平衡

平衡是指物体相对地球处于静止或匀速直线运动的状态，是物体机械运动的特殊形式。让物体处于平衡状态的条件称为平衡条件，让物体处于平衡状态的力系称为平衡力系。

3) 约束

在静力学中，为了便于研究物体间的相互作用，将限制非自由体向某些方向运动的其他物体称为约束。约束作用于非自由体上的力称为约束力。例如轴承是轴的约束,轴承对轴的作用力就是约束力。

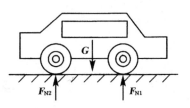

图1-3 汽车的约束力

如图1-3所示,在路上行驶的汽车受到地面的支撑力也是约束力。为与约束力相区别,将那些主动地作用于非自由体上,使非自由体产生运动或使非自由体有运动趋势的作用力称为主动力,如重力、牵引力等。而约束力却是被动的,它的大小和方向不仅与主动力有关,而且与接触处的约束特点有关。

4) 受力图

为了清楚地表示物体的受力情况,首先需要把所研究的物体从周围物体中分离出来,单独画出它的简图,这种从周围物体中分离出来的物体称为分离体。画出分离体上所有作用力的图,称为物体的受力图。

5) 刚体

在研究物体平衡时,若物体变形很小则可以忽略形变效应,假设物体受力后其几何形状和尺寸保持不变,这样的物体称为刚体,静力学的研究对象都是刚体。

6) 二力平衡公理

作用于刚体上的两个力,使刚体处于平衡状态的充要条件是:这两个力大小相等、方向相反且作用在同一直线上。如图1-4所示,即 $F = -F'$。工程中经常遇到不计自重,只受两个力作用而平衡的构件,称为二力构件,当构件为杆状时,又习惯称为二力杆。根据二力平衡公理,作用于二力杆上的两个力的作用线必定沿着两个力作用点的连线,且大小相等,方向相反。

图1-4 二力平衡条件

7) 作用力与反作用力公理

两个物体之间的作用力与反作用力总是成对出现,且大小相等,方向相反,沿着同一直线,但分别作用在这两个物体上。

由于作用力和反作用力分别作用在两个物体上,因此不能视为平衡力系。而二力平衡公理中的两个力则是作用在同一物体上,是平衡力系。

8) 三力平衡汇交定理

如图1-5所示,刚体受不平行三个力作用而平衡,若其中两个力的作用线交于一点,则第三个力的作用线必过此交点且三力共面。

9) 力平行四边形法则

如图1-6所示,作用于物体上同一点的两个力的合力也作用于该点,且合力的大小和方向可用这两个力为邻边所作的平行四边形的对角线来确定。

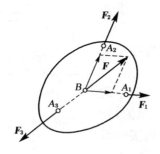
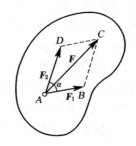

图 1-5　三力平衡汇交定理图　　　　图 1-6　力平行四边形法则

1.2　用平面汇交力系平衡条件求未知力

任务描述

图 1-7(a)所示为汽车制动操纵装置,制动时用力 F 踩踏板,通过拉杆 CD 使汽车制动。设 $F=100\text{ N}$,踏板和拉杆自重不计,求图示位置时拉力 F_Q 及铰链支座 B 的约束反力。

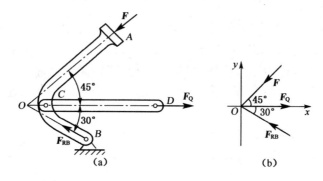

图 1-7　汽车制动操纵装置及受力图

任务分析

任务目标	知识目标	鉴定标准
1. 认识平面汇交力系 2. 能利用汇交平衡条件求未知力	1. 力在坐标轴上的投影方法 2. 平面汇交力系的平衡条件	应知:力的投影及平面汇交力系平衡条件 应会:用平面汇交力系平衡条件求未知力

任务实施

(1) 确定研究对象。选取整个制动踏板为研究对象。

(2) 受力分析。整个制动踏板受到三个力的作用,即在踩踏踏板的主动力 F、拉杆拉力 F_Q 及支座反力 F_{RB} 的作用下处于平衡状态。其中 F 和 F_Q 的方向已知,F_{RB} 方向待定。根据三力平衡汇交定理可得 F_{RB} 的作用线必定通过 F 和 F_Q 作用线的交点 O。画受力图如图 1-7(b)

所示。

(3) 列力的平衡方程求解未知力。

$$\sum F_x = 0 \quad F_Q - F_{RB}\cos 30° - F\cos 45° = 0 \tag{1-1}$$

$$\sum F_y = 0 \quad F_{RB}\sin 30° - F\sin 45° = 0 \tag{1-2}$$

由式(1-2)得 $F_{RB} = \dfrac{F\sin 45°}{\sin 30°} = \dfrac{100 \times 0.707}{0.5} = 141.4(\text{N})$

将 F_{RB} 的值代入式(1-1)解得 F_Q：

$$F_Q = F_{RB}\cos 30° + F\cos 45° = 141.4 \times 0.866 + 100 \times 0.707 = 193.2(\text{N})$$

相关知识

1) 力在坐标轴上的投影

如图 1-8 所示，设力 F 作用于物体的 A 点，在力 F 作用线所在的平面内取直角坐标系 xOy，分别过力 F 的始点 A 和终点 B 分别向 x 轴引垂线，得到垂足 a、b，则线段 ab 称为力 F 在 x 轴的投影，用 F_x 表示。同理，过 A、B 两点分别向 y 轴引垂线得到垂足 a'、b'。线段 $a'b'$ 称为力 F 在 y 轴上的投影，用 F_y 表示。

力的投影是代数量，其正负号规定如下：由 a 到 b 的方向与 x 轴正向一致时，力的投影为正，反之为负。

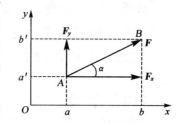

图 1-8 力在坐标轴上的投影

若已知力 F 的大小及其与 x 轴的夹角 α，则力 F 在 x、y 轴上的投影 F_x、F_y 为

$$\left. \begin{array}{l} F_x = \pm F\cos\alpha \\ F_y = \pm F\sin\alpha \end{array} \right\} \tag{1-3}$$

2) 平面汇交力系的平衡条件

平面汇交力系的平衡条件为：力系中各力在每个坐标轴上投影的代数和都等于零。即

$$\left. \begin{array}{l} \sum F_x = 0 \\ \sum F_y = 0 \end{array} \right\} \tag{1-4}$$

式(1-4)称为平面汇交力系的平衡方程。

1.3 认识力偶矩

任务描述

图 1-9 所示为驾驶员双手操作转向盘的示意图，现对其操作分析如下：

问题一：驾驶员双手如何用力才能保持转向盘静止不动？

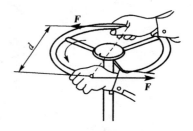

图 1-9 汽车转向盘的操作

问题二：驾驶员双手如何用力才能使转向盘转动？

问题三：如果驾驶员双手施加的力增大一倍，双手之间的距离减少一半，转向盘的转动有无变化？

任务分析

任务目标	知识目标	鉴定标准
1. 正确描述力矩的应用 2. 正确描述力偶矩的应用 3. 能分析力矩与力偶矩的异同	1. 力矩的概念 2. 力偶、力偶矩的概念 3. 力矩和力偶矩的作用特点	应知：力矩和力偶矩的概念及应用 应会：用力矩和力偶矩知识分析相关受力构件

任务实施

问题一：驾驶员双手如何用力才能保持转向盘静止不动？

分析：汽车转向盘是转动物体，转向盘保持静止不动，说明转向盘处于平衡状态，也就是转向盘上所有力矩的代数和等于零，即符合力矩平衡条件：$\sum M_O(\boldsymbol{F}) = 0$。驾驶员双手施加两个力，双手作用在转向盘的力矩应该大小相等，转向相反，且双手作用在转向盘上的力臂大小相等。

问题二：驾驶员双手如何用力才能使转向盘转动？

分析：双手欲使转向盘转动，双手的作用力应大小相等，方向相反，作用线平行，且不在同一条直线上，相当于有力偶作用在转向盘上。

问题三：如果驾驶员双手施加的力增大一倍，双手之间的距离减少一半，转向盘的转动如何变化？

分析：转向盘的转动没有变化，因为作用在转向盘上的力偶矩大小和方向没有改变，力偶使转向盘转动的效应就没有改变。

相关知识

1) 力矩

力对刚体的效应，包括平动效应和转动效应。转动效应可用力对点的矩（简称力矩）来度量。

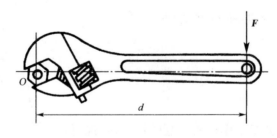

图 1-10 力对点之矩

如图 1-10 所示，当用扳手拧螺母时，力对螺母的转动效应不仅与力的大小 **F** 有关，还与

力 F 至转动中心 O(矩心)的垂直距离 d(力臂)有关。因此用力的大小 F 与力臂 d 的乘积及其转动方向来度量力的转动效应,称为力 F 对矩心 O 之矩,简称为力矩,记为 $M_O(F)$,即

$$\sum M_O(F) = \pm Fd \tag{1-5}$$

式(1-5)中正负号表示力矩在其作用面上的转向,一般规定:力 F 使刚体绕矩心做逆时针转动时为正,反之为负。力矩的国际单位为牛·米(N·m)。

作用于转动物体上的所有力的力矩代数和等于零,则转动物体将处于静止不动。这就是力矩平衡条件。即

$$\sum M_O(F) = 0 \tag{1-6}$$

2) 力偶矩

力偶是指作用于物体上大小相等、方向相反、作用线平行的两个力组成的力系。如图 1-11 所示,司机双手转动转向盘就是力偶作用的例子。力偶用符号 (F, F') 表示,F、F' 分别表示组成力偶的两个力。

力偶使刚体产生纯转动的效应可以用力偶矩来度量。力偶矩指力偶中力的大小与力偶臂的乘积,记为 M,即

$$M = \pm Fd \tag{1-7}$$

式(1-7)中 d 为力偶臂,指力偶中两个力之间的垂直距离,如图 1-12(a)所示。正负号表示力偶的转动方向。一般规定:使物体做逆时针转动的力偶矩为正,反之为负,如图 1-12(b)所示。力偶矩的单位为牛·米(N·m)。

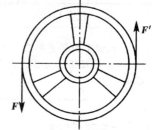

图 1-11 力偶的应用

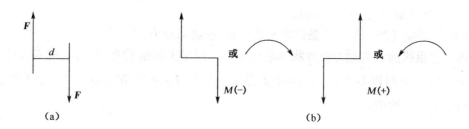

图 1-12 力偶矩的符号

1.4 用平面任意力系的平衡条件求未知力

任务描述

一辆汽车起重机,车重 $G_1 = 26$ kN,起重机吊臂重 $G_2 = 4.5$ kN。尺寸如图 1-13 所示,单位是"m",假设吊臂在起重机对称面内,且放在图示位置,试求汽车不致翻倒的最大起重重量 G_{max}。

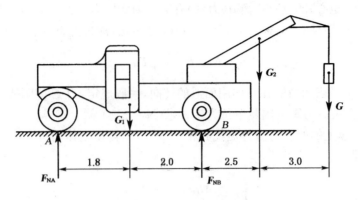

图 1-13 汽车起重机

📋 任务分析

任务目标	知识目标	鉴定标准
1. 认识平面任意力系 2. 能利用任意力系平衡条件求未知力	1. 平面任意力系的平衡条件 2. 平衡方程的表达形式	应知:平面任意力系平衡条件 应会:用平面任意力系平衡条件求未知力

📋 任务实施

(1) 确定研究对象,进行受力分析,画出受力图。

取车载式起重机整机为研究对象,如图 1-13 所示,车重 G_1,地面约束反力 F_{NA} 和 F_{NB},吊臂重力 G_2 和起重量 G,且处于平衡状态。

(2) 根据平面任意力系平衡条件列平衡方程,求解未知力。

车载式起重机前轮离地的临界状态是起重量达到最大值的状态,此时地面对前轮的约束反力 $F_{NA}=0$,若此时以 B 点为矩心列平衡方程 $\sum M_B(F)=0$,方程中只有一个未知量 G_{max},可以顺利求出 G_{max} 的值。即

$$M_B(G_1) + M_B(G_2) + M_B(G_{max}) = 0$$

代入数据得

$$26 \times 2 - 4.5 \times 2.5 - G_{max} \times 5.5 = 0$$

则

$$G_{max} = \frac{26 \times 2 - 4.5 \times 2.5}{5.5} = 7.41 \text{(kN)}$$

所以车子不致侧翻的最大起重重量为 7.41 kN。

📋 相关知识

平面任意力系的平衡条件为:力系中各力在每个坐标轴上投影的代数和都等于零,各力对任一点力矩的代数和也等于零。即

$$\left.\begin{array}{l}\sum \boldsymbol{F}_x = 0 \\ \sum \boldsymbol{F}_y = 0 \\ \sum M_O(\boldsymbol{F}) = 0\end{array}\right\} \qquad (1\text{-}8)$$

式(1-8)称为平面任意力系的平衡方程,也是平面任意力系平衡方程的基本形式,其中,前两式为投影方程,第三式为力矩方程。这三个方程式完全独立,因而应用它可以求解包含三个未知量的平衡问题。

平面任意力系平衡方程除了基本形式外,还有其他两种形式:

(1) 二力矩式

$$\left.\begin{array}{l}\sum \boldsymbol{F}_x = 0 \text{(或} \sum \boldsymbol{F}_y = 0) \\ \sum M_A(\boldsymbol{F}) = 0 \\ \sum M_B(\boldsymbol{F}) = 0\end{array}\right\} \qquad (1\text{-}9)$$

式(1-9)的使用条件为:A、B 两点的连线不能与 x 轴或 y 轴垂直。

(2) 三力矩式

$$\left.\begin{array}{l}\sum M_A(\boldsymbol{F}) = 0 \\ \sum M_B(\boldsymbol{F}) = 0 \\ \sum M_C(\boldsymbol{F}) = 0\end{array}\right\} \qquad (1\text{-}10)$$

式(1-10)的使用条件为:A、B、C 三点不能在同一条直线上。

任务归纳

1) 通过任务的分析和实施,掌握汽车构件静力学分析的基本知识:

(1) 作用于刚体上的两个力,使刚体处于平衡状态的充要条件是:这两个力大小相等、方向相反,且作用在同一直线上。

(2) 两个物体之间的作用力与反作用力总是成对出现,且大小相等,方向相反,沿着同一直线,但分别作用在这两个物体上。

(3) 刚体受不平行三个力作用而平衡,若其中两个力的作用线交于一点,则第三个力的作用线必过此交点且三力共面。

(4) 作用于物体上同一点的两个力的合力也作用于该点,且合力的大小和方向可用这两个力为邻边所作的平行四边形的对角线来确定。

(5) 力矩与力偶矩不同点:力矩是力使物体绕矩心转动效应的量度,力偶矩是力偶对物体转动效果的量度;力矩与矩心有关,力偶矩与矩心无关;力矩不能完全描述一个力,力偶矩能完全描述一个力偶。

(6) 力矩与力偶矩相同点:单位相同,均为 N·m;符号相同,逆时针转动为正,顺时针转动为负。

2) 在静力学分析中,可以通过对力的效应、力矩与力偶矩的异同、平面力系的平衡条件三方面内容的掌握达到对常见汽车构件进行受力分析的能力。

任务测评

技能目标	自评	互评	备注
1. 会画二力杆的受力图吗？			
2. 已知三力平衡下的两个力,会确定第三个力吗？			
3. 平面汇交力系平衡条件是什么？			
4. 驾驶员双手如何用力才能保持转向盘静止不动？			
5. 驾驶员双手如何用力才能使转向盘转动？			
6. 如果驾驶员双手施加的力增大一倍,双手之间的距离减少一半,转向盘的转动有何变化？			

个人小结：

教师评价： 教师签名

思考题

一、选择题

1. 一对等值、反向、不共线的平行力组成的力系称为（　　）。
   A. 平衡力系　　　　　　　　　　　　B. 力偶
   C. 作用力与反作用力　　　　　　　　D. 力矩

2. 一对作用力与反作用力（　　）平衡力系。
   A. 属于　　　　　　　　　　　　　　B. 不属于
   C. 就是　　　　　　　　　　　　　　D. 以上都不对

3. 举重时，双手匀速向上推杠铃，推力为 F_t；杠铃向下压在手上，压力为 F_y。杠铃终将被举起，此二力的关系为（　　）。
   A. F_t 大于 F_y
   B. F_t 小于 F_y
   C. F_t 和 F_y 等值、反向、共线，符合二力平衡公理
   D. F_t 和 F_y 等值、反向、共线，但分别作用在两个物体上，符合作用力与反作用力公理

4. 下列动作中，属于力的作用的有（　　）；属于力矩的作用的有（　　）；属于力偶作用的有（　　）。
   A. 用扳手拧紧螺母　　　　　　　　　B. 司机双手转动转向盘
   C. 用丝锥攻螺纹　　　　　　　　　　D. 用手指旋转水龙头
   E. 用羊角锤起钉子　　　　　　　　　F. 踏自行车脚蹬

5. 平面任意力系的平衡条件是（　　）。
   A. 各力在坐标轴上投影的代数和为零　　B. 各力对任一点力矩的代数和为零
   C. 同时满足 A 和 B　　　　　　　　　　D. 以上都不是

二、简答题

1. 汽车司机操纵转向盘时，可用双手对转向盘施加一力偶，也可用一只手对转向盘施加一个力。这种操纵方式对于汽车的转向效果是一样的吗？能否说力偶可以用力来等效替换？为什么？

2. 什么是力在坐标轴上的投影，怎样计算？又怎样确定其正负号？

3. 力矩与力偶有何不同？

三、计算题

如图 1-14 所示，在刚性直角弯杆 ABC 的 C 点作用一力 $F = 80$ N，$\alpha = 30°$，$a = 2$ m，$b = 3$ m，试求：

(1) 力 F 在水平和垂直方向的分力 F_x 和 F_y；
(2) F_x 和 F_y 对点 A 之矩；
(3) 力 F 对点 A 之矩。

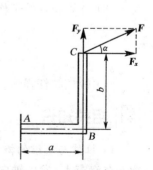

图 1-14　直角弯杆受力图

任务2 汽车构件的强度分析

2.1 拉伸与压缩的强度分析

任务描述

如图2-1所示为一拖车挂钩的钢拉杆,拉杆受力 $F = 40 \text{ kN}$,若拉杆材料的许用应力 $[\sigma] = 100 \text{ MPa}$,横截面为矩形,且 $b = 3a, a = 20 \text{ mm}$,试校核钢拉杆的强度。

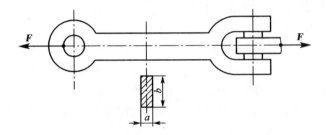

图2-1 拖车钢拉杆

任务分析

任务目标	知识目标	鉴定标准
1. 正确认识拉伸与压缩的受力及变形特点 2. 能校核受拉伸或压缩构件的强度	1. 拉伸与压缩的概念 2. 内力、应力的计算方法 3. 拉伸与压缩时的强度计算	应知:拉伸与压缩的概念及内力、应力的计算方法 应会:准确校核构件受拉伸或压缩时的强度

任务实施

(1) 确定拉杆内力。由截面法可知,钢拉杆的内力 $F_N = F = 40\,000 (\text{N})$

(2) 确定拉杆横截面面积 A。$A = ab = 20 \times 60 = 1\,200 (\text{mm}^2)$

(3) 计算拉杆的工作应力。由式(2-2)得

$$\sigma = \frac{F_N}{A} = \frac{40\,000}{1\,200} = 33.33 (\text{MPa})$$

(4) 校核拉杆强度。因为 $\sigma < [\sigma]$,所以拉杆的强度足够。

相关知识

1) 拉伸与压缩的概念

在汽车上,发生轴向拉伸与压缩的构件很多,承受拉伸与压缩变形的杆件称为拉杆或压杆。如内燃机中的连杆、压缩机中的活塞杆等。如图2-2所示的螺栓连接,螺栓承受沿轴线方向作用的拉力,杆件沿轴向方向产生伸长变形,这种变形称为轴向拉伸,反之称为轴向压缩。

拉伸与压缩杆件的受力特点是:作用在杆件上的两个力大小相等、方向相反。杆件的变形特点是:杆件沿轴线方向伸长或缩短。

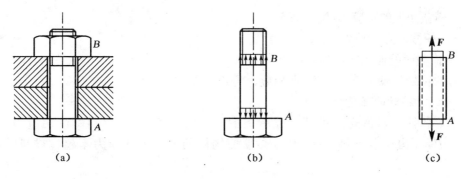

图 2-2 螺栓连接

2) 内力的计算

拉(压)杆在轴向外力作用下产生变形,内部材料微粒之间的相对位置发生了改变,其相互作用力也发生了改变。这种由外力引起的杆件内部相互作用力的改变量,称为内力。内力随着外力的增大而增大,当内力到达一定限度时,杆件就会发生破坏。

求内力的基本方法是截面法,如图 2-3 所示,为求得杆件任一截面 $m-m$ 上的内力,可用一平面假想沿截面 $m-m$ 将杆件截成 Ⅰ、Ⅱ 两段,然后任取一段作研究。杆件断开之后,内力就显现出来,内力的合力用 F_N 表示,针对 Ⅰ 段根据平衡条件可得 $F_N = F$,由于内力作用线必沿杆件轴线方向,故称内力 F_N 为轴力。

轴力的符号可根据杆件的变形情况来规定:当杆件受拉伸而伸长时,轴力的方向离开截面,其轴力为正;反之,轴力为负。按此规定,无论取杆件 Ⅰ 段还是 Ⅱ 段为研究对象,所求得的轴力不仅数值相等,而且符号也相同。当轴向外力较多时,内力可按圣文南原理计算,即任意截面的内力等于该截面一侧所有外力的代数和,其计算公式为

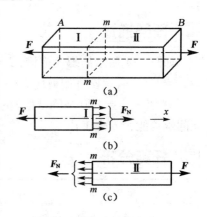

图 2-3 截面法求内力

$$F_N = \sum F_{(一侧)} \tag{2-1}$$

式中:F_N——横截面上的内力(N);

$F_{(一侧)}$——该截面一侧的外力(N)。

3) 应力的计算

针对两根材料相同但截面积不同的杆件施加拉力,若拉力相同,则两杆轴力相同,但随着拉力不断增加,横截面面积小的杆件必然先断,这说明杆件的强度与横截面面积的大小有关,横截面面积越小,轴力在横截面上就分布得越集中,人们把内力在横截面上分布的密集度,即横截面单位面积上的内力称为应力。其中垂直于截面的应力称为正应力,以 σ 表示,平行于截

面的应力称为剪应力,以 τ 表示。

在拉(压)杆中,横截面上的应力为正应力,横截面上各点的应力大小相等,其计算公式为

$$\sigma = \frac{F_N}{A} \tag{2-2}$$

式中：σ——横截面上的正应力(MPa)；

F_N——横截面上的轴力(N)；

A——横截面的面积(mm^2)。

正应力的符号与轴力符号一致,即拉应力为正,压应力为负。

4) 拉伸(压缩)时的强度计算

工程中对各种材料都规定了其所能承担的最大应力值,称为材料的许用应力,用符号 $[\sigma]$ 表示。为保证构件具有足够的强度,必须使构件的最大工作应力不超过材料的许用应力,即

$$\sigma_{max} = \frac{F_N}{A} \leqslant [\sigma] \tag{2-3}$$

式(2-3)称为拉伸(压缩)时的强度条件。

2.2 剪切与挤压时的强度分析

任务描述

如图 2-4 所示的螺栓连接,$F = 20\ kN$,钢板厚度为 $t = 10\ mm$,螺栓许用剪应力 $[\tau] = 200\ MPa$,许用挤压应力 $[\sigma_{jy}] = 200\ MPa$,螺栓的直径 $d = 16\ mm$。试问螺栓能否安全工作？

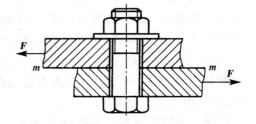

图 2-4　螺栓连接示意图

任务分析

任务目标	知识目标	鉴定标准
1. 正确认识剪切与挤压的受力及变形特点 2. 能校核受剪切或挤压构件的强度	1. 剪切与挤压的概念 2. 剪切与挤压的实用计算 3. 剪切与挤压的强度计算	应知：剪切与挤压的概念及应力计算方法 应会：准确校核构件受剪切或挤压时的强度

任务实施

1) 校核螺栓的剪切强度

(1) 计算螺栓的剪力 F_Q。如图 2-5(c)所示,$F_Q = F = 20\ kN$

(2) 计算螺栓的剪应力。如图 2-5(d)所示,根据式(2-4)可得螺栓的剪应力,即

$$\tau = \frac{F_Q}{A} = \frac{4F_Q}{\pi d^2} = \frac{4 \times 20 \times 10^3}{3.14 \times 16^2} \approx 99.5\ (MPa)$$

项目 1　汽车构件的力学分析

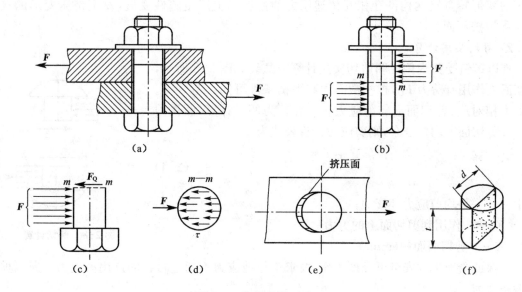

图 2-5　螺栓连接受力图

因为 $\tau < [\tau]$，所以螺栓满足剪切强度条件。

2) 校核螺栓的挤压强度

(1) 计算螺栓所受挤压力 F_{jy}。如图 2-5(e)所示，$F_{jy} = F = 20 \text{ kN}$

(2) 计算螺栓挤压应力 σ_{jy}。如图 2-5(f)所示，根据式(2-6)可得螺栓的挤压应力，即

$$\sigma_{jy} = \frac{F_{jy}}{A_{jy}} = \frac{F}{td} = \frac{20 \times 10^3}{10 \times 16} = 125 (\text{MPa})$$

因为 $\sigma_{jy} < [\sigma_{jy}]$，所以螺栓满足挤压强度要求。综上，螺栓能安全工作。

相关知识

1) 剪切与挤压的概念

汽车上常会有构件如铆钉、螺栓、销等受到一对大小相等、方向相反、作用线相距很近的外力作用，这时构件将产生剪切和挤压变形。如图 2-6 所示，剪切变形的特点是位于两作用力之间的构件横截面发生相对错动，发生相对错动的面称为剪切面。如图 2-7 所示，

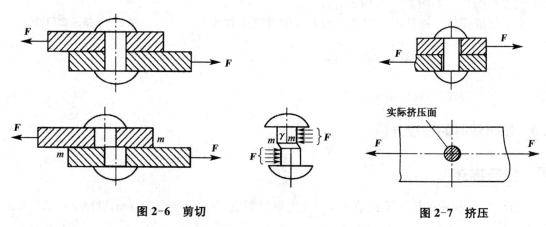

图 2-6　剪切　　　　　　　　　　　图 2-7　挤压

挤压的变形特点是两构件在相互传递压力的接触面上产生塑性变形,发生挤压变形的接触表面称为挤压面。

2)剪切实用计算

现以铆钉受剪为例说明剪切实用计算方法。如图 2-8 所示,剪切面上作用有剪力 F_Q,根据截面法和平衡条件可知:$F_Q = F$。与剪力相对应,剪切面上有剪应力 τ 存在。为便于计算,假设剪应力在剪切面上均匀分布,则剪应力计算公式为

$$\tau = \frac{F_Q}{A} \quad (2-4)$$

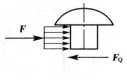

式中:τ——平均剪应力(MPa);
F_Q——作用到剪切面上的剪力(N);
A——剪切面面积(mm^2)。

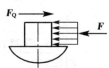

图 2-8 剪切计算

为保证受剪构件安全可靠地工作,要求工作剪应力不超过材料的许用剪应力。所以剪切强度条件为

$$\tau = \frac{F_Q}{A} \leqslant [\tau] \quad (2-5)$$

式中:$[\tau]$——材料的许用剪应力。

3)挤压实用计算

如图 2-9 所示,挤压面上的压力称为挤压力,用 F_{jy} 表示,相应的应力称为挤压应力,用 σ_{jy} 表示,假定挤压应力在挤压面上均匀分布,则挤压应力计算公式为

$$\sigma_{jy} = \frac{F_{jy}}{A_{jy}} \quad (2-6)$$

式中:σ_{jy}——平均挤压应力(MPa);
F_{jy}——作用到挤压面上的挤压力(N);
A_{jy}——有效挤压面面积(mm^2)。

当接触面为平面时,有效挤压面积即为接触面面积;当挤压面为圆柱面时,有效挤压面积为实际接触面积在垂直于挤压力的平面上的投影面积。如图 2-5(f)所示。

为了保证受挤压构件不致因挤压而失效的强度条件为

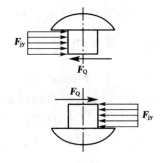

图 2-9 挤压实用计算

$$\sigma_{jy} = \frac{F_{jy}}{A_{jy}} \leqslant [\sigma_{jy}] \quad (2-7)$$

式中:$[\sigma_{jy}]$——材料的许用挤压应力。

2.3 轴扭转时的强度分析

任务描述

如图 2-10 所示的汽车传动轴 AB 由无缝钢管制成,外径 $D = 100\ mm$,壁厚 $\delta = 2.5\ mm$,

传递的最大转矩为 $M = 1.5\text{ kN}\cdot\text{m}$,材料的 $[\tau] = 90\text{ MPa}$,试校核该轴的强度。

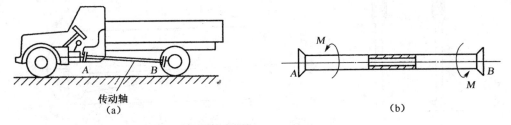

图 2-10 汽车传动轴扭转变形

任务分析

任务目标	知识目标	鉴定标准
1. 正确认识轴扭转时的受力及变形特点 2. 能进行轴扭转时的强度计算	1. 轴扭转的概念 2. 扭矩的计算方法 3. 轴扭转时的强度计算方法	应知:轴扭转的概念及扭矩计算方法 应会:准确校核轴扭转时的强度

任务实施

1) 计算传动轴的内力

传动轴上各截面最大扭矩等于外力偶矩,即 $M_{T\max} = M = 1\,500\text{ N}\cdot\text{m}$。

2) 计算其最大剪应力

空心截面轴抗扭截面系数为

$$W_P = \frac{\pi D^3}{16}(1-\alpha^4) = 0.2 \times 100^3 \left[1-\left(\frac{95}{100}\right)^4\right] = 37\,098(\text{mm}^3)$$

最大剪应力为 $\tau_{\max} = \dfrac{M_{T\max}}{W_P} = \dfrac{1\,500 \times 10^3}{37\,098} = 40.4(\text{MPa})$。

3) 校核传动轴强度

$$\tau_{\max} = 40.4\text{ MPa} < [\tau]$$

所以传动轴 AB 的强度足够。

相关知识

1) 圆轴扭转的概念

汽车上有很多发生扭转的构件,例如传递发动机动力的传动轴,传递转向扭矩的转向轴。另外,如图 2-11 中所示的螺丝刀亦是扭转变形实例。

如图 2-12 所示,这些发生扭转构件的受力特点是:在杆件的两端作用两个大小相等、转向相反,且作用面与轴线垂直的力偶。其变形特点是:杆件各横截面都绕轴线做相对转动,这种变形形式称为扭转。可以把发生扭转的杆件称为轴,这里只研究轴的扭转问题。

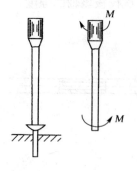
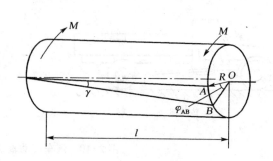

图 2-11 扭转构件　　　　　　　图 2-12 轴的扭转特点

2) 扭矩的计算

当轴上作用有外力偶矩时，轴才会发生扭转变形。但在工程实际中外力偶矩往往不会直接给出，而是给出轴所传递的功率和轴的转速。外力偶矩的计算公式为

$$M_e = 9\,550 \frac{P}{n} \tag{2-8}$$

式中：M_e——外力偶矩（N·m）；
　　　P——轴所传递的功率（kW）；
　　　n——轴的转速（r/min）。

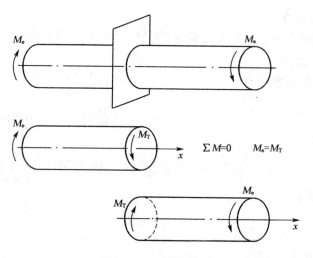

图 2-13 扭矩的计算

如图 2-13 所示，轴扭转时，称任一截面上的内力偶矩 M_T 为扭矩，其大小等于该截面一侧所有外力偶矩的代数和，计算公式为

$$M_T = \sum M_{e(一侧)} \tag{2-9}$$

式中：M_T——横截面上的内力偶矩（N·m）；
　　　$M_{e(一侧)}$——该截面一侧的外力偶矩（N·m）。

符号由右手螺旋法则判定：以四指握向表示旋向，拇指指向背离截面为正，指向截面为负。

3)圆轴扭转强度计算

如图 2-14 所示,圆轴扭转时,横截面上没有正应力,只存在剪应力,剪应力的分布规律为:横截面上某点剪应力的大小与该点至圆心的距离成正比,方向垂直于截面半径线性分布且与扭矩 M_T 转向一致。

由剪应力分布规律可知,圆截面上边缘各点的剪应力最大,其计算公式为

$$\tau_{max} = \frac{M_T}{W_P} \tag{2-10}$$

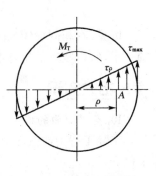

图 2-14 剪应力分布规律

式中:τ_{max}——最大剪应力(MPa);
M_T——扭矩(N·mm);
W_P——抗扭截面系数(mm^3),$W_P = \frac{\pi D^3}{16}$,D 为实心圆轴截面直径,对于空心轴而言,$W_P = \frac{\pi D^3}{16}(1-\alpha^4)$,$\alpha$ 为空心轴内外径之比。

圆轴扭转时,为保证正常工作,最大工作剪应力不能超过材料的许用剪应力,所以,圆轴扭转的强度条件为

$$\tau_{max} = \frac{M_T}{W_P} \leqslant [\tau] \tag{2-11}$$

式中:$[\tau]$——许用剪应力(MPa)。

2.4 梁弯曲时的强度分析

任务描述

一矩形截面梁,其截面的高宽之比 $\frac{h}{b}=2$,在相同的受力条件下,梁截面竖放合理还是平放合理?

任务分析

任务目标	知识目标	鉴定标准
1. 正确认识梁弯曲时的受力及变形特点 2. 能进行梁弯曲时的强度计算	1. 直梁弯曲的概念 2. 弯矩的计算方法 3. 直梁弯曲时的强度计算方法	应知:直梁弯曲的概念及弯矩计算方法 应会:准确校核直梁弯曲时的强度

任务实施

虽然题目没有给出具体数据,但可以通过两种不同放置方式下最大弯曲应力的比值来求解。利用式(2-12)可得

$$\frac{\sigma_{\text{竖放}}}{\sigma_{\text{平放}}} = \frac{M/W_{z\text{竖}}}{M/W_{z\text{平}}} = \frac{W_{z\text{平}}}{W_{z\text{竖}}} = \frac{hb^2/6}{bh^2/6} = \frac{b}{h} = \frac{1}{2}$$

可见,在相同弯矩、相同材料许用弯曲应力情况下,竖放时横截面上的弯曲应力是平放时的一半,所以竖放的抗弯能力强,竖放合理。

相关知识

1) 直梁弯曲的概念

实际工程中或汽车上常遇到发生弯曲变形的构件,如图 2-15 所示的行车大梁和车削中的工件。

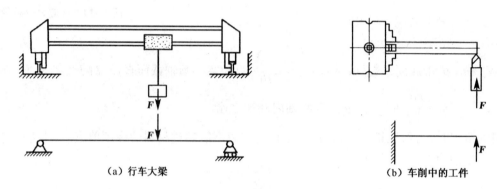

(a) 行车大梁　　　　　　(b) 车削中的工件

图 2-15　弯曲构件

如图 2-16 所示,这些发生弯曲构件的受力和变形特点是:在构件轴线平面内受力偶作用或受垂直于轴线方向的力作用,使构件的轴线弯曲成曲线,这种变形称为平面弯曲。可以把以弯曲为主要变形的杆件称为梁。

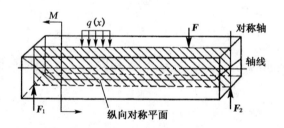

图 2-16　梁的弯曲特点

2) 弯矩的计算

如图 2-17 所示,梁在弯曲变形时,使梁的轴线发生弯曲的内力偶矩 M 称为弯矩。任一截面的弯矩等于该截面一侧所有外力对该截面形心力矩的代数和。截面左侧外力对截面形心之矩顺时针转向为正,反之为负;截面右侧外力对截面形心之矩逆时针转向为正,反之为负。

3) 梁弯曲时的强度计算

如图 2-18 所示,梁截面上的正应力沿截面高度方向按线性规律分布,横截面上的最大弯曲正应力发生在上下边缘各点上,其计算公式为

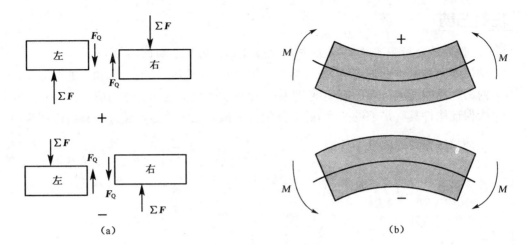

图 2-17 弯矩的计算

$$\sigma_{\max} = \frac{M}{W_z} \tag{2-12}$$

式中：$\sigma_{\max}$——最大弯曲正应力(MPa)；

M——弯矩(N·mm)；

W_z——抗弯截面系数(mm^3)，$W_z = \frac{bh^2}{6}$，b、h 分别为梁横截面的宽度和高度。

当梁发生弯曲时，横截面上的正应力以拉应力和压应力两种形式存在，通常用 σ_c 表示压应力，用 σ_t 表示拉应力。

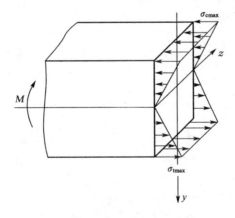

图 2-18 弯曲正应力分布规律

梁弯曲时，为保证正常工作，最大弯曲正应力不能超过材料的许用弯曲应力，所以，梁弯曲的强度条件为

$$\sigma_{\max} = \frac{M}{W_z} \leqslant [\sigma_w] \tag{2-13}$$

式中：$[\sigma_w]$——许用弯曲应力(MPa)。

任务归纳

1) 通过任务的分析和实施,掌握汽车构件强度分析的基本知识:

(1) 构件的四种基本变形形式为:拉伸与压缩、剪切与挤压、轴的扭转和梁的弯曲。

(2) 内力在横截面上分布的密集度,即横截面单位面积上的内力称为应力。

(3) 为保证构件具有足够的强度,必须使构件的最大工作应力不超过材料的许用应力。

(4) 拉伸与压缩时的强度条件为 $\sigma_{max} = \dfrac{F_N}{A} \leqslant [\sigma]$

(5) 剪切强度条件为 $\tau = \dfrac{F_Q}{A} \leqslant [\tau]$

挤压强度条件为 $\sigma_{jy} = \dfrac{F_{jy}}{A_{jy}} \leqslant [\sigma_{jy}]$

(6) 圆轴扭转的强度条件为 $\tau_{max} = \dfrac{M_T}{W_P} \leqslant [\tau]$

(7) 梁弯曲的强度条件为 $\sigma_{max} = \dfrac{M}{W_z} \leqslant [\sigma_w]$

2) 掌握利用其强度条件对汽车常见构件进行强度校核、尺寸确定、抗破坏性能等方面的分析能力。

任务测评

技能目标	自评	互评	备注
1. 知道轴向拉伸或压缩杆件的受力和变形特点吗?			
2. 能列举几个汽车上受剪切的构件吗?			
3. 汽车传动轴一般是实心还是空心的?			
4. 能列举几个汽车上受弯曲的杆件吗?			
5. 会进行各种变形的强度分析吗?			

个人小结:

教师评价: 教师签名

思考题

一、选择题

1. 单位面积上的内力称为（　　）。
   A. 外力　　　　　B. 内力　　　　　C. 应力　　　　　D. 强度
2. 以扭转为主要变形的杆件称为（　　）。
   A. 梁　　　　　　B. 轴　　　　　　C. 杆　　　　　　D. 构件
3. 弯曲最大应力发生在（　　）。
   A. 最小弯矩截面的轴线上　　　　　B. 最大弯矩截面的轴线上
   C. 最大弯矩截面的上下边缘　　　　D. 最小弯矩截面的上下边缘
4. 长度和截面面积相同的两杆，一是钢杆，一是铜杆，若受同样大小的拉力作用，则此两杆的内力（　　），应力（　　），变形（　　），许用应力（　　）。
   A. 相同　　　　　B. 不同　　　　　C. 无法比较　　　D. 很难比较
5. 在校核材料的剪切和挤压强度时，当其中有一个超过许用值时，强度（　　）。
   A. 不够　　　　　B. 足够　　　　　C. 无法判断　　　D. 很难比较

二、简答题

1. 简述各种变形的受力和变形特点。
2. 汽车上发生各种变形的构件分别有哪些？
3. 梁弯曲时的内力只有弯矩吗？为什么？

三、计算题

1. 图 2-19 所示为一液压千斤顶，其上、中、下三段顶杆的横截面面积分别为 $A_1 = 50 \text{ mm}^2$、$A_2 = 100 \text{ mm}^2$ 和 $A_3 = 200 \text{ mm}^2$，顶杆材料 40Cr，其许用应力 $[\sigma] = 900 \text{ MPa}$，若用此千斤顶顶起 $m = 3\,000 \text{ kg}$ 的重物，则顶杆内的最大应力为多少？顶杆是否满足强度要求？
2. 某一汽车传动轴传递的功率 $P = 80 \text{ kW}$，转速 $n = 580 \text{ r/min}$，材料的许用剪应力 $[\tau] = 160 \text{ MPa}$，试确定该轴满足传动要求的最小直径。
3. 如图 2-20 所示，用钢索起吊一钢管，钢索的直径 $d = 40 \text{ mm}$，许用应力 $[\sigma] = 10 \text{ MPa}$，试确定用该钢索按图示吊装方式的最大起重重量。

图 2-19　千斤顶

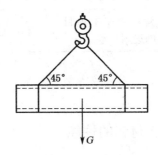

图 2-20　钢索吊装

项目 2　汽车材料的识别与选用

项目情境

汽车材料包括汽车工程材料和汽车运行材料。用于生产汽车的材料种类很多,有钢铁、有色金属、塑料、橡胶、玻璃、陶瓷等。据统计,近几年生产的一辆普通轿车,其主要材料的重量构成比大致为钢铁 65%~70%,有色金属 10%~15%,非金属材料 20% 左右。其中钢铁类材料所占的比重比较过去虽有所下降,但仍是汽车材料的主体,有色金属中的铝及铝合金,非金属材料中的塑料所占的比重,有了较大幅度的提高,各种新型材料,如轻金属材料、复合材料、高技术合成材料等越来越多地用于现代汽车结构。

本项目的学习可以使学生掌握常用汽车材料的分类、品种和牌号,以及合理选用汽车材料的基本知识和相关技能。

任务 3　识别与选用汽车工程材料

任务目标

了解各种汽车工程材料的性能和分类;掌握各种汽车工程材料的牌号;重点掌握各种汽车工程材料在汽车中的应用。

任务要求

能力目标	知识要点	相关知识	权重	自测分数
了解相关知识	各种汽车工程材料的性能和分类	(1) 强度、硬度、塑性、韧性的概念 (2) 各种汽车工程材料的分类	25%	
熟练掌握知识点	各种汽车工程材料的牌号及用途	(1) 各种汽车工程材料的牌号表示方法 (2) 各种汽车工程材料的用途	45%	
运用知识分析案例	常用汽车工程材料的选用技术	常用汽车工程材料的正确选择和使用	30%	

3.1　金属材料

3.1.1　金属材料的性能

选用金属材料时首先要考虑材料的使用性能,同时要考虑材料的工艺性能和经济性能。

使用性能是指金属材料在使用过程中表现出来的性能,包括力学性能、物理性能和化学性能。工艺性能是指材料在各种加工过程中表现出来的性能,包括铸造、焊接、热处理和切削加工等性能。当然还要考虑经济性能,力求材料选用的总成本最低。在选用汽车零部件材料时,一般以力学性能作为主要依据。所谓力学性能是指金属材料在外力作用下所表现出来的性能,包括强度、塑性、硬度、韧性及疲劳强度等指标。

1) 强度

强度是抵抗永久变形和断裂的能力。强度大小常用应力表示。工程上常把抗拉强度作为金属材料的基本强度指标。抗拉强度可以通过拉伸试验测定,常用强度判据为屈服强度和抗拉强度。

(1) 屈服强度　在拉伸试验中,当金属材料呈现屈服现象时,在试验期间达到塑性变形发生而力不增加的最小应力称为屈服强度,应区分上屈服强度 R_{eH} 和下屈服强度 R_{eL}(上屈服强度是指试样发生屈服而力首次下降前的最大应力;下屈服强度是指试样发生屈服期间,不计初始瞬时效应时的最小应力)。屈服强度表示的是金属材料抵抗微量塑性变形的能力。零件的工作应力应低于零件的屈服强度,否则零件就会因过量塑性变形而报废。

(2) 抗拉强度　金属材料拉断前所能承受的最大应力称为抗拉强度,以 R_m 表示。抗拉强度表示金属材料抵抗断裂破坏的能力,零件的工作应力应低于零件的抗拉强度,否则零件就会发生断裂破坏。

2) 塑性

断裂前材料发生不可逆永久变形的能力叫塑性。常用的塑性判据是断后伸长率和断面收缩率。

(1) 断后伸长率　试样拉断后,标距的伸长与原始标距的百分比称为断后伸长率,以 A 表示。

(2) 断面收缩率　试样拉断后,缩颈处横截面积的最大缩减量与原始横截面积的百分比称为断面收缩率,以 Z 表示。

A 和 Z 越大,表示材料的塑性越好;反之,表示材料的塑性越差,脆性越大。

特别提示 3-1

GB/T 228.1—2010《金属材料拉伸试验第 1 部分:室温试验方法》与 GB/T 228—2002《金属材料室温试验方法》差异较大,但目前我国的企业标准还未同步修订。由于标准修订不同步,应力等符号本教材采用 R 表示,某些参考资料可能仍然采用 σ 等表示。

强度和塑性是两个矛盾的力学指标,一般强度高的材料,塑性较差。

3) 硬度

硬度是指材料抵抗局部变形,尤其是塑性变形、压痕或划痕的能力。硬度是衡量金属软硬程度的判据,在一定程度上反映了材料的综合力学性能,应用很广。

材料的硬度是通过硬度试验测得的。硬度试验方法较多,生产中常用的是布氏硬度、洛氏硬度试验法。布氏硬度值用符号 HB 表示(用淬火钢球为压头时,符号为 HBS,新国标已取消;用硬质合金球为压头时,符号为 HBW)。洛氏硬度用符号 HR 表示(常用的是 HRA、HRB 和 HRC 三种,其中 HRC 应用最广)。洛氏硬度与布氏硬度的试验原理不同,两者不能相互比较。

4)韧性及疲劳强度

(1)韧性 金属材料抵抗冲击载荷而不破坏的能力称为冲击韧性。韧性的判据是通过冲击试验确定的。试样被冲断时所吸收的能量称为冲击吸收功。冲击吸收功除以试样缺口处截面积,即可得到材料的冲击韧度,用符号 α_k 表示。冲击吸收功越大,材料韧性越好,在受到冲击时越不容易断裂。而冲击韧度的大小受试样形状、表面粗糙度、内部组织等影响,不能真正代表材料的韧性,只作为选材的参考。

(2)疲劳强度 许多机械零件,如汽车的曲轴、齿轮、钢板弹簧等,在工作过程中承受交变载荷的作用。在交变载荷产生的交变应力作用下,零件所承受的应力虽然小于材料的屈服强度,但往往因工作时间过长而突然发生断裂。这种在多次交变载荷作用下突然发生断裂的现象称为金属的疲劳。试样承受无限次应力循环或达到规定的循环次数才断裂的最大应力,称为材料的疲劳强度,以 σ_{-1} 表示(新国标以 R_{-1} 表示)。疲劳强度与抗拉强度有一个大致的关系,抗拉强度高,疲劳强度也高。

金属材料的各种力学性能之间有一定联系,一般来说,提高金属的强度、硬度,往往会减低其塑性、韧性;反之,提高塑性、韧性,则又会削弱其强度。因此,在选用汽车零部件材料时要兼顾各项力学性能。

3.1.2 常见金属材料

常用的金属材料分为铁基(黑色金属)和非铁基(有色金属)金属材料两大类。在汽车行业中应用最广的是铁基金属材料。

1)铁基金属材料

铁基金属材料包括非合金钢、合金钢和铸铁。含碳量小于 2.11% 的铁碳合金称为钢,含碳量大于 2.11% 的铁碳合金称为铸铁。一般要求的汽车零件多采用非合金钢和铸铁制造,较高要求的汽车零件则采用合金钢制造。

知识链接 3-1

最早的铁器是用陨石铁制成的。我国是世界上最早炼钢的国家,早在公元前6世纪的春秋晚期就有了生铁器物,后来又用生铁炼成钢。而西方在19世纪才从我国工匠处学到生铁炼钢技术,但此后西方冶金技术不断进步,已远远超过我国。

自然界中,铁以铁矿石的形式出现。钢的制取较复杂:先要将铁矿石在高炉中用碳或一氧化碳还原得到生铁,这一过程称铁的冶炼。然后将生铁与废钢在炼钢炉中炼成钢,这一过程称钢的冶炼。钢的冶炼实质上是一个氧化过程。它以生铁和废钢为原料,在熔化状态通过氧化使碳含量降低到某成分范围,并使所含杂质降到一定限度以下,合金钢还需要添加合金元素,最后获得所需成分的钢液。

(1)非合金钢

非合金钢又称碳素钢(简称碳钢),是指含碳量小于 2.11%,并含有少量硅、锰、磷、硫等杂质元素的铁碳合金。碳钢在汽车工业中应用广泛,常用来制造机油盘、气缸盖、曲轴和连杆等。碳钢按用途分为结构钢和工具钢;按质量分为普通质量、优质和特殊质量(按钢中有害杂质硫、磷的含量划分)钢。

① 普通碳素结构钢

该类钢通常不进行热处理而直接使用,因此只考虑其力学性能和有害杂质的含量,不考虑含碳量。GB/T 700—2006 规定,碳素结构钢牌号由 Q(屈服强度的"屈"字汉语拼音字首)、屈服强度数值、质量等级和脱氧方法四部分按顺序组成。质量等级有 A(w_S≤0.050%、w_P≤0.045%)、B(w_S≤0.045%、w_P≤0.045%)、C(w_S≤0.040%、w_P≤0.040%)、D(w_S≤0.035%、w_P≤0.035%)四种。脱氧方法用汉语拼音字首表示:"F"—沸腾钢、"Z"—镇静钢、"TZ"—特殊镇静钢,通常"Z"和"TZ"可省略。例如 Q235A 表示 R_{eH}≥235 MPa,质量等级为 A 级的碳素结构钢。

Q195、Q215 钢有一定强度,塑性好,主要用于制造镀锌薄钢板、冲压件和烟筒等。Q235 钢强度较高,用于制造发动机支架、机油滤清器法兰、同步器锥盘、驻车制动器操纵杆棘爪和齿板等。Q255、Q275 钢强度高,质量好,用于制造摩擦离合器、主轴等。

② 优质碳素结构钢

该类钢有害杂质元素含量较少,塑性和韧性较好,一般需进行热处理,主要用于制造较重要的机械零件。优质碳素结构钢按冶金质量分为优质钢、高级优质钢(A)和特级优质钢(E)。优质碳素结构钢的牌号用两位数字表示,数字表示钢中平均含碳量的万分数(质量分数)。如 40 钢表示平均含碳量为 0.40% 的优质碳素结构钢。较高含锰量钢,则在其牌号后面标以"Mn",如 15Mn 钢表示平均含碳量为 0.15%,含锰量在 0.7%~1.2% 的优质碳素结构钢。高级优质钢在数字后面加"A";特级优质钢在数字后面加"E"。

优质碳素结构钢按含碳量分为低碳钢(w_C 在 0.25% 以下)、中碳钢(w_C 为 0.25%~0.60%)和高碳钢(w_C 为 0.60%~0.85%)。低碳钢强度低,塑性和韧性好,主要用于制造受力不大、韧性要求高的汽车车身、驾驶室、车门、散热器罩、柴油机活塞销、凸轮轴、凸轮等。中碳钢强度较高,塑性和韧性也较好,应用广泛。一般需经正火或调质处理后使用,主要用于制造齿轮、轴类、曲轴、连杆等。高碳钢经热处理后,可获得较高的弹性极限、足够的韧性和一定的强度,常用来制造弹性零件和易磨损的零件,如转向系接头弹簧、弹簧垫圈和各种卡环、锁片等。

③ 碳素工具钢

碳素工具钢的含碳量为 0.65%~1.35%,一般需热处理后使用。这类钢都是优质钢或高级优质钢,硬度高,耐磨性好,主要用于制造刀具、模具和量具。

碳素工具钢的牌号由汉字"碳"的汉语拼音第一个字母"T"加上阿拉伯数字组成,其数字表示钢中平均含碳量的千分数。如:T8 钢表示平均含碳量为 0.8% 的碳素工具钢。若为高级优质碳素工具钢,则应在牌号后面标以字母"A",如 T12A 钢表示平均含碳量为 1.2% 的高级优质碳素工具钢。

④ 铸钢

铸钢的含碳量为 0.15%~0.60%,主要用来制造形状复杂、难以进行锻造或切削加工成形,且要求较高强度和韧性的零件,如机油管法兰、操纵杆接头等。

牌号首位冠以"ZG"("铸钢"二字汉语拼音字首)。GB/T 5613—2014 规定,铸钢牌号有两种表示方法:用力学性能表示时,在"ZG"后面有两组数字,第一组数字表示该牌号钢屈服点的最低值,第二组数字表示其抗拉强度的最低值。如 ZG 340—640 钢表示 R_{eH}≥340 MPa、R_m≥640 MPa 的工程用铸钢;用化学成分表示时,在"ZG"后面的一组数字表示平均含碳量的万分数(平均含碳量大于 1% 时不标出,平均含碳量小于 0.1% 时第一位数字为"0")。在数字后面排列各主要合金元素符号,每个元素符号后面用整数标出其含量的百分数。如 ZG15Cr2Mo2V 钢,表示平均 $w_C = 0.15\%$、$w_{Cr} = 2\%$、$w_{Mo} \leqslant 15\%$、$w_V \leqslant 1.5\%$ 的铸钢。

⑤ 易切削结构钢

易切削结构钢具有易切削性能,主要用做采用高效专用自动机床加工的零件,如汽车中大量应用的螺栓、螺母、小型销轴等标准件,也可用做轻型汽车的轴、齿轮和曲轴等。

易切削结构钢的牌号是在同类结构钢牌号前冠以"Y"以区别其他结构钢。例如 Y20 表示平均含碳量为 0.20% 的易切削结构钢。

(2) 合金钢

碳钢虽然应用广泛,但不能用于大尺寸、重载荷的零件,也不能用于耐腐蚀、耐高温的零件,而且热处理工艺性能不佳。为改善碳钢的组织和性能,在碳钢中有目的地加入一种或几种合金元素所形成的铁基合金,称为低合金钢或合金钢。合金钢按合金元素的含量分为低合金钢、合金钢;按用途又分为结构钢、工具钢和特殊性能钢。

特别提示 3-2

使用合金钢时要进行热处理,以便充分发挥合金元素的作用。合金钢优点虽多,但也存在一些缺点:成本高,冲压、切削性能较差。在使用金属材料时,应在满足零件性能的前提下尽量使用碳钢。

① 低合金结构钢

低合金结构钢是在低碳钢中加入少量合金元素(合金元素总量小于 3%)而得到的钢。一般在热轧或正火状态下使用,不再进行热处理。

牌号表示方法与普通碳素结构钢相同。如 Q345 表示 $R_{eH} \geqslant 345$ MPa 的低合金结构钢。Q345 是我国产量最大、使用最多的低合金结构钢,其综合力学性能、焊接性能、加工性能良好,在汽车中主要用于制作车身,还可用于制造高强度连接件。国产载重汽车的大梁绝大部分采用 Q345 钢。

② 合金结构钢

在碳素结构钢中加入合金元素而得到的钢称为合金结构钢。牌号表示依次为两位数字、元素符号和数字。前两位数字表示钢中平均含碳量的万分数,元素符号表示钢中所含的合金元素,元素符号后的数字表示合金元素平均含量的百分数(若平均质量分数<1.5%时,元素符号后不标出数字)。如 20CrMnTi 钢,表示钢中平均含碳量为 0.2%,铬、锰、钛的平均含量均小于 1.5%。合金结构钢根据性能和用途又分为合金渗碳钢、合金调质钢、合金弹簧钢和滚动轴承钢等。

a. 合金渗碳钢　适用于渗碳、淬火和低温回火热处理方式的合金结构钢称为合金渗碳钢。含碳量在 0.10%~0.25% 之间,可保证零件表面耐磨、心部韧性好的需求。20CrMnTi 是应用最广泛的合金渗碳钢,常用来制造汽车的变速齿轮、轴、活塞销等零件。

b. 合金调质钢　合金调质钢是在中碳钢的基础上加入一些合金元素,经调质处理后使用的钢。用于制造承受重载荷、受力复杂、要求综合力学性能良好的重要零件。此类钢中 40Cr、40MnB 适用于中等截面的结构件,如汽车连杆螺栓、后桥半轴等;40CrNiTi、37CrNi3 适用于大截面的、承受大载荷的重要结构件,如中间轴、曲轴等。

c. 合金弹簧钢　适合于做弹簧的合金结构钢称为合金弹簧钢。弹簧是汽车中应用较多的零件,在受振动、受冲击载荷及交变载荷的状态下工作,要求弹簧钢应具有高弹性极限和疲劳强度,以及足够的韧性。为了获得所需性能,弹簧钢的含碳量在0.45%～0.75%之间,热处理方法为淬火加中温回火。65Mn、55Si2Mn、60Si2Mn主要用于制造截面尺寸小于25 mm的各种螺旋弹簧和钢板弹簧;55CrMnA、60CrMnA主要用于制造截面尺寸小于50 mm的各种螺旋弹簧和钢板弹簧。

d. 滚动轴承钢　滚动轴承钢是制造滚动轴承内、外圈及滚动体的专用钢,其牌号依次由"滚"字汉语拼音字母"G"、合金元素符号"Cr"和数字组成。其数字表示平均含铬量的千分数,含碳量不标出。如GCr15表示平均含铬量为1.5%的轴承钢,它是轴承钢中应用最多的钢,主要用于制造壁厚小于12 mm、外径小于50 mm的套圈和直径为25～50 mm的钢球。该类钢的最终热处理方法为淬火加低温回火。

③ 合金工具钢

合金工具钢是在碳素工具钢中加入合金元素(Si、Mn、Cr、V、Mo等)制成的。合金工具钢常用来制造各种量具、模具和切削刀具,对应地分为量具钢、模具钢和刃具钢。

合金工具钢的牌号表示方法与合金结构钢基本相似,不同的是平均含碳量大于或等于1%时,牌号中不标出碳的质量分数,平均含碳量小于1%时,则以一位数字表示,表示平均含碳量的千分数。

④ 特殊性能钢

特殊性能钢是指具有某些特殊的性能,能在特殊的工作条件下使用的钢。其牌号表示方法与合金工具钢基本相同,不同的是平均含碳量小于0.03%或小于0.08%时,牌号分别以"00"或"0"为首。例如00Cr17Ni14Mo2、0Cr18Ni11Ti钢等。常用的特殊性能钢有不锈钢、耐热钢和耐磨钢。

a. 不锈钢　是指在腐蚀介质中具有高抗腐蚀能力的钢。按所含合金元素的不同,分为铬不锈钢和铬镍不锈钢。常用的铬不锈钢牌号有1Cr13、2Cr13、3Cr13和4Cr13等,常用来制造在腐蚀介质下工作的轴承和弹簧等;常用的铬镍不锈钢牌号有1Cr18Ni9和2Cr18Ni9等,常用来制造腐蚀介质下工作的零件,如汽车空气压缩机阀片、外装饰件等。

b. 耐热钢　是指在高温下具有良好的抗氧化性能和较高强度的钢。耐热钢分为抗氧化钢和热强钢,在汽车上常用的是热强钢,牌号有4Cr9Si2、4Cr10Si2Mo、15CrMo等,主要用来制造在高温下工作的发动机进、排气门。

c. 耐磨钢　是指具有高抗磨损能力的钢。常用的一种是高锰钢,适用于制造在强烈冲击下工作、要求耐磨的零件(如车辆履带、挖掘机铲斗、铁道道岔、坦克和战车的装甲等)。ZGMn13是典型的耐磨钢,在受到强大的冲击和压力的条件下,具有较高的耐磨性和韧性。高锰钢切削加工困难,大多铸造成型。

知识链接 3-2

早期的铬不锈钢太贵、太软,不能用来造枪,常被用来制造各种餐具。后来人们发现,在不锈钢中再加入少量的镍、钼、钛、硅等,能进一步提高不锈钢的抗锈本领。现在,人们又研制出各种彩色不锈钢,它们是由普通不锈钢经着色和固化工艺获得的。

锰钢在200多年前就有了,但那时人们却不愿意使用它。因为在钢中掺入锰,钢就会变得硬而脆。如果含锰量达到3.5%,锰钢就变得如同玻璃一般,一碰就碎。后来,英国年轻的冶金学家海费德进行了多次试验,发现当含锰量增加到13%时,锰钢就会变得硬且韧。从此,锰钢身价倍增,成为重要的工业材料。

(3) 铸铁

含碳量高于2.11%的铁碳合金称为铸铁。除铁、碳元素外,铸铁还含有较多的硅、锰、硫、磷等杂质元素。铸铁具有良好的铸造性能、切削性能及一定的力学性能,在汽车中应用广泛。常见的汽车铸铁零件有合金铸铁气缸体、灰铸铁变速器壳、可锻铸铁驱动桥壳、球墨铸铁凸轮轴等。根据碳在铸铁中存在形态的不同,铸铁可分为以下六种:

① 白口铸铁

碳在铁中以渗碳体形式存在,断口呈亮白色,称白口铸铁。由于有大量硬而脆的渗碳体,故其硬度高、脆性大,极难切削加工,主要用作炼钢原料。

② 灰铸铁

碳在铸铁组织中以片状石墨形式存在(如图3-1(a)所示),断口呈灰色。灰铸铁软而脆,具有良好的铸造性、耐磨性、减振性和切削加工性。它是生产中使用最多的铸铁,常用来制造形状复杂、强度要求不高的零件,如气缸体、气缸盖、气缸套、油缸、泵体、阀体、变速器壳体等。灰铸铁的牌号是以"HT"和其后的一组数字表示,"HT"表示"灰铁"二字的汉语拼音字首,其后一组数字表示其最低抗拉强度。如HT200表示最低抗拉强度为200 MPa的灰铸铁。

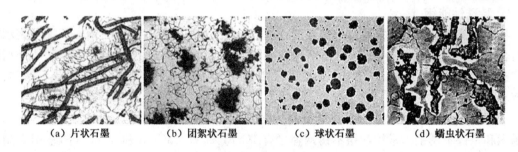

(a) 片状石墨　　(b) 团絮状石墨　　(c) 球状石墨　　(d) 蠕虫状石墨

图 3-1　碳在铸铁中的存在形态

③ 可锻铸铁

碳在铸铁组织中以团絮状石墨形式存在(如图3-1(b)所示),它是由一定成分的白口铸铁经过可锻化退火而得到的铸铁。可锻铸铁有较高的力学性能,强度、塑性和韧性比灰铸铁好,尤其是塑性和韧性有明显提高,但可锻铸铁并不可锻造。常用来制造一些形状复杂而强度和韧性要求较高的薄壳零件、低压阀门和各种管接头等。可锻铸铁的牌号为"KT"加两组数字组成,"KT"表示"可铁"二字的汉语拼音字首,第一组数字表示最低抗拉强度,第二组数字表示最小伸长率。如KT300—06表示最低抗拉强度为300 MPa、最小伸长率为6%的可锻铸铁。

④ 球墨铸铁

碳在铸铁组织中以球状石墨形式存在(如图3-1(c)所示),它是将铁液经过球化处理和孕育处理而得到的铸铁。球墨铸铁具有较好的力学性能,常用来制造受力复杂,强度、韧性和耐磨性要求高的零件,如曲轴、连杆、凸轮轴和轮毂等。球墨铸铁的牌号用"QT"加两组数字表示,"QT"为"球铁"二字的汉语拼音字首,第一组数字表示最低抗拉强度,第二组数字表示最小伸长率。如QT400—18表示最低抗拉强度为400 MPa、最小伸长率为18%的球墨铸铁。

⑤ 蠕墨铸铁

碳在铸铁组织中以蠕虫状石墨形式存在(如图 3-1(d)所示),它是将铁液经过蠕化处理和孕育处理而得到的铸铁。蠕墨铸铁是一种很有发展前景的铸铁,具有良好的抗热疲劳性、导热性、铸造性、减振性,常用来制造柴油机气缸盖、进排气管、制动盘和制动鼓等。蠕墨铸铁的牌号以"RuT"和其后的一组数字表示,"RuT"表示"蠕铁"二字的汉语拼音字首,其后一组数字表示其最低抗拉强度。如 RuT420 表示最低抗拉强度为 420 MPa 的蠕墨铸铁。

⑥ 合金铸铁

在灰铸铁或球墨铸铁中加入一定量的合金元素所形成的铸铁称为合金铸铁,它具有耐热、耐磨、耐蚀等特殊性能。汽车中常用的有耐热铸铁和耐磨铸铁。

a. 耐热铸铁　是在球墨铸铁中加入硅、铝、铬等合金元素,以获得在高温下具有抗氧化性的铸铁。常用来制造高温条件下工作的发动机进、排气门座和排气管密封环等。

b. 耐磨铸铁　是在灰铸铁中加入钼、铜、钛、磷等合金元素,以获得具有较高耐磨性的铸铁。常用来制造在高温下强烈摩擦的气缸套、活塞环等。

2) 非铁基金属材料

非铁基金属材料是指钢铁材料以外的所有金属材料,也称有色金属材料。与钢铁材料相比,有色金属价格高、产量低,但由于其具有许多优良特性,容易满足汽车上某些零件的特殊要求,有重要的地位,因此成为不可缺少的工程材料。汽车上常用的非铁基金属主要有铝、铜及其合金和滑动轴承合金。近年来,镁、钛、锌及其合金和粉末冶金材料等的应用也日趋广泛。

(1) 铝及其合金

纯铝显著的特点是密度小,导电、导热性优良,强度、硬度低,塑性好,有良好的耐蚀性,故纯铝主要用于做导电、导热材料或耐蚀零件。汽车加热器、散热器、蒸发器、油冷却器多用纯铝制作;另外,纯铝还可用做装饰件、铭牌等。

铝合金是在铝中加入硅、铜、镁、锌、锰等制成的,不仅强度提高,还可通过变形、热处理等方法进一步强化。有些铝合金的强度与低碳钢相当,比强度(强度与密度之比)则胜过某些合金钢。所以,铝合金常用来制造要求质量轻、强度高的零件,如飞机零件等。铝合金依其成分和工艺性能,可分为变形铝合金和铸造铝合金。

知识链接 3-3

铝合金既轻又坚固,为制造飞机和汽车的理想材料。70%以上的飞机零件都是由铝及其合金制造的,因此,铝被称为"会飞"的金属。目前,铝合金轮毂正在各类车辆中普及,一汽开发的部分红旗轿车已采用全铝车身,可降低车身质量 30%以上。

今天,铝制品在生活中随处可见(如铝锅、铝壶、易拉罐等);而在 100 多年前,铝却是一种稀罕的贵金属。拿破仑就曾在其他大臣都使用银制餐具的宴会上,独自使用铝制餐具以显示其尊贵的地位。铝的导电性是铜的 60%,却比铜轻得多,因此还常被用来制造电缆。

变形铝合金具有较高的强度和良好的塑性,可通过压力加工或焊接制成各种半成品。它主要用做各种类型的型材和结构件。如发动机机架、飞机大梁等。变形铝合金又可分为防锈铝合金(代号 LF+顺序号)、硬铝合金(代号 LY+顺序号)、超硬铝合金(代号 LC+顺序号)、锻铝合金(代号 LD+顺序号)。此类铝合金在汽车中应用不太多。

铸造铝合金可分为 Al-Si 系、Al-Cu 系、Al-Mg 系和 Al-Zn 系四类。它们有良好的铸造性能,可以铸成各种形状复杂的零件,但塑性低,不宜进行压力加工。应用最广的是铝硅系合金,该系俗称铝硅明。各类铸造铝合金的牌号为:ZAl+合金元素符号+合金元素平均含量的百分数。如 ZAlSi12。代号用 ZL("铸铝"汉语拼音字首)及三位数字表示。第一位数字表示主要合金类别:"1"表示 Al-Si 系,"2"表示 Al-Cu 系,"3"表示 Al-Mg 系,"4"表示 Al-Zn系;第二、三位数字表示顺序号,如 ZL102、ZL401 等。

轿车上应用的铝合金以铸铝为主。发动机部分气缸体是大尺寸的铝铸件;采用铝铸件的还有曲轴箱、气缸盖、活塞、滤清器、发动机架等,尤其是活塞几乎都用铝合金。我国应用铝硅合金 ZL108、ZL109、ZL111 比较多。底盘部分采用铝铸件的零件有离合器壳、变速器壳等;车轮轮毂也有用铝合金铸造的。

(2) 铜及其合金

纯铜又称紫铜,又名电解铜。纯铜导电性、导热性优良,耐蚀性和塑性很好,但强度低。纯铜在汽车上的应用主要是利用其导电性,用做电线、电缆和电气接头等电气元件;利用其导热性,用做散热器等导热元件。此外,纯铜还可用做气缸垫、进排气管垫、轴承衬垫和油管等。

汽车制造业主要使用铜合金。铜合金比纯铜强度高,且具有许多优良的物理、化学性能。铜合金按化学成分不同分为黄铜、青铜和白铜等;按生产方法不同分为压力加工铜合金和铸造铜合金。常用的铜合金是黄铜和青铜。

① 黄铜

以铜和锌为主组成的铜合金称为黄铜。黄铜的强度、硬度和塑性随锌的质量分数增加而升高,锌的质量分数为 30%~32% 时,塑性达到最大值,锌的质量分数为 45% 时强度最高。在普通黄铜的基础上再加入少量的其他元素而成的铜合金称为特殊黄铜,如锡黄铜、铅黄铜、硅黄铜等。黄铜一般用于制造耐蚀和耐磨零件,如弹簧、阀门、管件等。

普通黄铜的牌号用 H("黄"的汉语拼音字首)及数字表示,其数字表示平均含铜量的百分数。例如 H68 表示平均含铜量为 68%,余量为锌的黄铜。特殊黄铜的牌号以"H"+主加元素符号+含铜量的百分数+主加元素含量的百分数来表示。如 HSn62-1 表示含铜量为 62%,含锡量为 1%,余量为锌的锡黄铜。

黄铜在轿车上常用做转向节衬套、钢板弹簧衬套、轴套等耐磨件,也可用做散热器、冷凝器和冷却管,还可用做装饰件、供水排水管、油管接头、制动三通接头、垫片和垫圈。

② 青铜

除黄铜和白铜(铜-镍合金)以外的其他铜合金称为青铜,其中含锡元素的称为锡青铜,不含锡元素的称为无锡青铜;按加工方法,分为压力加工青铜和铸造青铜。

锡青铜有良好的塑性、耐磨性及耐蚀性,有优良的铸造性能,主要用于耐磨零件和耐蚀零件的制造,如蜗轮、轴瓦等。常用的无锡青铜有铝青铜、铍青铜、铅青铜、硅青铜等。它们通常作为锡青铜的代用材料。锡青铜常用做水箱盖、出水阀等气密性零件和弹簧等弹性件,也可用做发动机摇臂衬套、连杆衬套等耐磨件。无锡青铜各有特点,应用也有所不同,如硅青铜可用做弹簧,铝青铜可用做轴套、齿轮、蜗轮,铅青铜可用做轴承、曲轴止推垫圈。

压力加工青铜的牌号依次由 Q("青"的汉语拼音字首)、主加元素符号及其平均含量的百分数、其他元素平均含量的百分数组成。如 QSn3-3 表示平均含锡量为 3%、平均含锌量为 3%,余量为铜的锡青铜。铸造青铜的牌号依次由 Z("铸"字汉语拼音字首)、铜及合金元素符号和合金元素平均含量的百分数组成。如 ZCuSn10Zn2。

(3) 轴承合金

在滑动轴承中用于制造轴瓦或内衬的合金称为轴承合金。滑动轴承具有承压面积大、工作平稳、无噪声以及修理、更换方便等优点,应用广泛。常用的轴承合金是非铁基金属合金,其分类方法是依据合金中含量多的元素分类,主要有锡基、铅基和铝基轴承合金等。锡基和铅基轴承合金又称为巴氏合金,是应用广泛的轴承合金。

常用的轴承合金有 ZSnSb12Pb10Cu4、ZPbSb16Sn16Cu2、ZAlSn6Cu1Ni1,另外有些铸造青铜也可做轴承合金,如 ZCuPb30、ZCuSn10P1、ZCuAl10Fe3 等。

知识链接 3-4

汽车中的曲轴轴承、连杆轴承和凸轮轴轴承都采用了滑动轴承。滑动轴承中直接和轴颈接触的是轴瓦或轴套,做成瓦状半圆筒形的称为轴瓦,做成完整圆筒形的称为轴套。曲轴轴承、连杆大头轴承采用轴瓦,凸轮轴轴承、连杆小头轴承则采用轴套。轴承合金作为内衬浇注在轴瓦或轴套之上。

(4) 其他非铁基金属材料

为了实现汽车轻量化,达到节能减排的目的,镁、锌、钛及其合金以及粉末冶金材料等其他非铁基金属材料在汽车制造中的应用越来越多。

镁合金是在镁中加入铝、锌、锰、锆等合金元素而成。目前,已有不少汽车零件采用镁合金制造,如壳体类的发动机气缸体、曲轴箱、变速器壳、离合器壳、进气歧管等。此外,一些车身骨架零件和车身覆盖件的镁合金化也在实施中。我国一汽集团已在转向盘骨架、踏板和气缸罩等零件上采用了镁合金。

锌合金是在锌中加入铝、铜和镁等合金元素而成。锌合金在汽车上主要用做汽油泵壳、机油泵壳、车门手柄、雨刮器、安全带扣和内饰件等。

钛合金是在钛中加入铝、铬、锰、钼和钒等合金元素而成。钛合金的比强度极高,韧性、耐蚀性良好,但成本较高。钛合金以前一直用于航空、航天零件的制造,目前在汽车上主要用做连杆、曲轴、气门、气门弹簧和悬架弹簧等。

粉末冶金材料是用几种金属粉末(或金属粉末和非金属粉末)作为原料,经压制成型和高温烧结而成。粉末冶金材料在汽车上可用做气门导管、离合器衬套、轮毂油封外圈、机油泵齿轮、曲轴带轮、水泵叶轮、正时齿轮等;也可用来替代石棉制品用做制动片、离合器摩擦片等;还可用做过滤元件和消音元件等。

知识链接 3-5

汽车粉末冶金是一种新兴的技术,它在完成金属材料冶炼的同时,获得形状大小合乎要求的机械零件。所以它既是一种制取金属材料的冶金方法,也是一种制造机械零件的加工方法。它已成为解决新材料问题的钥匙,在新材料的发展中起着举足轻重的作用。

应用案例 3-1

填写下表中给定金属材料的分类和应用实例(供选实例:活塞、连杆、曲轴、活塞销、气缸套、散热器、气门弹簧、汽车大梁、汽车半轴、汽车齿轮)。

材料	分类	应用举例	材料	分类	应用举例
Q345			20CrMnTi		
40MnB			45		
60Si2Mn			HT300		
40Cr			ZL108		
15Cr			H68		

【案例点评】

材料	分类	应用举例	材料	分类	应用举例
Q345	低合金结构钢	汽车大梁	20CrMnTi	合金渗碳钢	汽车齿轮
40MnB	合金调质钢	汽车半轴	45	优质碳素结构钢	连杆
60Si2Mn	合金弹簧钢	气门弹簧	HT300	灰铸铁	气缸套
40Cr	合金调质钢	曲轴	ZL108	铸造铝合金	活塞
15Cr	合金渗碳钢	活塞销	H68	普通黄铜	散热器

3.2 钢的热处理

引 例

不同的材料具有不同的性能，同一种材料通过改变其组织结构也可以使之具有不同的性能。热处理可改变材料的组织和性能，而不改变其形状和尺寸，是提高金属使用性能和改善工艺性能的重要工艺方法。在汽车中，经热处理的零件占工件总数的 70%～80%，以提高使用性能，改善工艺性能，达到充分发挥材料潜力、提高产品质量、延长使用寿命的目的。

钢的热处理是指将钢在固态下通过适当的方式进行加热、保温和冷却，以获得预期的组织和性能的一种工艺方法。常用热处理工艺可分为普通热处理（退火、正火、淬火和回火）和表面热处理（表面淬火和化学热处理）两大类。

3.2.1 普通热处理

普通热处理通常是对工件进行整体的热处理。按其加热温度和冷却方法不同，可分为退火、正火、淬火和回火。

特别提示 3-3

尽管热处理工艺的种类多种多样，作用也各不相同，但其基本过程都是由加热、保温和冷却三个阶段组成的，通常用温度—时间坐标图表示，称为热处理工艺曲线，如图3-2所示。

不同热处理工艺之间的区别在于加热温度的高低、保温时间的长短以及冷却方式的不同。冷却是热处理的关键工序，在热处理工艺中，常采用等温冷却和连续冷却两种冷却方式。成分相同的钢经加热后获得奥氏体（碳溶解在 $\gamma-Fe$ 中形成的间隙固溶体）组织后，以不同的冷却速度冷却时,将获得不同的力学性能,如表 3-1 所示。

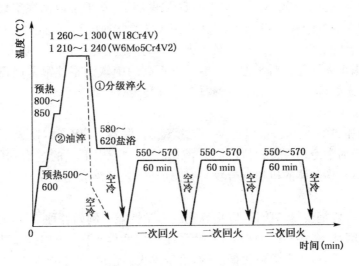

图 3-2　热处理工艺曲线

表 3-1　冷却速度与力学特性

冷却方法	随炉缓冷	空冷	油冷	水冷
冷却速度	10℃/min	10℃/s	150℃/s	600℃/s
所得硬度	12 HRC	26 HRC	41 HRC	63 HRC

1) 退火

退火是将钢加热、保温后,随炉冷却(缓冷)得到接近于平衡组织的一种热处理工艺。退火的目的是降低钢的硬度、改善切削加工性、细化晶粒、改善组织,以调整钢的力学性能,为以后的加工和处理做好组织和性能准备。由于钢的成分和退火的目的不同,退火分为以下三种:

(1) 完全退火　是将钢加热到 A_{c3} 以上 30~50℃,保温一段时间,随炉冷却到 600℃ 以下出炉空冷的退火方法。完全退火主要用于亚共析钢铸锻件的热处理。

(2) 球化退火　是将钢加热到 A_{c1} 以上 20~30℃,保温足够时间,随炉缓冷或用等温冷却方式冷却,将渗碳体球化的退火方法。球化退火主要用于共析钢和过共析钢的热处理。

(3) 去应力退火　是将钢加热到 A_{c1} 以下某一温度(500~650℃),保温一段时间,随炉缓冷至 200~300℃ 出炉空冷的退火方法。去应力退火主要用于消除铸件、焊件和切削加工件的应力。

特别提示　3-4

钢根据室温组织的不同分为亚共析钢($0.0218\% < w_C < 0.77\%$)、共析钢($w_C = 0.77\%$)和过共析钢($0.77\% < w_C < 2.11\%$)。A_{c1}、A_{c3} 和 A_{ccm} 分别表示生产中共析钢、亚共析钢和过共析钢经加热获得奥氏体组织的实际相变点(奥氏体化温度)。退火一般作为预备热处理,为以后加工或后续热处理做准备。

2) 正火

正火是将钢加热到 A_{c3} 或 A_{ccm} 以上 30～50℃保温后,从炉中取出在空气中冷却的热处理方法。正火与退火的目的基本相同,但正火比退火的冷却速度稍快,正火后得到的晶粒比退火后的晶粒细,力学性能有所提高。正火较退火生产周期短,生产率高。所以大多数低碳钢不做退火处理,而采用正火处理。对于力学性能要求不高的中碳钢零件常采用正火作为最终热处理。高碳钢经正火处理后可消除网状渗碳体,为球化退火做准备。

3) 淬火

淬火是将钢加热到 A_{c3} 或 A_{c1} 以上某一温度范围,保温一定时间,以大于临界冷却速度的冷速在水、盐水或油中冷却,获得马氏体(碳溶解在 α-Fe 中形成的过饱和固溶体)或贝氏体(过饱和的 α-Fe 与渗碳体的机械混合物)的热处理工艺。淬火是钢最经济、最有效的强化手段之一。

淬火的目的一般是获得马氏体,以提高钢的力学性能。例如各种工具和滚动轴承的淬火,可提高硬度和耐磨性;有些零件的淬火,是使强度和韧性得到良好的配合,以适应不同工作条件的需要。但要注意,对于含碳量很低的钢,由于淬火后强度、硬度提高不大,进行一般的淬火没有意义。

淬火中对于尺寸稍大的工件,很可能其外部冷速大于临界冷速而内部冷速小于临界冷速,淬火后其内部就没有全部转变为马氏体。钢在淬火时获得淬硬层深度的能力称为淬透性。淬透性越好,淬硬层越深。淬透性对钢的力学性能影响很大,所以选材时,应考虑材料的淬透性。比如连杆和板簧,要求表面和心部的力学性能一致,应选用淬透性好的材料。焊接件一般不选淬透性好的材料,否则易在焊缝和热影响区出现淬火组织,造成焊件变形和开裂。

4) 回火

回火是把淬火后的钢重新加热到 A_{c1} 以下某一温度,保温一段时间,再以适当的冷却速度冷却到室温的热处理工艺。淬火后必须回火,其目的是稳定淬火后的组织,消除内应力,调整硬度、强度,提高塑性,使工件获得较好的综合力学性能。回火通常是热处理的最后工序。

淬火钢回火后的性能与回火时的加热温度有关,硬度和强度随回火温度的升高而降低。实际生产中,按回火温度的不同,将回火分为以下三种:

(1) 低温回火(150～250℃)　淬火钢回火后能基本保持马氏体的高硬度和耐磨性,并使钢的内应力和脆性有所降低。低温回火主要用于要求硬度高、耐磨性好的零件,如各种工具和滚动轴承等。回火后的硬度一般为 55～64 HRC。

(2) 中温回火(350～550℃)　淬火钢回火后具有较高的弹性、一定的韧性和硬度。主要应用于各种弹簧和锻模等。回火后的硬度一般为 35～50 HRC。

(3) 高温回火(500～650℃)　淬火钢回火后具有强度、硬度、塑性和韧性都较好的综合力学性能。通常将淬火与高温回火相结合的热处理称为调质。调质广泛应用于重要的结构件,如轴、齿轮、连杆等。回火后的硬度一般为 25～35 HRC。

3.2.2　表面热处理

在冲击载荷和表面摩擦条件下工作的零件(如齿轮、活塞销、曲轴等)要求其表面具有较高的硬度和耐磨性,而心部要有足够的塑性和韧性。为了满足这类零件的性能要求,必须进行表面热处理。常用的表面热处理方法有表面淬火和化学热处理两种。

1）表面淬火

表面淬火是将钢的表层快速加热至淬火温度后，快速冷却的一种局部淬火工艺。表面热处理的特点是对工件表面进行热处理，以改变表层组织和性能。表面淬火常用的快速加热方法有火焰加热和感应加热两种。感应加热速度快，生产效率高，产品质量好，易于实现机械化和自动化，所以感应加热表面淬火应用广泛，但设备较贵，多用于大批量生产的形状较简单的零件。表面淬火最适宜的钢种一般为中碳钢或中碳合金钢。表面淬火前应对工件进行正火或调质，以保证心部韧性好，并为表层加热做好组织准备。表面淬火后应进行低温回火，以降低淬火应力和脆性。

2）化学热处理

化学热处理是一种同时改变金属零件表层化学成分和组织，以获得所需表层性能的表面热处理工艺。该法一般是渗入某些金属元素或非金属元素，通常是将零件置于一定的活性介质中加热保温，使一种或几种元素渗入工件。表面渗层的性能，取决于渗入元素与基体金属所形成合金或化合物的性质及渗层的组织结构。化学热处理的种类很多，一般以渗入的元素来命名。常见的化学热处理有渗碳、渗氮、碳氮共渗、渗铝和渗铬等。其中，渗碳、渗氮和碳氮共渗应用最多。渗碳的目的是通过渗碳提高工件表面的含碳量，提高钢件的表面硬度、耐磨性和疲劳强度，使心部具有一定的强度和良好的韧性。渗氮（氮化）的目的是提高钢件的表面硬度、耐磨性、抗胶合性、疲劳强度、耐蚀性和抗回火软化能力。碳氮共渗（氰化）零件的性能介于渗碳与渗氮零件之间，常用来处理汽车上的齿轮、蜗杆和轴类零件。

特别提示 3-5

渗碳后还应进行淬火和低温回火，适用于低碳钢零件；渗氮后不必进行淬火处理，变形很小，但周期长、成本高，适用于合金钢零件；碳氮共渗后还应进行淬火和低温回火，对低碳钢、中碳钢和合金钢均适用。

应用案例 3-2

分别选用 45 钢、15 钢来制造汽车凸轮，试分析其性能要求并安排相应的热处理工序。

【案例点评】

汽车凸轮的表面应具有较高的硬度，而心部应具有良好的韧性。45 钢制凸轮的热处理工序为先调质，再在凸轮表面进行表面淬火，最后进行低温回火。因 15 钢含碳量较低，耐磨性不够，故 15 钢制凸轮的热处理工序为先渗碳，再进行淬火，最后进行低温回火。

3.3 非金属材料

引 例

非金属材料的原料来源广泛，成型工艺简单，并具有一些金属材料所不及的特殊性能，应用日益广泛，已成为汽车不可或缺的材料。非金属材料包括高分子材料、陶瓷材料和复合材料等。高分子材料包括橡胶、塑料、合成纤维、胶粘剂和涂料。陶瓷材料包括陶瓷和玻璃等。复合材料是由两种或两种以上不同类型的材料组合而成的新材料。

3.3.1 橡胶

橡胶是指在使用温度范围内处于高弹性状态的高分子材料。橡胶在汽车工业中应用广泛,许多汽车零部件,如轮胎、胶带、胶管、缓冲垫和制动皮碗等,都是由橡胶制造的。

1) 橡胶的组成

橡胶是以生胶为主要原料,加入适量的配合剂,经硫化处理后得到的一种高分子材料。

(1) 生胶　生胶是指未加配合剂的天然橡胶或人工合成橡胶。生胶是橡胶制品的主要原料,是把各种配合剂和骨架材料粘成一体的黏接剂。橡胶制品的性能主要取决于生胶的性能。

(2) 配合剂　为改善和提高橡胶制品的各种性能而加入的物质称为配合剂。配合剂的种类很多,主要有硫化剂、软化剂、填充剂、防老剂和着色剂等。

此外,在制作橡胶制品时,还常用纺织材料或金属材料制成骨架,以增大制品的强度和抗变形能力。

知识链接 3-6

橡胶是坚韧、耐磨、有弹性的材料,常被用来制造轮胎和皮球等。因为橡胶具有防水性,所以又用来制作潜水服、雨衣和医用试管。另外,橡胶还是良好的绝缘体,常被用做电缆外皮。

天然橡胶是用橡胶树的汁液制成的,合成橡胶则是由石油提炼而成。合成橡胶、合成纤维和合成树脂是当今世界最主要的三大合成材料。

2) 橡胶的性能

(1) 极高的弹性　橡胶在较小的外力作用下,能产生很大的弹性变形,其最高伸长率可达800%~1 000%。去掉外力后能在非常短的时间内恢复到原来的形状。

(2) 较强的吸振性　橡胶可吸收一部分机械能,并将其转变为热能。

(3) 一定的耐蚀性　在一定的腐蚀介质中有一定的耐蚀性。

此外,橡胶还具有良好的耐磨性、隔声性、绝缘性和足够的强度。

3) 橡胶的分类和应用

橡胶按原料来源不同分为天然橡胶、合成橡胶和再生橡胶三大类。

(1) 天然橡胶　是橡胶工业中应用最早的橡胶,是指以天然生胶制成的橡胶材料,属于通用橡胶。天然橡胶的综合性能好,有较好的弹性。天然橡胶具有较好的力学性能和耐碱性能,但耐老化性差,不耐浓强酸、不耐油、不耐高温,使用温度在-70~110℃范围内。天然橡胶广泛应用于制造轮胎、胶带、胶管等。

(2) 合成橡胶　是用石油、天然气、煤和农副产品为原料,通过有机合成方法制成单体,经聚合制成类似天然橡胶的高分子材料。合成橡胶分为通用合成橡胶和特种合成橡胶。常用的通用合成橡胶有丁苯橡胶、氯丁橡胶和顺丁橡胶,是汽车工业的重要材料。

(3) 再生橡胶　是用废旧橡胶制品经再加工而成的橡胶材料。再生橡胶强度较低,但有良好的耐老化性,且加工方便,价格低廉,常用做橡胶地毡、各种封口胶条等。

知识链接 3-7

橡胶按其性能和用途不同分为通用橡胶和特种橡胶。通用橡胶是指产量大、应用广,在使用上没有特殊性能要求的橡胶。特种橡胶是指具有耐热、耐寒、耐油和耐腐蚀等特殊性能的橡胶,主要用做在特殊环境下工作的零件。汽车上使用的多为通用橡胶。

3.3.2 塑料

塑料在汽车上的广泛应用,既满足了某些汽车零部件的特殊性能要求,又是实现汽车轻量化的有效途径。塑料是应用最广泛的有机高分子材料,也是最主要的工程结构材料之一。目前在汽车上的用量约占汽车质量的8%~12%。

1) 塑料的组成

塑料是以合成树脂为基础,再加入各种添加剂而制成的高分子材料。

(1) 合成树脂 即人工合成线型高聚物,是塑料的主要组分(约占40%~100%),对塑料的性能起着决定性作用,故大多数塑料以树脂的名称命名。合成树脂受热时呈软化或熔融状态,因而塑料具有良好的成形能力。

(2) 添加剂 添加剂是为了改善塑料的使用性能或成形能力而加入的其他的辅助组分。它包括填充剂、增塑剂、固化剂、稳定剂和着色剂等。

2) 塑料的性能特点

(1) 密度小,比强度高 塑料的密度只有钢铁的1/8~1/4,铝的1/2,这对减轻产品自重有重要意义。虽然塑料的强度比金属低,但由于密度低,故比强度(单位质量的强度)高。

(2) 化学稳定性好 塑料能耐大气、水、酸、碱、有机溶液等的腐蚀。聚四氟乙烯能耐"王水"腐蚀。

(3) 优异的电绝缘性 多数塑料有很好的电绝缘性,可与陶瓷、橡胶等绝缘材料媲美。

此外,塑料还具有良好的减摩性、耐磨性、消声吸振性、成形加工性,但耐热性较低。

3) 塑料的分类和应用

塑料按成型工艺性能分为热塑性塑料和热固性塑料两大类。

(1) 热塑性塑料 是指受热时软化,冷却后变硬,再加热又软化,冷却又变硬,可多次塑制的塑料。这种塑料加工成型简单,机械性能较好,但耐热性和刚度较差。常用的热塑性塑料有以下10种:

① 聚烯烃塑料 是世界上产量最大的塑料品种。其中产量最大、用途最广的是聚乙烯(PE)和聚丙烯(PP)。聚乙烯在汽车上常用做内装饰板、车窗框架、手柄、挡泥板等。又因聚乙烯无毒无味,可用做食品包装袋、奶瓶、食品容器等。聚丙烯在汽车上主要用做取暖、通风系统的各种结构件。又因聚丙烯无毒,可用做药品、食品的包装。

② 聚氯乙烯(PVC) 在汽车上常用做内装饰件、软垫板、电气绝缘体等。

③ 聚苯乙烯(PS) 可用做各种仪表外壳、汽车灯罩、仪器指示灯罩等。

④ ABS塑料 是以丙烯腈(A)、丁二烯(B)、苯乙烯(S)的三元共聚物ABS树脂为基的塑料。主要用做汽车前围板、格栅、车头灯框、齿轮、隔音板、仪表盘壳等。

⑤ 聚酰胺(PA) 又称尼龙,在汽车上常用做车外装饰件、风扇叶片、里程表齿轮、衬套等。

⑥ 聚甲醛(POM) 在汽车上常用做半轴齿轮和行星齿轮垫片、汽油泵壳、转向节衬套等。

⑦ 聚碳酸酯(PC) 在汽车上常用做格栅、仪表板等。

⑧ 聚四氟乙烯(PTFE) 又称特氟隆,被誉为"塑料王",主要用做密封圈、垫片等。

⑨ 聚甲基丙烯酸甲酯(PMMA) 又称有机玻璃,是目前最好的透明材料。主要用做汽车

风挡、防弹玻璃等。

⑩ 聚酰亚胺(PI)　在汽车上常用做正时齿轮、密封垫圈、泵盖等。

知识链接 3-8

塑料是由长串原子结合成分子的聚合物,所以塑料名称的开头往往有"聚"的字样。"聚"的意思是"很多"。聚四氟乙烯耐热、耐磨,不怕酸、碱、氧化,被誉为"塑料王",用它可制成不需上油的轴承、各种管道、人造骨骼等。

(2) 热固性塑料　是指经一次固化后,不再受热软化,只能塑制一次的塑料。这种塑料耐热性好,受压不易变形,但机械性能不好。常用的热固性塑料有以下四种:

① 酚醛塑料(PF)　又称电木,在汽车上常用做电气绝缘件、摩擦片等。

② 氨基塑料(UF)　又称电玉,常用做仪表外壳、开关、旋钮、把手等。

③ 环氧塑料(EP)　又称万能胶,是很好的胶粘剂。

④ 聚氨酯泡沫塑料(PUR)　软质聚氨酯泡沫塑料用做座椅垫、内饰件,半硬质聚氨酯泡沫塑料用做转向盘、仪表盘、保险杠、扶手等。

知识链接 3-9

塑料按其应用范围分为通用塑料、工程塑料和特种塑料。通用塑料是指用于日常用品、绝缘材料等的塑料。工程塑料是指用于工程构件和机械零件的塑料。特种塑料是指具有特种功能的塑料。汽车塑料零部件主要有三类:内饰件、外饰件和功能件。内饰件主要有仪表板、车门内饰板、座椅等。外饰件要求强度高、韧性好、耐冲击及耐腐蚀,主要有保险杠、挡泥板等。功能件要求具有特殊的使用性能,主要有暖风机、空调部件等。

3.3.3 其他非金属材料

除了橡胶和塑料,合成纤维、胶粘剂、涂料、陶瓷、玻璃、复合材料等其他非金属材料在汽车上也得到广泛的应用。

1) 合成纤维

合成纤维是以石油、天然气、煤和石灰石为原料,经过提炼和化学反应合成高分子化合物,再将其溶解后纺丝制得的纤维。常用合成纤维有聚酯纤维(涤纶)、聚酰胺纤维(锦纶)、聚丙烯腈纤维(腈纶)、聚乙烯醇纤维(维纶)、聚丙烯纤维(丙纶)和聚氯乙烯纤维(氯纶),统称为六大纶。纤维材料在汽车上多用于内部装饰。使用部位主要有座椅罩布、顶棚、地毯、车门内护板饰面、行李箱护板饰面等。

2) 胶粘剂

胶粘剂又称黏合剂或胶,是能把两个固体粘接在一起并在结合处有足够强度的物质。胶粘剂一般是以聚合物为基本组分的多组分体系,包括黏性料、固化剂、填料、溶剂和其他辅料。胶粘剂根据黏性料的化学成分分为无机胶和有机胶,按主要用途分为结构胶、非结构胶和特种胶。胶粘剂和密封胶在汽车的防振、防漏、防松、隔热和降噪等方面起着重要作用。我国每辆汽车上胶粘剂和密封胶的用量约为 30 kg,其中车身用胶量居首位。在我国已开发并应用于生产中的胶粘剂有点焊密封胶、焊缝密封胶、折边密封胶、风挡密封胶粘剂等 40 余种。

3) 涂料

涂料是一种流动或粉末状态的有机物质,可以采用不同的工艺将其涂覆在物体表面上,形成黏附牢固、具有一定强度的连续固态薄膜。这样形成的膜通称涂膜,又称漆膜或涂层。涂料对所形成的涂膜而言是涂膜的半成品。涂料包括成膜物质、颜料、溶剂、助剂四个组分。常用的汽车涂料包括漆前处理材料、涂料、漆后处理材料和辅助材料等。

4) 陶瓷

陶瓷是指以天然或人工合成的各种化合物为基本原料,经处理、成型、干燥、高温烧结而成的一种无机非金属固体材料。陶瓷材料与金属材料、高分子材料一起构成了工程材料的三大支柱。汽车上应用的陶瓷主要有普通陶瓷和特种陶瓷。

普通陶瓷(传统陶瓷)是以天然硅酸盐矿物为原料,经配制、烧结而成的产品。这类陶瓷质地坚硬,耐腐蚀,不导电,易于加工成型,是应用广泛的传统材料。在汽车上常用做发动机火花塞。

特种陶瓷(新型陶瓷)是以氧化物、碳化物、氮化物和硼化物等纯度较高的人工合成材料为原料,经配制、烧结而成的具有独特的力学、物理或化学性能的陶瓷。特种陶瓷按使用性能分为工程陶瓷和功能陶瓷。工程陶瓷是近年来大力开发研究的新型工程材料。氧化铝陶瓷又称刚玉瓷,是应用最广的工程陶瓷,其典型用途为火花塞绝缘体,还可用做发动机活塞、气缸套、凸轮轴、柴油机喷油嘴等汽车零件。

5) 玻璃

玻璃是由石英砂等硅酸盐矿物材料经配料、熔制而成的非金属材料。玻璃具有透明、隔音、隔热等特性。据统计,轿车玻璃使用量约占总重量的3%。玻璃是汽车上具有重要功能的外装件。玻璃主要用做汽车车窗和风挡。常用的汽车玻璃有钢化玻璃和夹层玻璃。钢化玻璃是由普通玻璃经一定热处理后制成的,常用做汽车后窗和侧窗玻璃。夹层玻璃又称安全玻璃,是由两张以上的玻璃中间夹上有弹性的透明安全膜,经热压而成,多用做高级轿车的前风挡。此外,汽车玻璃正向轻量化、绝热、安全和多功能的方向发展。如后风挡采用的电热除霜玻璃,还有新型的天线夹层玻璃、调光夹层玻璃和热反射玻璃等。

6) 复合材料

复合材料是由两种或两种以上物理、化学性质不同的材料,经人工合成而成的多相固体材料。复合材料可以克服或改善单一材料的弱点,充分发挥其优点,并能得到单一材料不具备的性能和功能。例如玻璃和塑料的强度和韧性都不高,但它们组成的玻璃纤维增强塑料(玻璃钢)却有很高的强度和韧性,而且质量轻。复合材料在汽车上应用最多的为纤维增强型复合材料,纤维增强型复合材料之所以在汽车工业中应用广泛,是由于它能减轻汽车质量,降低能耗,提高载重能力。如纤维增强橡胶制成的轮胎;玻璃纤维增强塑料制成的通风和空调系统元件、空气滤清器壳、汽车灯罩、仪表壳罩、发动机罩、行李箱盖、座椅架等;碳纤维增强塑料制成的传动轴、钢板弹簧、保险杠等;无机纤维塑料制成的刹车片、离合器片、电热水箱等。层叠复合材料在汽车中也有应用,如汽车前窗玻璃一般要求用夹层玻璃。有些汽车中用金属粉与陶瓷粉烧结所得复合材料制成刹车片。此外,近年来金属基复合材料、陶瓷基复合材料也得到了长足的发展。如纤维增强金属基复合材料制成的活塞环,氮化硅陶瓷基复合材料制成的发动机涡轮增压器等。随着复合材料研究的不断深入,它在汽车上的应用会越来越多。

7) 纸板

纸板在汽车上主要用做各种衬垫,用于汽车零部件连接部位的密封。常用的纸板有软钢纸板、硬钢纸板、滤芯纸板和浸渍纸板。软钢纸板常用做发动机密封垫片;硬钢纸板常用做发电机、起动机和调节器的绝缘衬垫等;薄滤芯纸板常用做滤清器滤片,厚滤芯纸板常用做滤清器滤片的垫架;浸渍纸板常用做发动机、变速箱衬垫等。

8) 软木板

软木板是由颗粒状的软木用牛骨胶、干酪素等胶粘剂黏合而成。软木板质地轻软,塑性、密封性、耐水性、耐油性好。软木板主要用于汽车零部件连接部位的密封,常用做防止漏水的水泵衬垫、防止漏油的变速器衬垫、油底壳衬垫和后桥盖衬垫等。

9) 石棉

石棉是具有细长而柔韧纤维的纤维状硅酸盐矿物的统称,具有良好的柔韧性、绝热性、绝缘性、防腐性和吸附能力。石棉应用广泛,如石棉盘根常用做转轴、轴承、阀门杆的密封,石棉橡胶板常用做高温环境下工作的密封衬垫,如气缸垫、排气管接口衬垫等,石棉摩擦片常用做离合器、制动器摩擦片。

特别提示 3-6

由于石棉是致癌物质,因此作为制动材料已趋于淘汰。

10) 毛毡

毛毡是由羊毛或合成纤维加入黏合剂而制成。毛毡能储存润滑油,具有防水、防尘、缓冲和防止金属表面擦伤的作用,常用做油封、滤芯和衬垫等。

应用案例 3-3

填写下表中给定非金属材料的应用实例(供选实例:油底壳衬垫、里程表齿轮、汽车灯罩、火花塞、发动机密封垫片、座椅罩布、后风挡、把手、轮胎)。

材料	应用举例	材料	应用举例	材料	应用举例
丁苯橡胶		尼龙		氨基塑料	
玻璃钢		电热除霜玻璃		氧化铝陶瓷	
合成纤维		软钢纸板		软木板	

【案例点评】

材料	应用举例	材料	应用举例	材料	应用举例
丁苯橡胶	轮胎	尼龙	里程表齿轮	氨基塑料	把手
玻璃钢	汽车灯罩	电热除霜玻璃	后风挡	氧化铝陶瓷	火花塞
合成纤维	座椅罩布	软钢纸板	发动机密封垫片	软木板	油底壳衬垫

思考题

一、单选题

1. 为了保证发动机气缸体和气缸盖的气密性,缸盖螺栓不允许出现塑性变形,所以在设计缸盖螺栓时要以(　　)作为设计依据。
   A. 抗拉强度　　　　B. 疲劳强度　　　　C. 屈服强度　　　　D. 塑性

2. 采用冷冲压方法制造汽车油底壳应选用(　　)。
   A. 45　　　　　　　B. 08　　　　　　　C. T10A　　　　　　D. HT150

3. 现需制造一直径为 25 mm 的连杆,要求整个截面上具有良好的综合机械性能,应采用(　　)。
   A. 40Cr 调质　　　　B. 45 正火　　　　C. 60Si2Mn 淬火　　D. 20Cr 渗碳

4. 60 钢的含碳量为(　　)。
   A. 0.06%　　　　　B. 0.60%　　　　　C. 6.0%　　　　　　D. 60%

5. T8 钢的含碳量为(　　)。
   A. 8%　　　　　　 B. 0.8%　　　　　 C. 0.08%　　　　　 D. 0.008%

6. HT150 中的数字表示的是(　　)。
   A. 抗拉强度　　　　B. 屈服强度　　　　C. 延伸率　　　　　D. 塑性

7. 下列铸铁中,力学性能最好的是(　　)。
   A. 灰铸铁　　　　　B. 可锻铸铁　　　　C. 球墨铸铁　　　　D. 蠕墨铸铁

8. 工业纯铜是指(　　)。
   A. 紫铜　　　　　　B. 黄铜　　　　　　C. 青铜　　　　　　D. 白铜

9. (　　)是指在使用温度范围内处于高弹性状态的高分子材料。
   A. 合成纤维　　　　B. 软木板　　　　　C. 塑料　　　　　　D. 橡胶

10. 玻璃纤维增强塑料又称(　　)。
    A. 玻璃　　　　　　B. 塑料　　　　　　C. 玻璃钢　　　　　D. 玻璃纤维

二、判断题

1. 所有的金属材料都有明显的屈服现象。　　　　　　　　　　　　　　　　(　　)
2. 一般强度高的材料,塑性较差。　　　　　　　　　　　　　　　　　　　(　　)
3. Q235 和 Q345 都属于普通质量的碳素结构钢。　　　　　　　　　　　　 (　　)
4. 合金钢不进行热处理就能充分发挥合金元素的作用。　　　　　　　　　　(　　)
5. 可锻铸铁塑性好,故容易锻造成型。　　　　　　　　　　　　　　　　　(　　)
6. 黄铜是铜锌合金,青铜是铜锡合金。　　　　　　　　　　　　　　　　　(　　)
7. 退火比正火冷却速度快,所以晶粒细小,力学性能高。　　　　　　　　　(　　)
8. 调质是淬火后进行高温回火的复合热处理工艺。　　　　　　　　　　　　(　　)
9. 橡胶具有高的力学性能,可用做轮胎、胶带等。　　　　　　　　　　　　(　　)
10. 钢化玻璃常用做汽车前窗和侧窗玻璃。　　　　　　　　　　　　　　　(　　)

三、简答题

1. 什么叫金属材料的力学性能?主要的力学性能指标有哪些?

2. 碳素钢和合金钢是如何分类的？
3. 什么叫钢的热处理？热处理工艺由哪三个阶段组成？
4. 举例说明有色金属在汽车上的应用。
5. 塑料王、电木、电玉、有机玻璃和玻璃钢各指什么材料？分别有何用途？
6. 汽车上有哪些常用的纸板制品和石棉制品？

任务4　识别与选用汽车运行材料

项目情境

现代汽车的功能越来越多，结构越来越复杂，科学使用汽车运行材料是安全行车的基本保证。汽车上使用的介质很多，它们如同汽车流动的血液一样，贯穿于整个汽车，为汽车良好地工作做出了很大的贡献。汽车作为交通工具在道路上行驶，需要消耗汽油、轻柴油等燃料以提供动力。在行驶过程中，为了减少汽车各运动零部件之间的摩擦和磨损，延长机件的使用寿命，就必须正确使用内燃机油、车辆齿轮油和润滑脂等汽车润滑剂。此外，制动液、冷却液、制冷剂、清洗液等其他汽车工作液在汽车的正常运行中起着至关重要的作用，若使用不当，往往也会造成不良后果。

任务目标

了解各种汽车运行材料的性能指标；掌握各种汽车运行材料的分类、规格和牌号；重点掌握各种汽车运行材料的选用技术。

任务要求

能力目标	知识要点	相关知识	权重	自测分数
了解相关知识	汽车运行材料的性能指标	汽油、柴油、机油等汽车运行材料的性能指标	15%	
熟练掌握知识点	(1) 汽车燃料的分类、规格和牌号 (2) 汽车润滑剂的分类、规格和牌号 (3) 汽车工作液的分类、规格和牌号	(1) 汽油、柴油、代用燃料的分类、规格和牌号 (2) 机油、齿轮油、液力传动油的分类、规格和牌号 (3) 制动液、发动机冷却液、空调制冷剂等汽车工作液的分类、规格和牌号	35%	
运用知识分析案例	各种汽车运行材料的选用技术	各种汽车运行材料的正确选择和使用	50%	

汽车运行材料是指汽车在运行过程中所消耗的材料。主要包括燃料、润滑剂和工作液等。汽车运行材料大多数是石油产品。据统计，全世界石油产品的46%左右为汽车所消耗。我国作为世界第二大石油消费国，日益增长的机动车数量和迅猛发展的石化产业把"油荒"问题摆在了人们面前。汽车的各项使用性能和使用寿命都与汽车运行材料密切相关。只有掌握了各种汽车运行材料的选用技术，正确、合理地选用运行材料，才能充分发挥汽车良好的技术和经

济性能。

常见的汽车运行材料有哪些？分别有哪些规格和牌号？怎样正确选择和使用？

4.1 汽车燃料

4.1.1 汽油

汽油是当今汽车最常用的燃料，汽车的名称也由此而来。在我国民用汽车保有量中，汽油车约占75%。汽油作为汽油机的主要燃料，其使用性能的好坏对发动机工作的可靠性、经济性和使用寿命有着极大的影响。

知识链接 4-1

汽油主要分为航空汽油、工业汽油和车用汽油。汽车使用的为车用汽油，它是从石油中提炼得到的。石油是埋藏在地下的天然矿产物，未经炼制前叫原油。"石油"这个名字是由我国北宋时期伟大的科学家沈括起的。据世界能源统计年鉴统计，全球石油探明总储量约为2 398亿吨，以每年开采原油30亿吨计算，最多也只能开采80余年。

1) 汽油的性能指标

汽油应满足汽油机的工作要求，即在短时间内由液体状态蒸发成气体状态，并与空气均匀混合，形成良好的可燃混合气，平稳、快速地燃烧，完成对外做功。同时，不能发生气阻、爆燃、腐蚀机件等现象。汽油这种满足汽油机的工作需求并保证汽油机正常发挥其性能的能力，称为汽油的使用性能。汽油的使用性能靠一系列性能指标来保证。

（1）**抗爆性** 汽油的抗爆性是指汽油在发动机气缸内燃烧时抵抗爆燃的能力。抗爆性好的汽油不易产生爆震燃烧，可用于压缩比高的汽油机，以提高其动力性和经济性。

特别提示 4-1

爆燃是汽油机的一种不正常燃烧。爆燃使机件过快磨损，热负荷增加，噪声增大，功率下降，油耗上升。影响爆燃的因素很多，如发动机结构与工作条件等，其中最重要的是压缩比。压缩比是指气缸总容积与燃烧室容积之比。发动机压缩比高，其动力性强，但易发生爆燃。

汽油的抗爆性用辛烷值（Octane Number）评定。车用汽油的牌号也是根据汽油的辛烷值来划分的。辛烷值是代表点燃式发动机燃料抗爆性的一个约定数值，是指在规定的对比测试条件下，采用和被测汽油具有相同抗爆性能的异辛烷与正庚烷所组成的标准燃料中异辛烷所占的体积百分数表示。先选定两种标准液：一种是异辛烷（2,2,3-三甲基戊烷），其抗爆性很好，规定辛烷值为100；另一种是正庚烷，其抗爆性很差，规定辛烷值为0。把它们按不同的体积比混合即得到各种不同抗爆性的参比用标准燃料。例如，某一汽油的抗爆性正好与含97%异辛烷和3%正庚烷的标准燃料相同，则该汽油的辛烷值为97。

测定辛烷值的方法有研究法（Research Octane Number，RON）和马达法（Motor Octane Number，MON）两种。同一汽油用研究法测定的辛烷值比用马达法测定的辛烷值要高6~10个单位，这一差值称为汽油的灵敏度，可用来反映汽油抗爆性随运转工况激烈程度而降低的情况，汽油灵敏度越小越好。

特别提示 4-2

我国用研究法辛烷值来划分车用汽油的牌号。研究法辛烷值表示汽车在城市道路上行驶时汽油的抗爆性,马达法辛烷值表示汽车在长途公路上或大功率重载情况下行驶时汽油的抗爆性。目前,又引入了抗爆指数这一指标。抗爆指数也称作平均辛烷值,可反映在一般条件下汽油的平均抗爆性。抗爆指数是同一种汽油研究法辛烷值和马达法辛烷值的平均数。

知识链接 4-2

由于汽油的抗爆性对发动机的工作影响很大,故人们一直致力于提高汽油辛烷值。过去广泛采用在汽油中加入四乙基铅的方法来提高汽油的辛烷值,但这种汽油抗爆添加剂造成了大气的铅污染。根据国际标准,含铅量在 0.013 g/L 以下者为无铅汽油,含铅量在 0.013~1.1 g/L 者为低铅汽油,含铅量在 1.1 g/L 以上者为加铅汽油。目前,提高辛烷值的方法主要有三种:一是选择良好的原料和改进加工工艺,例如采用催化裂化、加氢裂化和催化重整等工艺,生产出高辛烷值的汽油;二是向汽油中调入抗爆性优良的高辛烷值成分,例如异辛烷、异丙苯、醇类等;三是加入抗爆剂,如甲基叔丁醚、羰基锰等。

(2) 蒸发性　汽油由液态转化为气态的性质,称作汽油的蒸发性。

(3) 安定性　汽油的安定性是指汽油在储存和使用过程中,抵抗氧化生胶而保持自身性质不发生永久变化的能力。

(4) 抗腐性　汽油的抗腐性是指汽油阻止与其相接触的金属被腐蚀的能力。

(5) 无害性　汽油的无害性是指汽油在汽油机内燃烧后的燃烧产物不对机动车排放、人体健康和生态环境产生不利影响的性能。

(6) 清洁性　汽油的清洁性是指汽油中是否含有机械杂质和水分。机械杂质和水分会造成油路堵塞、磨损加剧等严重后果。

2) 汽油的规格和牌号

《车用汽油(Ⅲ)》和《车用汽油(Ⅳ)》按研究法辛烷值将我国车用汽油分为 90 号、93 号、97 号三个牌号,GB 17930—2013《车用汽油(Ⅴ)》按研究法辛烷值将我国车用汽油分为 89 号、92 号、95 号和 98 号四个牌号,牌号中的数字表示汽油的研究法辛烷值。

特别提示 4-3

目前,市场上所见到的 98 号汽油为采用企业标准生产的车用汽油。国外进口车辆要求使用 91(RON)号汽油的,可用国产 90 号汽油。因为我国国产汽油的实测辛烷值一般比规定的高 1 个单位以上。

3) 汽油的选择与使用

(1) 汽油的选择

选择汽油牌号应适当,选择汽油牌号过高,会增加费用;选择汽油牌号过低会使发动机产生爆振,影响动力性和经济性,严重时还会使发动机损坏。选择汽油牌号应遵循以下原则:

① 按汽车使用说明书或国内外汽油轿车用油标号推荐表选择。应按汽车使用说明书的要求,以在正常运行条件下不发生爆燃为原则,选用适当辛烷值牌号的车用汽油。2003 年由中国汽车工程学会和中国环境保护产业协会共同向全国消费者推荐的《国内外汽油轿车用油

标号推荐表》(2003版),也可作为广大汽车驾驶员选油依据之一。

知识链接 4-3

表4-1 国内外汽油轿车用油标号推荐表(2003版)

车型	推荐用油标号	车型	推荐用油标号
一汽红旗明仕1.8	93	长安福特嘉年华1.3/1.6	93~97
一汽红旗世纪星2.0/2.4	不低于93	菲亚特西耶那1.3 16V/1.5	不低于93
一汽马自达2.3	93~97	菲亚特派力奥1.3 16V/1.5	不低于93
一汽夏利7101/7131/200	不低于93	菲亚特周末风1.3 16V/1.5	不低于93
一汽威姿1.0/1.3	不低于93	广州本田98款雅阁2.0/2.3/3.0	93
一汽大众 捷达 普通/CI/CT/AT	93	广州本田03款雅阁2.0/2.4/3.0	不低于93
一汽大众 宝来1.6/1.8/1.8T	93~97	广州本田奥德赛2.3	不低于93
一汽大众 高尔夫1.6/2.0	93~97	吉利美日1.3/优利欧1.3	93
一汽大众 奥迪 A4/A6	93~97	长安铃木奥拓0.8/羚羊1.0/1.3	93
上海大众 桑塔纳 普通/2000	不低于93	昌河铃木北斗星CH6350B	93
上海大众 帕萨特1.8/1.8T	93~97	华晨中华2.0/2.4	不低于93
上海大众 帕萨特2.0T	93~97	哈飞赛马1.3	不低于93
上海大众 POLO 1.4/1.6	93~97	海南马自达普利马/323/福美来	不低于93
大众高尔1.6	不低于93	宝马3、5、7系列	97
上海别克赛欧1.6	不低于93	大宇王子2.0/蓝龙1.5	93~97
上海别克君威2.0/2.5/3.0	不低于93	本田思域1.6/里程3.5	93~97
东风蓝鸟2.0/阳光2.0	不低于93	日产风度2.0/3.0	93~97
东风毕加索1.6/2.0	93~97	丰田凌志 IS200/GS300/LS430	97
东风爱丽舍1.6/爱丽舍VTS1.6	93~97	丰田世纪/皇冠	93~97
东风塞纳2.0	93~97	丰田花冠1.6/佳美2.2GL/2.4	93~97
东风千里马1.6	不低于93	奔驰E280/E320	97
神龙富康1.4/1.6	93	沃尔沃S40	不低于93
上海奇瑞1.6	不低于93	福特WINDSTAR V6/TAURUS V6	93~97
天津丰田威驰1.3/1.5	不低于93	林肯大陆V8/马克V8	93~97
北京吉普2500	93	欧宝1.8	97
北京现代索纳塔2.0/2.7	93~97		

② 根据汽车发动机压缩比 ε 选择。在没有使用说明书时,可根据发动机压缩比等因素来选择汽油牌号。一般来说,压缩比 ε 高的,爆燃倾向严重,应选用辛烷值较高的汽油。但爆燃还受其他因素的影响,如进气道结构、燃烧室形状与面容比、火花塞及气门布置、发动机冷却强度以及是否安装爆燃传感器等。可见,传统的压缩比与辛烷值的对应关系已越来越模糊,在没有使用说明书时,汽油牌号的选择,往往还靠驾驶员凭经验进行摸索。

知识链接 4-4

表4-2 发动机压缩比与汽油标号间的关系

汽油机压缩比 ε	$\varepsilon<8$	$8<\varepsilon<9$	$\varepsilon>9$
汽油牌号	90	93	97
适用车型	一般货车、客车、农用车、摩托车	一般轿车、摩托车	高级轿车

③ 根据使用条件选择。注意季节变化、车辆使用地区变化等外界条件改变对汽油选择的

影响。如冬季应选择蒸气压较大的汽油,夏季应选择蒸气压较小的汽油;高原地区应选择蒸气压较小的汽油。高原地区大气压力小,空气稀薄,汽油机工作时爆震倾向减小,可以适当降低汽油的辛烷值。一般海拔每上升100 m,汽油辛烷值可减低约0.1个单位。经常在大负荷、低转速工况下工作的汽油机,应选择较高辛烷值的汽油。

(2)汽油使用的注意事项

汽油的使用应注意以下事项:

① 发动机长期使用后,由于燃烧室积炭、水套积垢等原因,使压缩比等因素发生变化,爆燃倾向增加,此时应维护发动机,若原牌号汽油不能满足需要,可考虑更换汽油牌号。

② 原用低牌号汽油改用高牌号汽油时,可适当提前点火提前角,以发挥高牌号汽油的优良性能;反之,适当推后点火提前角,以免发生爆燃。

③ 在炎热的夏季或高原地区,由于气温高,气压低,易发生气阻,应加强发动机散热,使油管和汽油泵隔热,或者换用蒸气压小的汽油。

④ 汽车从平原驶到高原地区后,可换用较低辛烷值汽油,或适当调前点火提前角。

⑤ 汽油不能掺入煤油或柴油,后者蒸发性和抗爆性差,会引起爆燃并严重破坏发动机润滑,导致发动机损坏。

⑥ 不要使用长期存放变质的汽油,否则结胶、积炭严重,这对电喷发动机工作的影响更大,同时,应尽可能加满油箱,以避免蒸发损失。

⑦ 汽油易燃、易爆、易产生静电,使用中要注意安全。

⑧ 不能用塑料桶装汽油,不同牌号不能混放。

特别提示 4-4

不得用铁器敲打油桶,特别是装过汽油的空桶更为危险,一旦遇到火星就会引起火灾甚至爆炸。油料着火不能用水扑救,只能用专用消防器具或用砂、土掩盖来灭火。为防止静电,禁止向塑料桶等绝缘物体中加装汽油。油料中的芳香烃和不饱和烃对人体有一定的毒性,故油料不可用嘴吸,若油料不慎入眼,应立即用清水清洗。万一发生中毒事件,应立即将人抬到空气流通的地方,进行人工呼吸或使其闻氨水,并及时送医院治疗。

应用案例 4-1

宝马5系列轿车发动机的压缩比为10.8,试推荐其汽油牌号。

【案例点评】

宝马5系列轿车发动机的压缩比为10.8,根据发动机压缩比与用油标号间的关系,查表4-2知,宝马5系列轿车应选用97号汽油,与表4-1推荐用油标号相符。

4.1.2 轻柴油

柴油可分为轻柴油、重柴油等品种。轻柴油用于高速柴油机,重柴油用于中、低速柴油机。汽车用柴油机属于高速柴油机,所用燃料为轻柴油(简称为柴油)。

特别提示 4-5

轻柴油与汽油相比,具有馏分重、自燃点低(200~300℃)、黏度大、相对密度大、蒸发性差、储存和运输过程中损耗小、使用安全等特点。而且柴油机与汽油机相比,具有耗油量低、能量利用率高、废气排放量小、工作可靠性好、功率使用范围宽等优点。随着柴油机技术的不断提高,柴油车的应用将会越来越广泛。

1) 轻柴油的性能指标

柴油机对轻柴油的基本要求是:有良好的燃烧性,良好的低温流动性,适宜的黏度和蒸发性,无腐蚀性,不含机械杂质和水分等。这些要求靠一系列性能指标来保证。

(1) 低温流动性　柴油的低温流动性是指在低温条件下柴油具有一定的流动状态的性能。柴油的低温流动性直接影响柴油能否可靠地供给气缸,发动机能否正常工作。评定低温流动性的指标有凝点、浊点和冷滤点。

① 凝点。凝点又称凝固点,是指油料在一定的试验条件下,遇冷开始凝固而失去流动性的最高温度。我国轻柴油是按凝点划分牌号的。柴油的低温使用、运输和储存都要求其凝固点低于当地最低温度 3~6℃。

② 浊点。浊点是指柴油中析出石蜡开始出现浑浊的最高温度。柴油达到浊点后虽未失去流动性,但易造成油路堵塞。

③ 冷滤点。冷滤点是指在规定条件下,1 min 内通过过滤器的柴油不足 20 mL 的最高温度。冷滤点与柴油实际使用的最低温度有良好的对应关系,可作为根据气温选用轻柴油的依据。一般冷滤点要高于凝点 4~6℃,比浊点略低。在美国和欧洲一些国家,轻柴油是按冷滤点划分牌号的。

特别提示 4-6

低温流动性差的柴油在低温时,会使柴油中析出石蜡结晶或凝固,使供油中断。改善柴油低温流动性的途径主要有脱蜡、掺入二次加工柴油馏分和裂化煤油、加降凝添加剂等。

(2) 发火性　柴油的发火性又称为柴油的燃烧性,是指其自燃能力。如果柴油发火性差,会引起柴油机工作粗暴。柴油的发火性可用十六烷值(Cetane Number)评定。与汽油辛烷值类似,也是用两种发火性差异很大的烃作为基准物对比得出的数值。一种为正十六烷,发火性好,规定其十六烷值为 100;另一种是 α-甲基萘,发火性差,规定其十六烷值为 0。按不同比例将它们混合在一起,可获得十六烷值 0~100 的标准燃料。例如,某一柴油的发火性正好与含 45% 正十六烷和 55% α-甲基萘的标准燃料相同,则该柴油的十六烷值为 45。

(3) 蒸发性　柴油的蒸发性是指以液态转化为气态的性能。

(4) 安定性　柴油的安定性包括储存安定性和热安定性。

(5) 黏度　柴油的黏度是表示柴油稀稠程度的一项指标,可以用来表示油品流动性能的好坏。

(6) 抗腐性　柴油的抗腐性是指柴油阻止与其相接触的金属被腐蚀的能力。

(7) 清洁性　柴油的清洁性用灰分、水分和机械杂质等指标评定。

2) 轻柴油的规格和牌号

我国目前轻柴油质量标准执行 GB 252—2015《普通柴油》,车用柴油标准推荐执行 GB 19147—2013《车用柴油(Ⅴ)》。GB 19147—2013《车用柴油(Ⅴ)》是从 GB 252—2011《普通柴油》质量标准中分离出来的。在某些技术指标的规定上有所不同,但其分类、牌号及其标记方法则完全相同,也按凝点将轻柴油分为 5 号、0 号、-10 号、-20 号、-35 号和 -50 号六种牌号,牌号中的数字即为该柴油的凝点。

3) 轻柴油的选择与使用

(1) 轻柴油的选择

车用轻柴油的选用主要考虑环境温度,并应遵循以下原则:

① 根据柴油使用地区风险率10%的最低气温选用柴油牌号。风险率为10%的最低气温应高于柴油的冷滤点。由于柴油的冷滤点一般高于凝点3~6℃,所以,也可以说,风险率10%的最低气温在数值上高于其牌号3~6个数即可满足选用要求。

知识链接 4-5

有关各牌号柴油的适用地区如表4-3所示。我国部分地区风险率为10%的最低气温如表4-4所示,该表中的最低温度是由我国气象台根据多年气温记录分析得出的。风险率为10%的最低气温值表示该月中最低气温低于该值的概率为0.1。

表4-3 各牌号柴油的适用地区

牌号	适用温度范围
5号	适用于风险率为10%的最低气温在8℃以上地区使用
0号	适用于风险率为10%的最低气温在4℃以上地区使用
-10号	适用于风险率为10%的最低气温在-5℃以上地区使用
-20号	适用于风险率为10%的最低气温在-14℃以上地区使用
-35号	适用于风险率为10%的最低气温在-29℃以上地区使用
-50号	适用于风险率为10%的最低气温在-44℃以上地区使用

表4-4 我国部分地区风险率为10%的最低气温(℃)

地区	1月	2月	3月	4月	5月	6月	7月	8月	9月	10月	11月	12月
河北	-14	-13	-5	1	8	14	19	17	9	1	-6	-12
山西	-17	-16	-8	-1	5	11	15	13	6	-2	-9	-16
内蒙古	-43	-42	-35	-21	-7	-1	4	1	-8	-19	-32	-41
黑龙江	-44	-42	-35	-20	-6	2	7	4	-6	-20	-35	-43
吉林	-29	-27	-17	-6	1	8	14	12	2	-6	-17	-26
辽宁	-23	-21	-12	-1	6	12	18	15	6	-2	-12	-20
山东	-12	-12	-5	2	8	14	19	18	11	4	-4	-10
江苏	-10	-9	-3	2	11	15	20	20	12	5	-2	-8
安徽	-7	-7	-1	5	12	18	20	20	14	7	0	-6
浙江	-4	-3	1	6	13	17	22	21	15	8	2	-3
江西	-2	-2	3	9	15	20	23	23	18	12	4	0
福建	-1	-2	3	8	14	18	21	20	15	8	1	-3
台湾①	3	0	2	8	10	16	19	19	13	10	1	2
广东	1	2	7	12	18	21	23	23	20	13	7	2

续表 4-4

地区	1月	2月	3月	4月	5月	6月	7月	8月	9月	10月	11月	12月
广西	3	3	8	12	18	21	23	23	19	15	9	4
湖南	-2	-2	3	9	14	18	22	21	16	10	1	-1
湖北	-6	-4	0	6	12	17	21	20	14	8	1	-4
河南	-10	-9	-2	4	10	15	20	18	11	4	-3	-8
四川	-21	-17	-11	-7	-2	1	2	1	0	-7	-14	-19
贵州	-6	-6	-1	3	7	9	12	11	8	4	-1	-4
云南	-9	-8	-6	-3	1	5	7	5	1	-1	-8
西藏	-29	-25	-21	-15	-9	-3	-1	0	-6	-14	-22	-29
新疆	-40	-38	-28	-12	-5	-2	0	-2	-6	-14	-25	-34
青海	-33	-30	-25	-18	-10	-6	-3	-4	-6	-16	-28	-33
甘肃	-23	-23	-16	-9	-1	2	3	5	2	0	-8	-16	-22
陕西	-17	-15	-6	-1	5	10	15	12	6	-1	-9	-15
宁夏	-21	-20	-10	-4	2	6	9	8	3	-4	-12	-19

注:①台湾省所列的温度为绝对最低气温,即风险率为 0% 的最低气温。

② 在气温允许的情况下尽量选用高牌号柴油。有些汽车使用者认为选用的牌号越低越安全,对汽车越有利。其实不然,首先由于低牌号柴油凝点低,其炼制工艺复杂,生产成本高;其次由于柴油中凝点越低的成分燃烧性越差,使用时燃烧滞后期长,越容易发生工作粗暴现象,所以在气温允许的情况下应尽量选用高牌号柴油。

③ 注意季节气温变化对用油的影响。对于那些季节气温变化较大的地区,如黑龙江、内蒙古、新疆等,应特别注意季节气温变化对用油的影响,及时改变用油牌号。

(2) 轻柴油使用的注意事项

轻柴油的使用应注意以下事项:

① 不同牌号的柴油可以掺兑使用,以降低高凝点柴油的凝点。但应注意凝点的调整无严格的加成关系,例如 -10 号和 -20 号各 50% 掺兑后,其凝点不是 -15℃,而是在 -13～-14℃之间;也可在轻柴油中掺入 10%～40% 裂化煤油以降低凝点,掺兑后应注意搅拌均匀。

② 不能在柴油中掺入汽油,因为汽油发火性很差,掺进汽油会导致起动困难,甚至不能起动。

③ 低温起动时可采取预热措施,对进气管、机油及蓄电池等预热有利于起动;也可采用馏分轻、蒸发性好、自燃点低,又有一定十六烷值的低温起动液,使用时可附加一套起动液用装置,也可以用注射器将 10～25 mL 低温起动液直接注入进气管,一般工作 1 min,发动机即可顺利起动。例如用乙醚与航空煤油按体积 1:1 配成的低温起动液,很容易在柴油机内自燃。低温起动液不能加入油箱与柴油混用,否则会造成气阻。

④ 要做好柴油净化工作。柴油机供油系是一套较精密的系统,油中杂质很容易造成系统堵塞、卡死,使用柴油前要经沉淀和过滤,沉淀时间不少于 48 h,以除去杂质。

特别提示 4-7

汽车是成品油消耗的第一大户,为了开源节流,以最低的能耗,获得最大的经济效益,必须掌握汽车节油技术。影响汽车油耗的主要因素有使用条件(季节、道路、气候等条件)、管理水平、维修质量、驾驶员驾驶水平和汽车技术状况五个方面。汽车的技术状况是节油的技术基础,良好的技术状况是节油的基本条件。在汽车驾驶操作中,影响汽车油耗的主要因素有发动机起动、汽车起动加速、汽车换挡操作、汽车行驶速度、汽车行驶温度和汽车滑行六个方面。正确起动发动机,正确起步,根据不同的道路和交通流量及时换挡变速,行车速度控制在经济车速范围内,合理使用离合器,合理控制油门,合理控制发动机水温等,都是实现汽车驾驶节油的方法和途径。

应用案例 4-2

试确定河南11月柴油车的用油牌号。

【案例点评】

查表4-4知,河南11月风险率为10%的最低气温为-3℃。查表4-3知,河南11月应选用-10号柴油。

4.1.3 汽车代用燃料

在石油资源日益减少、环境污染日益严重的双重作用下,开发和寻求污染较少、价格低廉的汽车代用燃料已成为当务之急。汽车代用燃料必须具备资源丰富、热值高、能量大、安全、无毒、污染少、价格低、使用方便等特点。此外,还必须与汽车供油系兼容,或只需进行简单的改装即可使用。目前正在开发的代用燃料主要有醇类、天然气、液化石油气、电能、太阳能和合成燃料等。上述代用燃料有的可单独使用,有的则可与汽油、柴油混合使用。我国目前大力推广的主要有乙醇汽油、天然气和液化石油气。

1)醇类燃料

醇类燃料主要是指甲醇和乙醇。醇类燃料来源广泛,价格较低,具有辛烷值高、热值低、储存和使用方便、排放污染少等特点。醇类燃料在技术和成本方面已经达到实用阶段。

知识链接 4-6

甲醇俗称木精,是一种无色易挥发的液体,有毒,饮后能致失明。乙醇俗称酒精,常温下是液体,易挥发燃烧。醇类燃料的辛烷值高,是良好的汽油机代用燃料。醇类燃料在汽油机中的应用方法主要有掺醇燃烧和纯醇燃烧两种。掺醇燃烧是指把甲醇或乙醇按不同比例掺入汽油中。甲醇、乙醇与汽油的混合燃料分别用M(Methanol)和E(Ethanol)加一数字表示,其后的数字表示混合燃料中甲醇或乙醇的体积百分数,如M15表示甲醇体积百分数为15%的混合燃料,E10表示乙醇体积百分数为10%的混合燃料。

掺醇汽油具有抗爆性好、价格低、排放尾气中NO_x、烃类及CO的含量低等优点。同时掺醇比例低于15%的低比例掺醇汽油和纯汽油相比,不需要改变现有汽车发动机,不增加改动成本,不存在技术上的难度。可见,低比例掺醇汽油是比较实用的醇类能源利用形式。但掺醇汽油也具有低温起动性差、高温时易发生气阻、与汽油的互溶性差、易出现分层现象、对汽油机具有一定的腐蚀性等缺点。

目前,我国确定在河南、吉林、黑龙江和广西等地设立燃料乙醇试点项目,开始推广含10%乙醇的车用乙醇汽油的混合燃料。汽车用乙醇汽油现行标准是GB 18351—2004《车用乙醇汽油》。

特别提示 4-8

变性燃料乙醇是通过专用设备、特定工艺生产的高纯度无水乙醇,经过变性处理后不能食用,是专供调配车用乙醇汽油使用的专用乙醇。

《车用乙醇汽油(E10)(Ⅳ)》按研究法辛烷值为90、93、97三个牌号。《车用乙醇汽油(E10)(Ⅴ)》分为89、92、95、98四个牌号(GB 18351—2015中规定)。在汽油标号前加字母"E"作为车用乙醇汽油的标号,牌号中的数字表示汽油的研究法辛烷值。车用乙醇汽油的选用应按照发动机的压缩比进行合理选择,以获得最佳匹配效果。

知识链接 4-7

表4-5 发动机压缩比与车用乙醇汽油标号间的关系

汽油机压缩比 ε	7.5~8.0	8.0~8.5	8.5~9.0	9.0以上
乙醇汽油牌号	E90	E93	E95	E97

2) 天然气

天然气是各种代用燃料中最早被广泛使用的一种。天然气汽车自20世纪30年代就开始在意大利使用。我国的天然气汽车工业发展始于20世纪80年代。目前,天然气汽车已受到各国政府的普遍重视,21世纪将是天然气汽车大发展的时代。

知识链接 4-8

天然气的主要成分是甲烷。根据其存在形式不同,天然气分为压缩天然气(Compressed Natural Gas,CNG)和液化天然气(Liquefied Natural Gas,LNG)两种。压缩天然气是将天然气经过脱水、脱硫净化处理后,经多级压缩至20 MPa左右储存在气瓶中。液化天然气是将天然气经过一定工艺,使其在-162℃左右变为液态,储存在高压气瓶中。天然气汽车是能以天然气为燃料工作的汽车(Natural Gas Vehicle,NGV)。根据天然气的储存形式,天然气汽车分为压缩天然气汽车和液化天然气汽车。压缩天然气汽车按燃料供给系的不同又可分为专用压缩天然气汽车、压缩天然气与汽油两用燃料汽车、压缩天然气与柴油双燃料汽车等。由于液化天然气对储存技术要求较高,从一定程度上限制了液化天然气汽车的发展。

3) 液化石油气

液化石油气价格便宜,容易液化,储存和使用方便,其配套设施如加气站等的建设费用也比较低。液化石油气作为汽车代用燃料,近年来发展较快。但是液化石油气是石油开采和炼制过程中的伴随物,受到自然资源的限制,不可能成为汽车稳定的代用燃料。

知识链接 4-9

汽车用液化石油气(Liquefied Petroleum Gas,LPG)的主要成分是丙烷和丁烷。液化石油气汽车是以液化石油气为燃料工作的汽车(Liquefied Petroleum Gas Vehicle,LPGV)。液化石油气汽车按燃料供给系统不同,可分为专用液化石油气汽车、液化石油气与汽油两用燃料汽车、液化石油气与柴油双燃料汽车等。

4) 氢燃料

氢气作为内燃机代用燃料,在使用和推广应用过程中还存在一系列技术问题。但是,从长远和发展的观点来看,氢气是一种极有前途的汽车代用燃料。

知识链接 4-10

氢气既可以单独作为内燃机燃料用于发动机,也可与汽油混合作为燃料用于发动机。目前,氢燃料在汽车上的使用多为氢气与汽油混合作为燃料用于发动机。目前,英国正在试制水燃料发动机,其工作原理是在发动机燃料管内装一铝制转子,并将铝线一端插入水中,另一端引向转子。当在铝线和转子间馈以电流后,铝线在水中放电,使水分解成氢气和氧气,随后,气体进入燃烧室,气体燃烧后产生驱动力。

5) 电能

电能是二次能源,几乎可用任何一次能源生产。用电能作为动力的汽车称为电动汽车。电动汽车具有无污染、噪声小、操作方便等优点,是目前世界各国都在致力开发的一种前途广阔的汽车。

知识链接 4-11

早期的电动汽车为蓄电池电动汽车。目前研制的电动汽车的基本形式有蓄电池和燃料电池两种,混合动力汽车也属于电动汽车。

蓄电池汽车的研究开发主要集中在高性能车用电池方面。燃料电池是指一种将存在燃料和氧化剂中的化学能通过电极反应直接转化为电能的装置。混合动力汽车是在纯电动汽车开发过程中有利于市场转化而产生的一种新车型。它是一种以内燃机和蓄电池为动力的汽车,是燃油汽车向电动汽车的一种过渡。混合动力汽车技术已经成熟,日本丰田公司已大批量生产混合动力汽车。

我国非常重视电动汽车的研制,正式对电动汽车的研制始于1981年。目前,为加快推动电动汽车科技发展,2012年3月27日,科学技术部印发《电动汽车科技发展"十二五"专项规划》,将电动汽车列入国家重大攻关项目。

6) 太阳能

太阳能汽车是利用太阳能产生动力的汽车,能量来源是太阳的辐射能转变为机械能或电能(太阳能电池)。直接利用太阳能驱动汽车是最经济实用的方法。但由于太阳能电池存在效率低、体积大、成本高等问题,因此太阳能汽车尚未进入实用阶段。

知识链接 4-12

太阳能电池在汽车上的应用,为寻求未来的汽车能源开辟了一条新途径。车载阳光采集板采集太阳光,通过车载太阳能电池,转换为电能储存,供给电动机驱动汽车行驶。

20世纪形成的以石油燃料为主体的能源系统,将在21世纪转化成可再生能源为主要组成部分的新能源系统。能源多元化是21世纪能源发展的必然趋势。乙醇汽油、天然气和燃料电池等汽车代用燃料作为21世纪的汽车清洁能源,能有效地解决我国的资源紧张和环境保护问题,并且对我国国民经济持续、快速、健康的发展具有非常重大的意义,是一项可持续发展的战略目标。

应用案例 4-3

广州本田奥德赛 2.3 发动机的压缩比为 9.5,试推荐其乙醇汽油牌号。

【案例点评】

根据发动机压缩比为 9.5,查表 4-5 知,该汽车应选用 E97 号乙醇汽油。

4.2 汽车润滑剂

引 例

汽车润滑剂主要包括内燃机油、齿轮油和润滑脂等。其主要作用是减缓汽车零部件的磨损,保证汽车正常运行。内燃机油主要是对发动机的曲轴、连杆、活塞、凸轮轴、气门等摩擦零件进行润滑。齿轮油主要用于变速器、后桥齿轮等传动机构摩擦处的润滑。润滑脂主要用于汽车传动轴、轮毂轴承、钢板弹簧销、转向节销、万向节销等部位的润滑。

常见的汽车润滑剂有哪些规格和牌号?怎样正确选择和使用?

4.2.1 内燃机油

汽车、拖拉机、工程机械和其他机动车的汽油机和柴油机都是内燃机,所用的润滑油叫内燃机润滑油(简称内燃机油)。内燃机油具有润滑、冷却、清洗、密封、防蚀和缓冲的作用。如图 4-1 所示为市场上常见的几种内燃机油。

图 4-1 市场上常见的几种内燃机油

1) 内燃机油的性能指标

内燃机油的主要性能指标有黏度、黏温性、抗腐性、抗氧性、抗磨性、抗泡性和清净分散性等。

黏度是液体流动时内摩擦力的量度,即液体的稀稠程度。黏度是内燃机油的重要性能指标,对发动机零件在不同润滑状态的润滑作用有重要影响。它是发动机润滑油分类的依据,也是选用内燃机油的主要依据。

黏温性是油品黏度随温度变化的特性。良好的黏温性是指油品的黏度随温度的变化程度小。只能适应较窄温度范围使用要求的机油称为单级油。为得到在宽温度范围都保持适当黏度的机油,必须在基础油中加入黏度指数改进剂(增稠剂)。这种内燃机油具有良好的黏温性,能同时满足低、高温使用要求,被称为多级油。

2) 内燃机油的分类、规格和牌号

(1) 内燃机油的分类

内燃机油的分类多采用黏度分类法和性能分类法两种。国际上广泛采用美国汽车工程师学会(Society of Automotive Engineers, SAE)的黏度分类法和美国石油学会(American Petroleum Institute, API)的使用性能分类法。

① SAE 黏度分类。SAE 黏度分类法是目前应用最广泛的分类方法。润滑油牌号中的数字表示其黏度等级。

按低温动力黏度、低温泵送性能和100℃时的运动黏度分级。对于冬用机油,按-18℃时所测的黏度来分,共有0W、5W、10W、15W、20W和25W六个等级(W表示冬用)。对于春秋和夏用机油则按100℃时的运动黏度分为20、30、40、50和60五个等级。

内燃机油按黏度等级划分牌号,有单级油和多级油之分。如果润滑油的低温性能各项指标和100℃时的运动黏度仅满足冬用润滑油或夏用润滑油黏度分级之一者,称为单级油,在冬夏温差较大的地区不能冬夏通用。在单级冬用机油中,符号W前的数字越小,表示其低温黏度越小,低温流动性越好,适用的最低气温越低。在单级夏用机油中,数字越大,其黏度越大,适用的最高气温越高。如果润滑油的低温性能各项指标和100℃时的运动黏度能同时满足冬夏两种黏度分级要求的,称为多级油,可在一定地区范围内冬夏通用。多级油既符合一个非W级,又符合一个W级黏度要求,并且两黏度级号之差至少等于15,如10W/30、15W/40 等。级号差越大,说明其黏温性越好,适用的气温范围越大。如5W/40,可以在很广地区范围内冬夏通用。

② API 使用性能分类。对油的质量分类,现在最常用的是API质量分类法,也称为使用性能分类法。

该分类将汽油机润滑油规定为S系列(Service station classsification,即加油站分类);将柴油机润滑油规定为C系列(Commercial classsification,即工商业分类)。在S系列中又细分为SA、SB、SC、SD、SE、SF、SG 和 SH 八个级别;在 C 系列中又细分为 CA、CB、CC、CD、CD-Ⅱ、CE 和 CF-4 七个级别。油的级号越靠后,性能越好,适用的机型越新或工作条件越苛刻。

2012年,我国正式颁布GB/T 28772—2012《内燃机油分类》,规定了汽车用及非道路用内燃机润滑油的详细分类,不包括铁路柴油机润滑油和船用柴油机润滑油。我国还参照SAE黏度分类,制定了 GB/T 14906—1994《内燃机油黏度分类》。

(2) 内燃机油的规格和牌号

① 内燃机油的规格。在我国现行的有关标准中,GB 11121—2006《汽油机油》规定了SE、SF、SG、SH、GF-1、SJ、GF-2、SL、GF-3 九个汽油机润滑油(简称汽油机油)的品种。GB 11122—2006《柴油机油》规定了CC、CD、CF、CF-4、CH-4 和 CI-4 六个柴油机润滑油(简称柴油机油)品种。通用内燃机油可由上述两个标准所属的品种进行组合,但任何一个通用内燃机油都应同时满足汽油机油品种和柴油机油品种的所有指标要求。

② 内燃机油的牌号。

汽油机油产品标记为: 质量等级 | 黏度等级 | 汽油机油

例如:SF 10W-30 汽油机油、SE 30 汽油机油

柴油机油产品标记为: 质量等级 | 黏度等级 | 柴油机油

例如:CD 10W-30 柴油机油、CC 30 柴油机油

通用内燃机油产品标记为:

| 汽油机油质量等级/柴油机油质量等级 | 黏度等级 | 通用内燃机油 | 或

| 柴油机油质量等级/汽油机油质量等级 | 黏度等级 | 通用内燃机油

例如：SJ/CF-4 5W-30通用内燃机油或CF-4/SJ 5W-30通用内燃机油,前者表示其配方首先满足SJ汽油机油要求,后者表示其配方首先满足CF-4柴油机油的全部质量指标。

注：汽油机油或柴油机油质量等级的先后排列由生产企业根据产品配方特点确定。

3) 内燃机油的选择与使用

(1) 内燃机油的选择

正确选择内燃机油是保证发动机正常工作的必要条件。如果选择不当,不仅影响发动机的使用性能,严重时还会导致发动机的突发故障,造成安全隐患。

① 汽油机油的选择。应依据发动机的结构特点、使用条件和气候条件等来选择汽油机油的质量等级和黏度级别。首先,应根据发动机的结构特点和使用条件选择相应的润滑油质量等级,再根据使用地区的气温选择润滑油黏度级别。

有汽车使用说明书的用户,应依据说明书要求选择。无使用说明书时,可按照发动机的设计年代、发动机的压缩比、曲轴箱是否安装正压通风装置(PCV)、是否安装废气循环装置(EGR)和催化转化器等因素来选择润滑油。装有催化转化器的发动机,应选用SF级润滑油。进口车或引进技术生产的轿车多用SF级润滑油。

知识链接 4-13

随着对汽车环保要求的提高,采用发动机加装废气净化装置或其他措施来降低排放污染。净化装置内的催化剂对机油的催化作用更为强烈,因而对内燃机油提出了更高的要求。

一般根据地区季节气温,结合发动机的性能和技术状况,选用适当的黏度级别。常以汽车使用地区的年最高和最低气温选择润滑油的黏度级别。在黄河以北及其他气温较低,但不低于-10℃的地区,冬季使用20号单级油,可保证国产中型载货汽车顺利起动和正常润滑,但在夏季换用黏度稍大的30号或40号油,15W/40在上述地区则可全年通用。在长江流域的华东、中南和西南,以及华南冬季气温不低于-5℃的温区,30号单级油可全年通用。两广和海南炎热的夏季,应选用40号油。在长城以北或其他气温低于-10℃的寒区,应选用10W/30多级油。黑龙江、内蒙古和新疆等严寒地区,应选用5W/30和5W/20多级油。北京地区普遍使用15W/40多级油。

知识链接 4-14

也可按压缩比选择润滑油等级,如表4-6所示。我国常用汽油车选用润滑油等级如表4-7所示。

表4-6 发动机压缩比与润滑油等级参考值

压缩比范围	可选用润滑油等级
8~10	SE
SF	>10

表 4-7 我国常用汽油车选用润滑油等级

车 型	润滑油质量等级
EQ1090、492QC 为动力的各类车	SC
CA1091 和东风改型汽油车	SD
夏利、大发、昌河、拉达	SE
一汽奥迪、捷达、红旗、CA6440 轻客、上海桑塔纳、标致	SF
富康、桑塔纳 2000、红旗 7220AE、捷达	SG 或 SH

还可根据生产年限选择润滑油。后生产的汽车,机油的工作条件通常比早生产的汽车苛刻,应选用质量等级较高的机油。

内燃机油黏度级别的选择可参考表 4-8。

表 4-8 SAE 黏度级号与适用气温对照表

SAE 黏度级号	5W/30	10W/30	15W/30	15W/40	20/20W	30	40
适用气温(℃)	-30～30	-25～30	-20～30	-20～40 以上	-15～20	-15～30	-5～40 以上

② 柴油机油的选择。柴油机油的选择主要依据汽车使用说明书,在没有使用说明书时,也可按柴油机的强化程度选用。

柴油机的强化程度一般用强化系数表示。强化系数越大,热量、机械负荷越高,机油工作条件越苛刻,要求选用质量等级高的柴油机油。根据强化系数不同,我国黄河 JN171、跃进 NJ1061 等柴油车,均要求使用 CC 级润滑油;斯太尔重型汽车、东风 EQ1141G(康明斯)和南京依维柯等柴油车均要求使用 CD 级润滑油。

选好润滑油的质量等级后,还应根据汽车实际工作条件的恶劣程度,提高用油的等级,在无级别可提高时,应缩短换油周期。

柴油机油的黏度级别选择原则与汽油机油相同,考虑到柴油机工作压力比汽油机大,但转速又较汽油机低的特点,在选择黏度时应略比汽油机高一些。

(2) 内燃机油使用的注意事项

内燃机油的使用应注意以下事项:

① 应注意用油的地区和季节的变化及时换用适宜黏度等级的内燃机油,应尽量选用黏温性好、黏度指数高的多级油。

② 在选择机油的质量等级时,高级机油可以在要求较低的发动机上使用,但过多降级使用不合算;切勿把质量等级低的机油加在要求较高的发动机上使用,否则会造成发动机早期磨损或损坏。

③ 要按机油标尺(如图 4-2 所示)加量。油量不足会引起零件磨损,加速机油变质;油量过多会窜入燃烧室内,形成大量积炭。正常油面应在最大和最小两个刻度之间(如图 4-3 所示)。

④ 加强对空气滤清器、燃油滤清器和机油滤清器的清洁工作以及保持曲轴箱通风,以减轻机油的污染,防止机油的早期变质。

⑤ 应结合使用条件按质换油。换油时一定要在热车时进行,要将废油放干净,同时严防

水分、杂质混入。

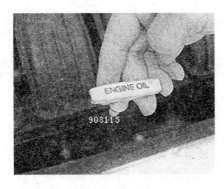
图 4-2 机油尺

图 4-3 机油尺上的最大和最小刻度

⑥ 加有多种添加剂的稠化机油,使用时油色很快会变深,属正常现象,不必换油。

⑦ 不同牌号的润滑油不可混用,同一牌号但不同生产厂家的润滑油也尽量不要混用。

特别提示 4-9

遇下列情况之一时,机油的质量等级(使用级)应酌情提高一个等级:汽车长期处于时停时开的使用状态、长期低温、低速行驶;长时间高温、高速行驶;在灰尘大的环境下运行;满载或拖挂车长时间行驶。

应用案例 4-4

东风雪铁龙轿车加装废气催化转化器,汽车使用地区在河南,试推荐其汽油机油的使用级和黏度级。

【案例点评】

东风雪铁龙轿车加装废气催化转化器,应选用 SF 级润滑油。根据汽车使用地区的年最高和最低气温,查表 4-8 知,15W/40 在河南可全年通用。

4.2.2 齿轮油

车辆齿轮油用于车辆机械式变速器、驱动桥及转向器的齿轮、轴承和轴等零件的润滑,具有减磨、冷却、清洗、密封、防锈和降噪等作用。图 4-4 所示为市场上常见的几种车辆齿轮油。

图 4-4 市场上常见的几种车辆齿轮油

1) 车辆齿轮油的分类、规格和牌号

(1) 车辆齿轮油的分类

目前广泛采用美国 SAE 车辆齿轮油黏度分类法和美国 API 车辆齿轮油使用性能分类法对车辆齿轮油进行分类。

① SAE 车辆齿轮油黏度分类。该分类的黏度级有 70W、78W、80W、85W、90、140、250 两组共 7 种。

知识链接 4-15

带字母 W 的车辆齿轮油为冬用齿轮油,是根据齿轮油黏度达到 150 Pa·s 和 100℃时的最小运动黏度划分的。低温黏度规定为 150 Pa·s,超过这一黏度,驱动桥准双曲面齿轮式主减速器主动齿轮轴承的润滑条件恶化,易发生损坏;不带字母 W 的车辆齿轮油为非冬用齿轮油,是根据 100℃ 的运动黏度范围划分的。车辆齿轮油也有多级油,例如 80W/90、85W/90 等。

② API 车辆齿轮油使用性能分类。车用齿轮油分两大类:手动变速器齿轮油和主减速器齿轮油。车辆齿轮油国外广泛采用 API 使用分类法,按齿轮油负荷承载能力和使用场合不同,API 将手动变速器齿轮油和主减速器齿轮油分为六个级别:GL-1、GL-2、GL-3、GL-4、GL-5 和 GL-6。

知识链接 4-16

车辆齿轮油 API 的分类、使用性能和用途如表 4-9 所示。

表 4-9 车辆齿轮油 API 的分类、使用性能和用途

分类	使用说明	用途
GL-1	在低齿面压力、低滑动速度下的汽车弧齿锥齿轮、蜗轮式驱动桥以及各种手动变速器规定用 GL-1 级齿轮油	汽车手动变速器,包括拖拉机和载货汽车手动变速器
GL-2	汽车蜗轮式驱动桥,由于其负荷、温度和滑动速度的状况,用 GL-1 齿轮油不能满足要求,规定用 GL-2 级齿轮油	蜗杆传动装置
GL-3	滑动速度和负荷比较苛刻的汽车手动变速器和弧齿锥齿轮的驱动桥规定用 GL-3 级油	苛刻条件的手动变速器和弧齿锥齿轮的驱动桥
GL-4	在低速高扭矩、高速低扭矩下操作的各种齿轮,特别是客车和其他各种车用的准双曲面齿轮,规定用 GL-4 级齿轮油	手动变速器、弧齿锥齿轮和使用条件不太苛刻的准双曲面齿轮
GL-5	在高速冲击负荷、高速低扭矩、低速条件下操作的各种齿轮,特别是客车和其他车用的准双曲面齿轮,规定用 GL-5 级齿轮油	适用于操作条件缓和或苛刻的准双曲面齿轮及其各种齿轮,也可用于手动变速器
GL-6	在高速冲击条件下运转的轿车和其他车辆的各种齿轮,特别是大偏移距的准双曲面齿轮,偏移距大于 50 mm 或接近大齿轮直径的 25%,规定用 GL-6 级齿轮油	

③ 我国的车辆齿轮油分类。我国车辆齿轮油的黏度分类国家标准是 GB/T 28767—2012《车辆齿轮油分类》。其方法与 SAE 车辆齿轮油黏度分类相同,车辆齿轮油按使用性能分为 GL-3、GL-4、GL-5 和 MT-1 四类。其中,GL-3 相当于普通车辆齿轮油,GL-4 相当于中负荷车辆齿轮油,GL-5 相当于重负荷车辆齿轮油,MT-1 为非同步手动变速箱油。

知识链接 4-17

我国车辆齿轮油分类与对应 API 使用性能分类如表 4-10 所示。

表 4-10 我国车辆齿轮油分类与对应 API 使用性能分类

我国油品代号	API 品种	组成、特性和使用说明	使用部位
普通车辆齿轮油（GL-3）(SH/T 0350—1992)	GL-3	精制矿物油加抗氧剂、防锈剂、抗泡剂和少量极压剂制成。适用于中等速度和负荷比较苛刻的手动变速器和螺旋锥齿轮的驱动桥	手动变速器和螺旋锥齿轮的驱动桥
中负荷车辆齿轮油（GL-4）(JT/T 224—2008)	GL-4	精制矿物油加抗氧剂、防锈剂、抗泡剂和极压剂制成。适用于在低速高扭矩和高速低扭矩下操作的各种齿轮,特别是客车和其他各种车辆的准双曲面齿轮	手动变速器、螺旋锥齿轮和使用条件不太苛刻的准双曲面齿轮的驱动桥
重负荷车辆齿轮油（GL-5）(GB/T 13895—1992)	GL-5	精制矿物油加抗氧剂、防锈剂、抗泡剂和极压剂制成。适用于在高速冲击负荷、高速低扭矩和低速高扭矩下操作的各种齿轮,特别是客车和其他各种车辆的准双曲面齿轮	操作条件缓和或苛刻的准双曲面齿轮及其他各种齿轮的驱动桥,也可用于手动变速器
非同步手动变速箱油 MT-1		该类润滑剂对于防止化合物热降解、部件磨损及油封劣化提供保护,这些性能是 GL-4 和 GL-5 要求的润滑剂所不具有的。MT-1 没有给出乘用车和重负荷车辆中同步器和驱动桥的性能要求	适用于在大型客车和重型卡车上使用的非同步手动变速器

(2) 车辆齿轮油的规格和牌号

普通车辆齿轮油(GL-3)适用于中等速度和负荷比较苛刻的手动变速器和螺旋锥齿轮驱动桥,有 80W/90、85W/90 和 90 三个黏度牌号,其规格在 SH/T 0350—1992《普通车辆齿轮油》标准中规定。

中负荷车辆齿轮油(GL-4)适用于低速高扭矩、高速低扭矩下操作的各种齿轮,特别是客车和其他各种车辆的准双曲面齿轮,有 80W/90、85W/90 和 90 三个黏度牌号,其规格在 JT 224—1996《中负荷车辆齿轮油》标准中规定。

重负荷车辆齿轮油(GL-5)适用于在高速冲击负荷、高速低扭矩和低速高扭矩下操作的各种齿轮,特别是客车和其他各种车辆的准双曲面齿轮。有 75W、80W/90、85W/90、85W/140、90 和 140 六个黏度牌号,其规格在 GB/T 13895—1992《重负荷车辆齿轮油》标准中规定。

非同步手动变速箱油(MT-1)适用于在大型客车和重型卡车上使用的非同步手动变速器。该类润滑剂对于防止化合物热降解、部件磨损及油封劣化提供保护,这些性能是 GL-4 和 GL-5 要求的润滑剂所不具有的。MT-1 没有给出乘用车和重负荷车辆中同步器和驱动桥的性能要求。其规格在 GB/T 28767—2012《车辆齿轮油分类》中规定。

对于特定的车辆齿轮油应写成 GL-4 90、GL-5 80W/90。90 号是一种单级油，80W/90 则是一定地区范围内的冬夏通用油。

2）车辆齿轮油的选择与使用

（1）车辆齿轮油的选择

应按车辆使用说明书的规定选择与该车型相适应的齿轮油品种和牌号，还可以参照下列原则选油：

① 根据齿轮类型和工作条件来选择齿轮油的品种——使用级。车辆齿轮油的使用级应按照汽车使用说明书中的规定或根据传动机构工作条件的苛刻程度来选择。

② 根据使用环境最低温度和传动装置最高油温来选择齿轮油的牌号——黏度级。车辆齿轮油的最低黏度级应根据最低气温和最高油温，并同时考虑车辆齿轮油换油周期较长等因素来选择。

知识链接 4-18

车辆齿轮油的黏度应既能保证低温下的车辆起步，又能满足油温升高后的润滑要求。在 SAE 黏度分类中表观黏度达 150Pa·s 时的最高温度，是保证低温操作性能的最低温度。黏度为 75W、80W 和 85W 的准双曲面齿轮油的最低使用温度分别为 -40℃、-26℃、-12℃。即车辆使用地区的最低温度不应低于所选齿轮油的上述温度。黏度等级选择可按如表 4-11 所示最低使用温度，或按小齿轮转速及工作温度来选择 100℃ 运动黏度。

表 4-11 车辆齿轮油的最低使用温度和 SAE 黏度等级

最低使用温度（℃）	SAE 黏度等级	最低使用温度（℃）	SAE 黏度等级
-40	75W/90	-20	85W/90
-30	80W/90	-10	90

一般地区，车辆 90 号油可满足其使用要求，只有在天气特别热或负荷特别重的车辆上使用 140 号油。长江流域及其他冬季气温不低于 -10℃ 的广大地区，可全年使用 90 号油；长江以北及其他冬季气温不低于 -12℃ 的广大地区，可全年使用 85W/90 号油，负荷特别重的车辆上可全年使用 85W/140 号油；长城以北及其他冬季气温不低于 -26℃ 的地区，可全年使用 80W/90 号油；黑龙江、内蒙古、新疆等冬季气温最低气温在 -26℃ 以下的严寒地区，冬季应使用 75W 号油，夏季则换用 90 号单级油。

（2）车辆齿轮油使用的注意事项

使用车辆齿轮油要注意以下事项：

① 不同等级的车辆齿轮油不能混用且不能将使用级较低的齿轮油用在要求较高的车辆上。

② 不要误认为高黏度齿轮油的润滑性能好。使用黏度牌号太高的齿轮油，将使燃料消耗显著增加，特别是高速轿车影响更大，应尽可能使用合适的多级齿轮油。

③ 换油时应趁热放出旧油，并清洗齿轮箱。齿轮油面一般要加到与齿轮箱加油口下缘平齐，应经常检查齿轮箱是否渗漏，并保持各油封、衬垫完好。

④ 齿轮油的使用寿命较长，如使用单级油，在换季维护时换用不同的黏度牌号，放出的旧油若不到换油指标，可在再次换油时使用。

⑤ 应按规定的换油指标换用新油。无油质分析手段时，可按期换油。国外推荐的换油周

期是 5～12 万 km,我国换油周期为 4～5 万 km,可结合车辆定期维护换油。SH/T 0475—1992 推荐的换油里程为 4.5 万 km。

特别提示 4-10

汽车如在山区或经常满载拖挂行驶,并经常处于高负荷状态下,工作条件苛刻,油温较高,应选用高一级齿轮油。

应用案例 4-5

试推荐 EQ1092 汽车变速器和驱动桥车辆齿轮油的使用级和黏度级。

【案例点评】

低速高扭矩或高速低扭矩下工作的齿轮及使用条件不太苛刻的准双曲线齿轮,如 EQ1092 汽车的变速器和驱动桥,应选用中负荷车辆齿轮油(GL-4)。黏度级应根据汽车使用地区的年最高和最低气温来选择,一般地区,车辆 90 号油可满足其使用要求。

4.2.3 润滑脂

润滑脂是将稠化剂分散于液体润滑剂中所组成的一种稳定固体或半固体产品。它在常温下可附着于垂直表面不流失,并能在敞开或密封不良的摩擦部位工作,具有其他润滑剂不可替代的特点。在汽车上不宜用液体润滑剂的部位,如轮毂轴承、各拉杆球节、发电机轴承、水泵轴承、离合器分离轴承和传动轴花键等,均使用润滑脂润滑。但润滑脂有功率损失大、流动性差、散热和清洗能力差、固体杂质混入后不易清除等缺点。

知识链接 4-19

润滑脂由基础油、稠化剂、添加剂和填料组成。基础油是润滑脂中起润滑作用的主要成分,对润滑脂使用性能有较大的影响。稠化剂可以决定润滑脂某些使用性能,如抗水性和耐热性等。添加剂和填料可以改善润滑脂的某种特性。一类添加剂是润滑脂所特有的,称作胶溶剂,它能使油和皂稳定地结合,如甘油和水等;另一类添加剂和润滑油中的一样,如抗氧剂、抗磨剂和防锈剂等;还可以加入石墨、二硫化钼等固体润滑剂作为填料。

汽车用润滑脂大多采用皂基稠化剂,它是由动植物油和氢氧化物反应制成,常用的有钙皂、钠皂和锂皂等。我国传统的润滑脂分类是根据稠化剂的类型区分的。

1) 润滑脂的分类、品种、规格和牌号

(1) 润滑脂的分类

根据 GB/T 7631.8—1990 的规定,我国润滑脂的分类参照国际标准化组织标准的分类方法。润滑脂属于 L 类(润滑剂和有关产品)的 X 组(润滑脂)。如 L-XCCHA2 表示最低操作温度为 -30℃,最高操作温度为 120℃,淡水存在下防锈,低负荷,稠度等级 2 的非极压型润滑脂。它相当于汽车通用锂基润滑脂。

知识链接 4-20

稠度是指润滑脂的浓稠程度。稠度通常用锥入度来度量。锥入度是指在规定时间、温度条件下,规定质量的锥体刺入润滑脂试样的深度,以 1/10 mm 表示。锥入度越大,脂越软,即稠度越小,越易变形和流动。锥入度是稠度的反面表示方法,和使用条件有紧密的联系,是润滑脂选用的重要依据,我国用锥入度范围划分润滑脂的稠度牌号。负荷较大、速度较低的摩擦机件,应选用锥入度较小的润滑脂;反之,应选用锥入度较大的润滑脂。润滑脂稠度等级和相应锥入度范围的对应关系如表4-12所示。

表4-12 稠度等级和相应锥入度范围

稠度级号	工作锥入度范围(25℃)(1/10 mm)	状 态
000	445～475	液状
00	400～430	几乎成液状
0	355～385	极软
1	310～340	非常软
2	265～295	软
3	220～250	中
4	175～205	硬
5	130～160	非常硬
6	85～115	极硬或固体

(2) 汽车常用润滑脂的规格和牌号

汽车用润滑脂的规格有:GB/T 491—2008《钙基润滑脂》、GB/T 5671—1995《汽车通用锂基润滑脂》、GB 7324—2010《通用锂基润滑脂》和SH 0039—1990《工业凡士林》。

汽车常用润滑脂有以下五种:

① 钙基润滑脂。钙基润滑脂俗称黄油,是由动植物脂肪与石灰制成的钙皂稠化矿物润滑油,并以水作为胶溶剂而制成。它是20世纪30年代的老产品,有四个稠度牌号。抗水性强,耐热性差。长期以来使用它润滑汽车轮毂轴承、底盘拉杆球节、水泵轴承和分电器凸轮等。

② 钠基润滑脂。钠基润滑脂是以动植物脂肪酸钠皂稠化矿物润滑油制成的耐高温但不耐水的普通润滑脂,有两个牌号。由于钠皂熔点很高,滴点达160℃。耐热性好,可在120℃下较长时间地工作,并有较好的承压抗磨性能,可适应较大的负荷;但钠皂遇水易乳化变质,即抗水性差,不能用在潮湿环境或与水接触的部件。

③ 汽车通用锂基润滑脂。汽车通用锂基润滑脂是用天然脂肪酸锂皂稠化低凝点润滑油,并加抗氧、防锈剂制成。稠度为2号,滴点达180℃。具有良好的机械安定性、胶体安定性和抗水性,适用于-30～120℃下汽车轮毂轴承、底盘、水泵和发电机等各摩擦部位润滑。为普遍推荐使用的汽车通用润滑脂。

④ 极压复合锂基润滑脂。极压复合锂基润滑脂与汽车通用锂基润滑脂的区别是有更高的极压抗磨性,适用于-20～160℃、高负荷机械设备的齿轮和轴承润滑,有三个牌号。部分高性能进口汽车推荐使用极压复合锂基润滑脂。

⑤ 石墨钙基润滑脂。石墨钙基润滑脂是由动植物脂肪酸钙皂稠化68号机械油,加10%鳞片状石墨制成。具有良好的抗水性和抗碾压性能,滴点为80℃,适合于重负荷、低转速和粗糙的机械润滑和汽车钢板弹簧、起重机齿轮转盘等承压部位使用。

2)润滑脂的选择与使用

(1)润滑脂的选择

应根据车辆和机械设备使用说明书的规定,选用与用脂部位操作条件相适应的润滑脂品种和稠度牌号。现代汽车润滑脂品种的选择如表4-13所示。

表4-13 汽车润滑脂品种的选择

润滑脂	应用部位
汽车通用锂基润滑脂(GB/T 5671—1995)或2号通用锂基润滑脂(GB 7323—1987)	轮毂轴承、水泵轴承、起动机轴承、发电机轴承、离合器分离轴承及底盘用脂润滑部位
石墨钙基润滑脂(SH 0369—1992)	钢板弹簧
工业凡士林(SH 0039—1990)	蓄电池接线柱

知识链接 4-21

工业凡士林属非皂基脂,是由石蜡等固体烃稠化高黏度润滑油制成,适用于仓储的金属物品和工厂生产出来的金属零件及机器的防锈。在机械的工作温度不高、负荷不大时,也可以当作减摩润滑脂使用。

(2)润滑脂使用的注意事项

为充分发挥润滑脂性能,使用中应注意以下事项:

① 轮毂轴承是主要用脂部位,宜全年使用2号脂(南方),或冬用1号夏用2号脂(北方)。3号脂只宜在热带重负荷车辆上使用。

② 轮毂轴承润滑脂使用到严重断油、分层或软化流失前必须更换,普遍做法是在二级维护时换脂。

③ 按使用说明书的规定及时向各润滑点注脂。

④ 石墨钙基润滑脂因其中有鳞片状石墨不能用于高速轴承上,否则会导致轴承损坏。而汽车钢板弹簧必须使用石墨钙基润滑脂。

⑤ 各种稠化剂制成的润滑脂不能相互掺混,否则可能破坏其胶体结构而失去原有的性能。

⑥ 润滑脂一旦混有杂质难以除去。在保存、分装和使用过程中,应严格防止灰、砂和水分等外界杂质污染。

⑦ 不能用报纸、牛皮纸和木桶盛放润滑脂,以免基础油渗出,使润滑脂失效。

⑧ 润滑脂不能和润滑油混用。

特别提示 4-11

换脂时应合理充填,热车注脂且量不能过多,否则会使机件运转阻力增加,工作温度升高,燃料消耗量相应增加。要求在轴承内填满脂,轮毂内腔仅薄薄地涂一层脂防锈即可。不宜在轮毂内腔装满脂,堆积在轮毂内腔的脂可能会流到制动蹄片上,造成制动失灵。合理充填还可以节约用量。

应用案例 4-6

有人嫌润滑脂太稠,就用润滑油来调稀,这样做对吗?

【案例点评】

这样做是错误的。因为加入的润滑油不能均匀分布在脂中,在使用过程中很容易分离出来流失掉。

4.3 汽车工作液

引 例

汽车工作液是指用以保障汽车正常工作和安全行驶的各种工作介质,包括液力传动油、汽车制动液、发动机防冻冷却液、空调制冷剂和减振器油等。

常见的汽车工作液有哪些规格和牌号,怎样正确选择和使用?

4.3.1 液力传动油

高档轿车和重型载货汽车传动系的发展趋势之一是越来越多地采用自动变速器,其工作介质就是液力传动油,又称为自动变速器油,简称为 ATF(Automatic Transmission Fluid)。液力传动油的作用是在液力变矩器内实现动力传递、在自动变速器内实现控制和动力传递及润滑有关摩擦副。如图 4-5 所示为市场上常见的几种液力传动油。

图 4-5 市场上常见的几种液力传动油

1)液力传动油的分类、规格和牌号

目前我国尚未制定液力传动油详细分类的国家标准。现行标准是中石油的企业标准(Q/SY RH 2042—2001),按 100℃运动黏度分为 6 号、8 号和 8D 号三种液力传动油。另有一种是拖拉机传动、液压两用油。

6 号液力传动油适用于内燃机车、载货汽车的液力变矩器,它接近于 PTF-2 级油,其凝点为 -20℃;8 号液力传动油适用于各种具有自动变速器的汽车,它接近于 PTF-1 级油,其凝点为 -25℃;8D 号液力传动油的各项技术指标除凝点为 -50℃外,其他均与 8 号油相同,专用于严寒地区;拖拉机传动、液压两用油(Q/SH 007.1.23—1987)适用于国产及进口拖拉机、工程机械和车辆作为液压系统的工作介质和液力传动机构的润滑油,按 40℃运动黏度中心值划分有 68、100 和 100D 三个牌号。

知识链接 4-22

国外液力传动油的规格多采用美国材料及试验学会(ASTM)和美国石油学会(API)共同提出的PTF(Power Transmission Fluid)使用分类,将液力传动油分为PTF-1、PTF-2和PTF-3三类。PTF-1类油主要用于轿车和轻型卡车的液力传动系统;PTF-2类油主要用于重负荷的液力传动系统;PTF-3类油的主要功能是用作传动、差速器和驱动齿轮的润滑以及液压转向、制动、分动器和悬挂装置的工作介质。

2) 液力传动油的选择与使用

(1) 液力传动油的选择

应按车辆使用说明书的规定,选用适当品种的液力传动油。我国一般使用兰州、上海炼油厂生产的液力传动油。6号液力传动油适用于内燃机车或载货汽车的液力变矩器,8号和8D号液力传动油适用于各种轿车、轻型客车的自动变速器。全液压的拖拉机、工程机械应选用拖拉机传动、液压两用油。100号两用油适用于南方地区,100D和68号油适用于北方地区。

目前世界各国普遍使用美国生产的自动变速器油,主要有通用公司生产的Dexron、Dexron Ⅰ、Dexron Ⅱ型和福特公司生产的E、F型。我国部分国产汽车和进口汽车多用美国通用公司生产的Dexron Ⅱ型和福特公司生产的F型自动变速器油。进口轿车要求用GM-A型、A-A型或Dexron型自动变速器油的均可用8号油代替。

(2) 液力传动油使用的注意事项

使用液力传动油要注意以下事项:

① 保持油温正常。油温过高会加速液力传动油的氧化变质,引起故障。

② 经常检查油平面。油平面应在自动变速器量油尺上下两刻线之间。

③ 按车辆使用说明书的规定更换液力传动油和过滤器(或清洗滤网),同时拆洗自动变速器油底壳,并更换其密封垫。通常每行驶1万km应检查油面,每行驶3万km应更换油液。

④ 在检查油面和换油时,注意油液的状况。在手指上擦上少许油液,用手指互相摩擦看看是否有渣粒存在,并从量油尺上嗅闻油液气味,通过对油液外观检查,可反映部分问题。

⑤ 液力传动油是一种专用油品,不能与其他油品混用。同牌号不同厂家生产的也不宜混用,以免造成油品变质。

特别提示 4-12

长期以来,液压动力转向系统一直采用自动变速器油,但目前有采用动力转向系专用油的趋势。动力转向系专用油含有去污添加剂的成分,可以有效清洁整个系统。采用动力转向系专用油可减少磨损、防止氧化起泡、降低工作温度、保护油封及管路,使转向机构操作轻便、滑顺。

4.3.2 汽车制动液

汽车制动液俗称刹车油,是用于汽车液压制动系统中传递压力,以制止车轮转动的工作介质。现代汽车使用的制动液主要是合成型制动液。如图4-6所示为市场上常见的几种汽车制动液。

图 4-6 市场上常见的几种汽车制动液

1) 制动液的品种、规格和牌号

目前,我国制动液的品种按 GB 12981—2012《机动车辆制动液》进行分类。该标准是参照国际通行的美国汽车工程师协会标准、美国联邦机动车辆安全标准和国际标准化组织标准制定的。根据制动液高温抗气阻性从低到高分为 HZY3、HZY4、HZY5、HZY6 四级。该标准的系列代号由符号(HZY)和标记(阿拉伯数字)两部分组成,其中 H、Z、Y 分别为合成、制动和液体第一个汉字的汉语拼音首字母,阿拉伯数字表示等级号。

2) 制动液的选择与使用

(1) 制动液的选择

合成型制动液是按等级来划分的。选用时应严格按照车辆使用说明书上的规定,选用合适等级的制动液。若国产车使用进口制动液或进口车使用国产制动液,应根据其对应关系正确选用。

知识链接 4-23

各级制动液的主要特性和推荐使用范围如表 4-14 所示。

表 4-14 制动液的主要特性和推荐使用范围

级别	制动液的主要特性	推荐使用范围
HZY3	具有良好的高温抗气阻性能和优良的低温性能	相当于 DOT3 水平,我国广大地区均可使用
HZY4	具有优良的高温抗气阻性能和良好的低温性能	相当于 DOT4 水平,我国广大地区均可使用
HZY5	具有优异的高温抗气阻性能和低温性能	相当于 DOT5 水平,供特殊要求车辆使用
HZY6	高温抗气阻性能低于 HZY5 的要求,但低温性能要优于 HZY5 标准要求	满足赛车的苛刻要求,用在普通车辆上更可提高车辆的安全系数

部分汽车要求使用的制动液的规格如表 4-15 所示。

表 4-15 部分汽车要求的制动液规格

汽车型号	制动液级别
上海桑塔纳(LX 系列、2000 系列)	NO52 766 XO
富康(CITROEN ZX 型)	合成型 TOTAL FLUIDE SY 或 DOT4
夏利 TJ7100	912 合成制动液或 DOT3 制动液

续表 4-15

汽车型号	制动液级别
捷达	DOT4 制动液
福特 天霸 2.3L	DOT3 制动液
北京切诺基	DOT3 或 DOT4 制动液
奥迪 A6	DOT4 制动液

(2) 制动液使用的注意事项

使用制动液要注意以下事项：

① 不同规格的制动液不能混用。

② 在加注或更换制动液时使用专业工具。

③ 防止水分和矿物油混入制动液中。

④ 制动缸皮碗不可敞开放置。

⑤ 制动液多是由有机溶剂制成，易挥发、易燃，在使用中要注意防火。

⑥ 制动液有一定的毒性，在更换时不能用嘴吸取制动液。

⑦ 在使用过程中要防止制动液与车身涂层接触。

⑧ 汽车制动液的更换周期一般是 2～4 万 km 或 1～2 年。

4.3.3 其他汽车工作液

1) 汽车发动机冷却液

发动机冷却液是汽车冷却系统中带走高温零部件热量的工作介质。冷却液与润滑油一样，是发动机正常工作必不可少的工作物质。它具有冷却、防腐、防冻、防垢等作用。

(1) 冷却液的品种、规格和牌号

我国汽车发动机冷却液现行标准是 NB/SH/T 0521—2010《乙二醇型和丙二醇型发动机冷却液》和交通行业标准 JT 225—1996《汽车发动机冷却液安全使用技术条件》。NB/SH/T 0521—2010 将产品分为乙二醇型轻负荷和重负荷、丙二醇型轻负荷和重负荷发动机冷却液四种类型，每种类型又分为浓缩液和－25 号、－30 号、－35 号、－40 号、－45 号和－50 号六个不同牌号的冷却液。冷却液可直接加车使用，浓缩液便于运输，使用时需加去离子水或蒸馏水稀释。

知识链接 4-24

冰点是指在标准大气压下水的液固转化温度，即水开始凝结成冰时的温度或冰开始变成水的温度。水的冰点为 0℃，在 0℃ 就会结冰，冷却水结冰后体积膨胀，会使气缸体、散热器等破损。

(2) 冷却液的选择与使用

① 汽车发动机冷却液的选择

针对目前使用的乙二醇水基型发动机冷却液，汽车发动机冷却液的选择主要包括发动机冷却液防冻性的选择和产品质量的选择。发动机冷却液防冻性的选择原则是汽车发动机冷却液的冰点要比车辆运行地区的最低气温低 10℃ 左右，以确保在特殊情况下冷却液不冻结。不同发动机的技术特性、热负荷情况、冷却系材料等均有不同,对冷却液产品质量的要求也有所不同,在对冷却液产品进行选择时应以汽车制造厂家的规定或推荐为准。

知识链接 4-25

NB/SH/T 0521—2010《乙二醇型和丙二醇型发动机冷却液》推荐的使用范围如表4-16所示。

表4-16 汽车发动机冷却液推荐使用范围

牌号	推荐使用范围
-25	在我国一般地区如长江以北、华北环境最低气温在-15℃以上的地区均可使用
-35	在东北、西北大部分地区和华北环境最低气温在-25℃以上的寒冷地区使用
-45	在东北、西北和华北等环境最低气温在-35℃以上的寒冷地区使用

② 汽车发动机冷却液使用的注意事项

发动机冷却液在使用过程中应注意以下事项:

a. 加注冷却液之前应对发动机冷却系进行清洗。

b. 应使用蒸馏水、去离子水或纯净水来稀释浓缩液。

c. 注意检查冷却液液面高度,视情况正确补充。

d. 不同厂家、不同牌号的发动机冷却液不能混用。

e. 冷却液在使用一段时间后应及时更换。

f. 乙二醇有毒,切勿口吸。

特别提示 4-13

冷却液,俗称防冻液。很多车主想当然地认为,防冻液只适用寒冷的冬季,夏季采用纯净水或自来水即可。其实,防冻液不仅具有防冻和防沸(沸点可达118℃)的功能,它还具有防锈、防腐、防垢等作用,而这些预防功能都是纯净水或自来水所不能替代的。

2) 车用空调制冷剂

汽车空调包括冷气、暖气、去湿和通风等装置。空调制冷剂是制冷装置完成制冷循环的媒介,又称为制冷工质。空调在制冷循环中通过制冷剂的状态变化,进行能量转换,达到制冷的目的。

(1) 制冷剂的品种

空调制冷剂是一种化学物质。汽车空调制冷系统使用的制冷剂主要有R-12和R-134a两种,它们都属于氟利昂(Freon)制冷剂。其中R是制冷剂(Refrigerant)的第一个字母。由于R-12对大气臭氧层有破坏作用,有使全球变暖的温室效应,目前已停止使用。R-134a是汽车空调的首选替代工质。这主要是由于R-134a不含氯原子,对臭氧层无破坏作用,温室效应影响小,其热力性质稳定并与R-12相近。

(2) 制冷剂的使用

空调制冷剂在使用过程中应注意以下事项:

① 添加制冷剂应低温进行,要避热。应避免日光直射或火炉烘烤,在与火焰接触时会产生毒气。

② 要避免接触皮肤,以防冻伤。尤其要避免误入眼睛,以防造成失明。

③ 操作现场要通风良好。制冷剂排到大气中会造成氧气浓度急剧下降,严重时使人窒息。

3) 减振器油

为了提高汽车的舒适性并延长汽车的使用寿命,汽车上都装有减振系统,其中大部分车辆都采用液压减振器。减振器油是汽车减振器的工作介质,它是利用液体流动通过节流阀时产生的阻力来起减振作用的。

我国克拉玛依炼油厂生产的减振器油,其特点是凝点很低,有良好的黏温性,适合在寒冷地区使用。另有一种按上海石油公司企业标准(沪 Q/YSM 118—1989)生产的减振器油,其凝点不高于 $-8℃$,适合在温区使用。

多数国产汽车推荐使用上述专用的减振器油。在缺乏减振器油时,也允许用 50% 汽轮机油 HU-22 和 50% 变压器油 DB-25(质量分数)的混合油,也可用 10 号机械油代替。

使用中要注意保持减振器密封良好,无渗漏现象,在 4 万～5 万 km 定期维护时拆检减振器,同时更换减振器油。

应用案例 4-7

有人为了降低成本,就用自来水稀释浓缩防冻液,这样做对吗?

【案例点评】

这样做是错误的。自来水、河水、井水等水中含有大量的杂质及金属粒子,易沉淀在水套中形成水垢,影响散热效果。

思考题

一、单选题

1. 汽油的抗爆性用( )表示。
   A. α-甲基萘值　　　B. 庚烷值　　　　C. 辛烷值　　　　D. 十六烷值
2. 柴油的发火性用( )表示。
   A. α-甲基萘值　　　B. 庚烷值　　　　C. 辛烷值　　　　D. 十六烷值
3. 欧宝 1.8 轿车发动机的压缩比为 10.5,应选择的汽油牌号为( )。
   A. 90 号　　　　　　B. 93 号　　　　　C. 95 号　　　　　D. 97 号
4. 桑塔纳 3000 轿车发动机应选用 API( )级机油。
   A. SD　　　　　　　B. SE　　　　　　C. SF　　　　　　D. SG
5. 进口高级轿车应选用( )齿轮油。
   A. GL-3　　　　　　B. GL-4　　　　　C. GL-5　　　　　D. 以上皆可
6. 国产润滑脂是按( )来编号的。
   A. 滴点　　　　　　B. 锥入度　　　　C. 胶体安定性　　　D. 稠化剂
7. 进口轿车要求用 Dexron 型自动变速器油的均可用( )油代替。
   A. 6 号　　　　　　B. 8 号　　　　　C. 8D 号　　　　　D. 100D 号
8. 奥迪 A6 应选用( )制动液。
   A. DOT3　　　　　　B. DOT4　　　　　C. DOT5　　　　　D. 以上皆可

9. 最低气温在-35℃以上的寒冷地区应选用(　　)号发动机冷却液。
A. -25　　　　　　B. -35　　　　　　C. -45　　　　　　D. -50

10. (　　)是汽车空调的首选替代工质。
A. R-12　　　　　B. R-12a　　　　　C. R-134　　　　　D. R-134a

二、判断题

1. 我国用马达法辛烷值来划分车用汽油的牌号。　　　　　　　　　　　　　(　　)
2. 油料着火可以用水扑救。　　　　　　　　　　　　　　　　　　　　　　(　　)
3. 柴油的使用温度应比其凝点低3～6℃。　　　　　　　　　　　　　　　　(　　)
4. 燃料乙醇经过变性处理后不能食用。　　　　　　　　　　　　　　　　　(　　)
5. 稠化机油在使用中,如颜色变深,应立即更换。　　　　　　　　　　　　　(　　)
6. 不同牌号、种类的机油可混用。　　　　　　　　　　　　　　　　　　　(　　)
7. 润滑脂的加注量不可过多,一般只装1/2～1/3。　　　　　　　　　　　　(　　)
8. 制动液可以与车身涂层接触。　　　　　　　　　　　　　　　　　　　　(　　)
9. 汽车减振器是利用减振器油的不可压缩性来起减振作用的。　　　　　　　(　　)
10. 防冻液中的乙二醇浓度越大,冷却效果越好。　　　　　　　　　　　　　(　　)

三、简答题

1. 汽油有哪些牌号？怎样选择和使用汽油？
2. 轻柴油有哪些牌号？怎样选择和使用轻柴油？
3. 乙醇汽油有何优缺点？怎样进行合理选择？
4. 怎样选择和使用内燃机油？
5. 怎样选择和使用车辆齿轮油？
6. 常见的汽车工作液有哪些？

项目 3　常用零部件的应用与拆装

项目情境

机器是由各种零、部件组成的。从制造角度看,机器是由若干个零件组成的。零件是机器组成中不可再拆的最小单元,是机器的制造单元,如齿轮、轴、螺栓、螺母、键等。从装配角度来看,较复杂的机器是由若干部件组成的。部件是机器的装配单元,如轴承、联轴器、离合器、制动器等。汽车上常用的部分零部件如图Ⅲ-1所示。

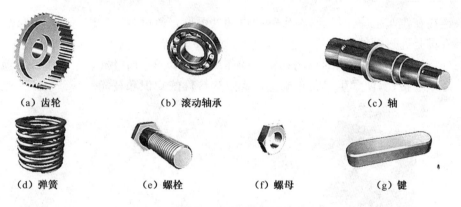

(a) 齿轮　　　　　(b) 滚动轴承　　　　　(c) 轴

(d) 弹簧　　(e) 螺栓　　(f) 螺母　　(g) 键

图Ⅲ-1　常用零部件

汽车上常用的零部件有螺纹连接件、键、销、轴、轴承、联轴器、离合器、制动器等,其选择、使用是否合理直接影响到整台机器的工作性能。通过对常用零部件的拆装,使学生熟悉各种常用零部件的结构和工作原理,知道各种常用零部件在汽车上的应用。

项目目标

能力目标

1. 能进行螺纹连接件的拆装;
2. 能进行键连接装置的拆装;
3. 能进行销连接装置的拆装;
4. 能进行轴系零件的拆装;
5. 能进行联轴器的拆装;
6. 能进行离合器的拆装;
7. 能进行制动器的拆装。

知识目标

1. 正确描述螺纹连接件的应用、类型及其维护方法；
2. 正确描述键连接装置的应用、类型及其维护方法；
3. 正确描述销连接装置的应用、类型及其维护方法；
4. 正确描述轴系零件的应用、类型及其维护方法；
5. 正确描述联轴器的应用、类型、工作原理及其维护方法；
6. 正确描述离合器的应用、类型、工作原理及其维护方法；
7. 正确描述制动器的应用、类型、工作原理及其维护方法。

任务5　螺纹连接件的应用与拆装

任务描述

螺纹连接在汽车上应用广泛,在生活中也随处可见。通过对汽车进行观察,可以发现大部分的零部件都是通过螺纹连接到一起的,例如,如图5-1所示的汽车发动机机体组中汽缸盖和汽缸体的连接,如图5-2所示的车轮和轮毂的连接等。本任务通过拆装柴油机汽缸盖总成,观察和拆装螺纹连接件,使学生具备正确选用螺纹连接件的知识和技能。

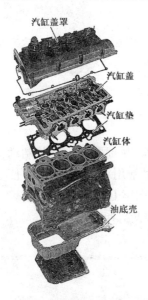

图5-1　柴油机机体组　　　图5-2　车轮与轮毂的连接

任务分析

任务目标	知识目标	鉴定标准
1. 观察各种螺纹连接件 2. 能正确选用螺纹连接 3. 能正确更换螺纹连接件	1. 螺纹连接件的类型 2. 螺纹连接的类型及其应用 3. 螺纹连接件的预紧和防松	应知:螺纹连接的类型和应用 应会:螺纹连接件的拆装

任务实施

所需工具：扭力扳手、套筒扳手、橡皮锤等。

拆装步骤：

（1）拆卸汽缸盖罩固定螺栓，拆下汽缸盖罩。

（2）拆卸摇臂组。如图 5-3 所示，拆下摇臂座固定螺栓，取下摇臂总成，然后按顺序取出推杆。

 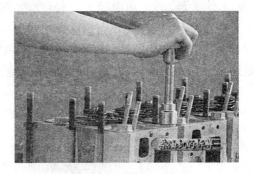

图 5-3 拆卸摇臂座固定螺栓　　　　　　　图 5-4 汽缸盖的拆卸

（3）拆卸汽缸盖。如图 5-4 所示，拆下汽缸盖固定螺栓，用橡皮锤锤松汽缸盖，取下汽缸盖和汽缸垫。应按如图 5-5(a)所示先四周后中央对角线顺序逐步拆卸汽缸盖固定螺栓。按对角线顺序逐步旋松的目的是使汽缸盖和汽缸垫受力均匀，避免变形。

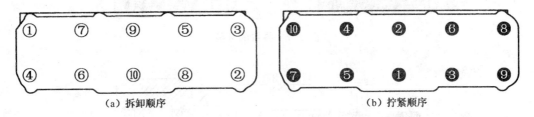

图 5-5 汽缸盖固定螺栓的拆卸和拧紧顺序

（4）清洁、检查汽缸盖后，将汽缸盖放在汽缸体上。

（5）按如图 5-5(b)所示反序安装汽缸盖，即先中央后四周对角线顺序逐次拧紧汽缸盖。

（6）将工具擦净放回原处，清洁场地。

相关知识

5.1 螺纹和螺纹连接件

1）螺纹

螺纹是指在圆柱（或圆锥）表面形成的具有相同轴向截面形状的连续凸起和沟槽。在内表面上形成的螺纹为内螺纹，在外表面上形成的螺纹为外螺纹，如图 5-6 所示。

螺纹的基本要素包括牙型、大径、小径、螺距、导程、线数和旋向等。

(1) 牙型。如图 5-7 所示,通过螺纹轴线剖切螺纹所得的截面形状称为螺纹的牙型。在各种牙型中,三角形螺纹常用于连接;锯齿形螺纹常用于单向传动;梯形螺纹常用于双向传动;矩形螺纹常用于传动,属于非标准螺纹。

(a) 外螺纹　　(b) 内螺纹

图 5-6　外螺纹和内螺纹

(2) 大径、小径和中径。大径(又称公称直径)是指与外螺纹牙顶、内螺纹牙底相重合的假想圆柱或圆锥的直径;小径是指与外螺纹牙底、内螺纹牙顶相重合的假想圆柱(或圆锥)的直径;中径也是一个假想圆柱(或圆锥)的直径,该圆柱的母线通过牙型上的沟槽和凸起宽度相等的地方,如图 5-8 所示。

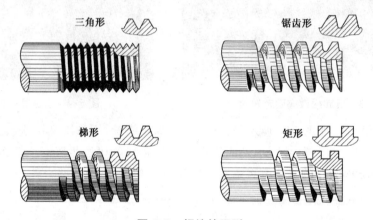

图 5-7　螺纹的牙型

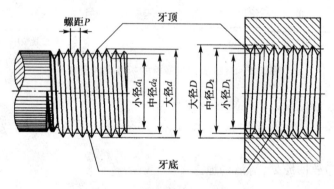

图 5-8　螺纹的主要几何参数

(3) 线数。形成螺纹的螺旋线的条数称为线数。有单线螺纹和多线螺纹之分。

(4) 螺距和导程。同一螺旋线上相邻两牙在中径上对应两点间的轴向距离,称为导程。螺纹相邻牙在中径上对应两点间的轴向距离,称为螺距,如图 5-8 所示。

(5) 旋向。如图 5-9 所示,螺纹有左旋和右旋之分。顺时针旋转时旋入的螺纹称为右旋螺纹;逆时针旋转时旋入的螺纹称为左旋螺纹。右旋螺纹应用广泛。

螺纹的牙型、大径、螺距、线数和旋向称为螺纹的五要素,只有这五要素都相同的外螺纹和

图 5-9 螺纹的旋向

内螺纹才能相互旋合。牙型、大径和螺距都符合国家标准规定的螺纹称为标准螺纹;只有牙型符合国家标准规定,直径和螺距均不符合国家标准规定的螺纹,称为特殊螺纹;牙型、直径和螺距均不符合国家标准规定的螺纹称为非标准螺纹。

2) 螺纹连接件

如图 5-10 所示,常用的螺纹连接件有螺栓、双头螺柱、螺钉、螺母等。一端制有外螺纹且头上无槽的螺纹制件称为螺栓;一端制有外螺纹且头上有槽的螺纹制件称为螺钉;两端均制有外螺纹的螺纹制件称为双头螺柱;制有内螺纹与螺栓、螺柱相配的螺纹制件称为螺母;紧定螺钉属于无头螺钉。

图 5-10 螺纹连接件

5.2 螺纹连接的基本类型

常用的螺纹连接的基本类型有螺栓连接、双头螺柱连接、螺钉连接和紧定螺钉连接。螺纹连接的特点是结构简单,装拆方便,连接可靠,且连接件已标准化,成本低廉,选用方便。

1) 螺栓连接

螺栓连接常用于连接两件都不太厚的零件。它又分为以下两种情况:一是如图 5-11(a)

所示的普通螺栓连接,被连接件的孔无需切制螺纹,所以结构简单、装拆方便,应用广泛;二是如图 5-11(b)所示的铰制孔螺栓连接,孔与螺栓杆之间没有间隙,常采用基孔制过渡配合。铰制孔螺栓连接能精确固定被连接件的相对位置,并能承受横向载荷,但螺栓制造成本较高,对孔的加工精度要求也较高。

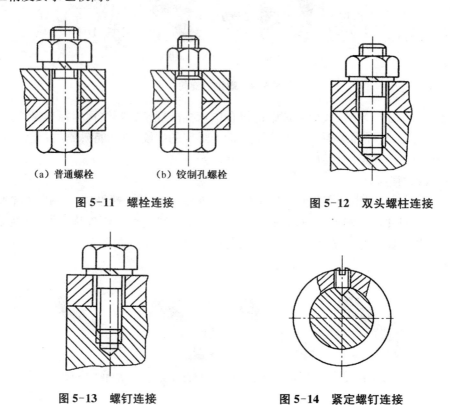

(a) 普通螺栓　　(b) 铰制孔螺栓

图 5-11　螺栓连接

图 5-12　双头螺柱连接

图 5-13　螺钉连接

图 5-14　紧定螺钉连接

2) 双头螺柱连接

如图 5-12 所示的双头螺柱连接常用于连接一厚一薄两零件。拆装时只需拆螺母,而不需将双头螺柱从被连接件中拧出。

3) 螺钉连接

如图 5-13 所示的螺钉连接适用于被连接件之一太厚且不宜经常装拆的场合。

4) 紧定螺钉连接

如图 5-14 所示,紧定螺钉连接是利用拧入被连接件螺纹孔中的螺钉末端顶住另一被连接件的表面相应的凹坑中以固定两零件的相对位置,并传递不大的力和转矩。

除以上基本形式外还有吊环螺钉、地脚螺栓、T 型槽螺栓等连接型式。

5.3　螺纹连接的预紧和防松

大多数螺纹连接在装配时都必须拧紧,使连接在承受工作载荷之前预先受到力的作用,这个力称为预紧力。预紧的目的是保证连接的可靠性和密封性,防止受载后被连接件间出现缝隙或发生相对滑移。控制预紧力的方法很多,通常可用测力矩扳手或定力矩扳手来控制预紧力的大小。

扭力扳手除用来控制螺纹连接件所受力矩外,还可以用来测量旋转件的起动转矩,以检查配合、装配情况。常用的扭力扳手如图 5-15 所示。

扭力扳手的选择原则如下:

(1) 确定使用扭力扳手的目的是检查用还是紧固用。预置式扭力扳手一般用于紧固,刻度盘式一般用于检查,数显式两种用途都有(非严格按照此分类)。

(2) 确定使用扭力扳手的功能(单功能还是交换头)。单功能的扭力扳手是指用来紧固相同螺栓、相同作业扭矩需求的扳手,此类扳手多用于流水线作业。交换头是指扳手本身不配棘轮,可连接多种交换头。不同的交换头可用于不同的作业需求。

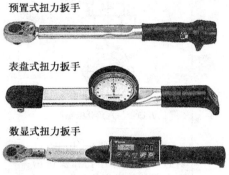

图 5-15 扭力扳手

(3) 确定使用扭力扳手量程范围。

扭力扳手的使用步骤如下:

(1) 选择正确的扭矩扳手,检查作业扭矩是否在扭矩扳手本身量程之内。若不在,则不可使用。

(2) 检查扭矩扳手头是否匹配螺栓。如果螺栓无法套入扳手头内,不可强制套入。

(3) 开始施力时,应均匀,缓慢加大施力,不可瞬间加大力度。施力时,力的方向应垂直于扳手力臂。

(4) 当扭矩扳手出现提示,如"咔嗒"的提示音、蜂鸣声,或者空转时,表示已经达到设定扭矩,此时应立即停止作业。

从理论上讲,螺纹连接都能满足自锁条件,在静载荷和温度变化不大时不会自行松脱。但是在交变、冲击和振动载荷作用下,连接仍可能失去自锁作用而松脱,使连接失效,造成事故。为了使连接安全可靠,必须采用有效的防松装置。螺纹连接防松的目的在于防止螺旋副的相对转动。常用的防松方法如表 5-1 所示。

表 5-1 螺纹连接常用的防松方法

摩擦防松	弹簧垫圈	对顶螺母	自锁螺母
	弹簧垫圈的材料为弹簧钢,装配后垫圈被压平,其反弹力能使螺纹间保持压紧力和摩擦力	利用两螺母的对顶作用使螺栓始终受到附加的拉力和附加的摩擦力。结构简单,可用于低速、重载场合	螺母尾部做得弹性较大(开槽或镶弹性材料)且螺纹中径比螺杆稍小,旋合后产生附加径向压力而防松

续表 5-1

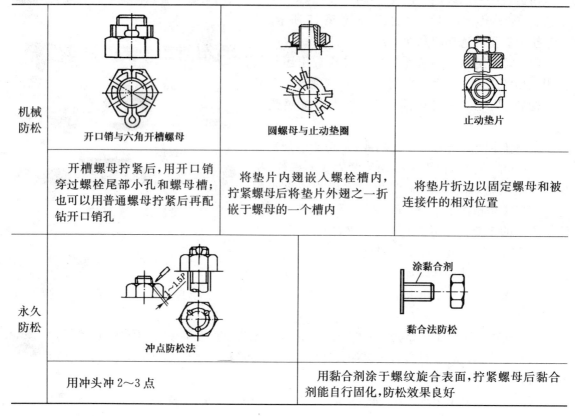

任务归纳

1) 通过柴油机汽缸盖的拆装,了解螺纹连接件的基本知识:

(1) 螺纹是指在圆柱(或圆锥)表面形成的具有相同轴向截面形状的连续凸起和沟槽。螺纹的基本要素包括牙型、大径、小径、螺距、导程、线数和旋向等。

(2) 常用的螺纹连接件有螺栓、双头螺柱、螺钉、螺母等。

(3) 常用的螺纹连接的基本类型有螺栓连接、双头螺柱连接、螺钉连接和紧定螺钉连接。螺栓连接常用于连接两件都不太厚的零件;双头螺柱连接常用于连接一厚一薄两零件;螺钉连接常用于受力不大不常拆装的场合;紧定螺钉连接常用于固定两零件的相对位置,并传递不大的力和转矩。

2) 通过柴油机汽缸盖的拆装,掌握螺纹连接件的预紧和防松方法。

任务测评

技能目标	自评	互评	备注
1. 知道螺纹的基本要素吗？			
2. 知道螺纹连接件的类型吗？			
3. 知道螺纹连接的类型及其应用吗？			
4. 会根据规定力矩预紧螺纹连接吗？			
5. 知道螺纹连接的防松方法吗？			
6. 能独立拆装发动机汽缸盖吗？			
7. 在进行拆装时，能按照操作规程规范操作吗？			

个人小结：

教师评价： 教师签名

思考题

一、填空题

1. _____、_____和_____都符合国家标准规定的螺纹称为标准螺纹。
2. 顺时针旋转时旋入的螺纹称为_____；逆时针旋转时旋入的螺纹称为_____。
3. 常用的螺纹连接的基本类型有_____、_____、_____、_____。
4. 螺纹连接常用的防松方法有_____、_____和_____三种。
5. 通常可用_____或_____来控制预紧力的大小。

二、判断题

1. 矩形螺纹常用于传动，属于标准螺纹。（　　）
2. 螺距一般大于导程。（　　）
3. 紧定螺钉属于无头螺钉。（　　）
4. 螺栓连接，能精确固定被连接件的相对位置，并能承受横向载荷。（　　）
5. 拆卸汽缸盖时应先中央后四周对角线交叉分2~3次逐步拆下汽缸盖。（　　）

三、简答题

1. 螺纹的基本要素有哪些？
2. 简述螺纹连接的类型和应用场合。
3. 螺纹连接为什么要预紧？预紧力如何控制？
4. 螺纹连接为什么要防松？常用的防松方法有哪些？
5. 通过观察，指出螺纹连接在汽车上的应用。

任务6　键连接装置的应用与拆装

任务描述

键是一种标准零件，通常用来实现轴与轮毂之间的周向固定以传递转矩，有的还能实现轴上零件的轴向固定或轴向滑动的导向。键连接是可拆连接，结构简单，工作可靠，装拆方便。通过对汽车传动装置的观察，可以发现齿轮、带轮、链轮等盘类零件与轴类零件的周向固定大多是通过键连接实现的。例如汽车变速器中的齿轮与轴之间就是由各种键连接传递运动和动力的。一旦键连接失效，就会直接影响运动和动力的传递。本任务通过对如图6-1所示的键连接装置的拆装，使学生掌握常用键连接装置的装配关系及其正确选用方法。

图6-1　键连接

任务分析

任务目标	知识目标	鉴定标准
1. 观察各种键连接 2. 能正确选用键连接 3. 能正确拆装键连接装置	1. 键的类型 2. 键连接的应用 3. 键连接的装配关系	应知：键连接的类型和应用 应会：键连接装置的拆装

任务实施

所需工具：扳手、齿轮拉器、锉刀、铜棒、手锤、台虎钳等。

拆装步骤：

如图6-1所示的键连接装置的装配图如图6-2所示，齿轮3左端用轴肩，右端用挡圈4和螺母5固定其轴向位置；齿轮3与轴1通过普通平键2连接。

(1) 用扳手松开螺母5，取下挡圈4，用齿轮拉器拆下齿轮3。

(2) 拆下普通平键2。

(3) 检查普通平键以及轴和轮毂键槽。若平键被压溃、剪断，则更换普通平键；若轴和轮毂键槽被压溃，则须更换轴或齿轮。

(4) 按照平键尺寸，用锉刀修整轴和轮毂键槽。平键与轴上键槽的配合要求稍紧，键长方向上键与轴上键槽留有间隙；平键与轮毂键槽的配合以用手稍用力能将平键推过去为宜。

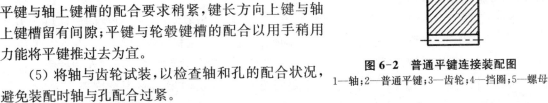

图6-2 普通平键连接装配图
1—轴；2—普通平键；3—齿轮；4—挡圈；5—螺母

(5) 将轴与齿轮试装，以检查轴和孔的配合状况，避免装配时轴与孔配合过紧。

(6) 在平键和轴槽配合面上加注润滑油，将平键安装于轴的键槽中，用放有软钳口的台虎钳夹紧或用铜棒敲击，把平键压入轴槽内，并与槽底紧贴。

(7) 将装配完平键的轴，夹在钳口带有软钳口的台虎钳上，并在轴和孔表面加注润滑油。

(8) 把齿轮上的键槽对准平键，以目测齿轮端面与轴的轴心线垂直后，用铜棒、手锤敲击齿轮，慢慢地将其装入到位。

(9) 装上垫圈，旋上螺母。

(10) 将工具擦净放回原处，清洁场地。

相关知识

键主要用于轴与轴上零件（如齿轮、带轮等）之间的连接，如图6-3所示。键连接的作用是实现轴与轴上零件的周向固定，并传递转矩。常用的键有平键、半圆键、楔键和花键等。

1) 平键

常用的平键有普通平键、导向平键和滑键三种。

如图6-3所示的普通平键连接依靠键和键槽侧面的挤压来传递运动和转矩，平键的侧面为工作面。键的上表面与轮廓键槽底面间留有间隙，不能实现轴上零件的轴向固定。

图6-3 键连接

普通平键用于静连接，如图6-4所示，按键的端部形状分为圆头（应用广泛）、方头（B型）和单圆头（C型，用于轴端）三种型式。

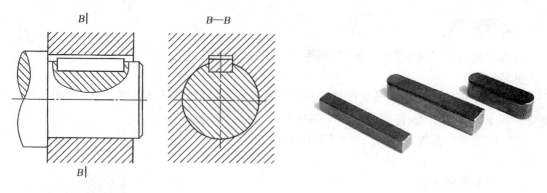

图 6-4 普通平键连接

采用圆头和单圆头平键时,键在键槽中固定较好,轴上的应力集中较大。采用方头平键时,轴的应力集中小,但键在键槽中固定不好。静连接的主要失效形式为键被剪断或键、键槽中最弱的接触工作面被压溃。

如图 6-5 所示,导向平键用于动连接,如汽车变速箱中的滑动齿轮与轴之间的连接。为了防止松动,需用螺钉将键固定在键槽中;为拆卸方便,在键中部制有起键螺孔。当轴上零件滑移距离较大时宜采用滑键,如图 6-6 所示。滑键固定在轮毂上,轮毂带动滑键在键槽中作轴向滑动,轴上应铣出较长的键槽。动连接的主要失效形式为接触工作面的过度磨损。

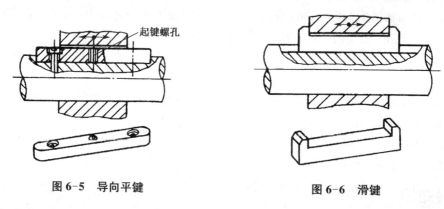

图 6-5 导向平键　　　　　图 6-6 滑键

2) 半圆键

如图 6-7 所示,半圆键与平键一样是靠键的侧面传递运动和转矩的,半圆键能在键槽内摆动,以适应轮毂键槽底面的斜度,装配方便,定心性好,但轴上的键槽较深,对轴的强度削弱较

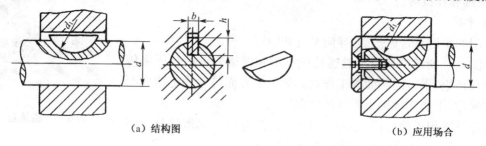

(a) 结构图　　　　　　　　　(b) 应用场合

图 6-7 半圆键

大,半圆键连接主要用于轻载连接,尤其适用于锥形轴与轮毂的连接。例如汽车发电机带轮轴呈圆锥形,故采用半圆键连接。

3) 楔键

如图 6-8 所示,楔键用于静连接。键与键槽的两侧面不接触,键楔紧在轴与轮毂间,工作时靠键和键槽及轴与轮毂之间的摩擦力来传递转矩。楔键的上表面和毂槽底面均有 1∶100 的斜度。楔键分为普通楔键和钩头楔键。楔键连接主要用于定心精度要求不高、载荷平稳和低速的场合。

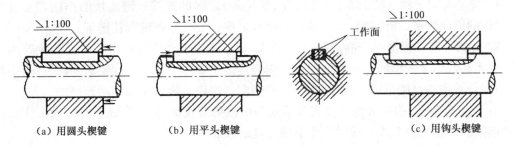

(a) 用圆头楔键　　(b) 用平头楔键　　(c) 用钩头楔键

图 6-8　楔键连接

4) 花键

花键可视为由多个平键组成,键齿侧面为工作面。如图 6-9 所示,花键连接由轴上加工出的外花键和轮毂孔上加工出的内花键组成。如图 6-10 所示,花键连接齿数多,受力均匀,槽浅,应力集中小,对轴和轮毂的强度削弱小,对中性和导向性好,适用于载荷较大、定心精度要求较高的静连接和动连接中。但是花键结构复杂,加工需专门的刀具和设备,成本较高。

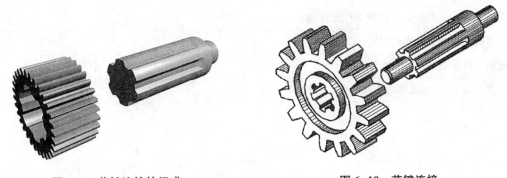

图 6-9　花键连接的组成　　　　图 6-10　花键连接

如图 6-11 所示,花键按齿形不同可分为矩形花键和渐开线花键。矩形花键两侧面为相互

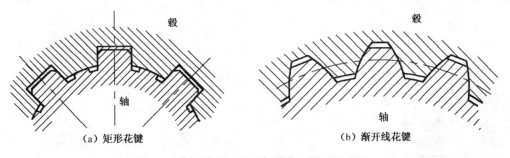

(a) 矩形花键　　　　　　(b) 渐开线花键

图 6-11　花键的类型

平行的平面,易加工,应用广泛。渐开线花键的齿廓为渐开线,齿根较厚,强度高,承载能力大,寿命长,工艺性好,定心精度高,宜用于载荷较大、尺寸也较大的连接。例如汽车转向摇臂轴与转向垂臂之间的连接就采用渐开线花键连接。

任务归纳

1)通过键连接装置的拆装,了解键连接的基本知识:

(1)键主要用于轴与轴上零件(如齿轮、带轮等)之间的连接。键连接的作用是实现轴与轴上零件的周向固定,并传递转矩。常用的键有平键、半圆键、楔键和花键等。

(2)普通平键和楔键用于静连接,导向平键和滑键用于动连接。半圆键连接主要用于轻载连接,尤其适用于锥形轴与轮毂的连接。楔键连接主要用于定心精度要求不高、载荷平稳和低速的场合。花键连接适用于载荷较大,定心精度要求较高的静连接和动连接中。

(3)在键连接中,静连接的主要失效形式为键被剪断或键、键槽中最弱的接触工作面被压溃,动连接的主要失效形式为接触工作面的过度磨损。

2)通过键连接装置的拆装,掌握键连接的装配关系和拆装方法。

任务测评

技能目标	自评	互评	备注
1. 知道键连接的作用吗?			
2. 知道键连接的类型吗?			
3. 知道键连接在汽车上的应用吗?			
4. 知道导向平键和滑键连接的工作原理吗?			
5. 知道键连接的失效形式吗?			
6. 能独立拆装键连接装置吗?			
7. 在进行拆装时,能按照操作规程规范操作吗?			
个人小结:			
教师评价:		教师签名	

思考题

一、填空题

1. 汽车上常用的键连接有_____、_____和_____。
2. 键连接的作用是实现轴与轴上零件的_____固定,并传递_____。
3. A型、B型和C型三种普通平键的主要区别是_____不同。
4. 半圆键与平键一样是靠键的_____传递运动和转矩的。
5. 在键连接中,_____的主要失效形式为接触工作面的过度磨损。

二、判断题

1. 键属于标准件。   (   )
2. 当轴上零件滑移距离较大时宜采用滑键,如汽车变速箱中的滑动齿轮与轴之间的。
                                                  (   )
3. 楔键的下表面和毂槽底面均有1∶100的斜度。   (   )
4. 普通平键连接中,采用双键比单键更好。   (   )
5. 半圆键连接主要用于重载连接,尤其适用于锥形轴与轮毂的连接。(   )

三、简答题

1. 普通平键连接与楔键连接有哪些区别?
2. 键连接有哪些失效形式?
3. 简述键连接的类型和应用场合。
4. 简述普通平键连接装置的拆装步骤。
5. 举例说明键连接在汽车上的应用。

任务7 联轴器的应用与拆装

任务描述

由于设计、制造、安装以及运输等方面的原因,机器机构中轴类零件会分为多个部分。这些分离的部分通常采用联轴器将其连接起来,保证其间的运动和载荷的传递。联轴器是一种固定连接,在机器正常工作时不能随意断开,只有当机器停止工作时,经过拆卸后才能使两轴分离。如图7-1所示为简单的万向联轴器,简称万向节,常成对使用。

汽车传动系中有些变速器的输出轴和主减速器的输入轴之间用传动轴连接,通常使用万向节。十字轴刚性万向节主要用于发动机前置后轮驱动的变速器与驱动桥之间。如图7-2所示为汽车中常用的十字轴刚性万向节。

本任务通过十字轴刚性万向节的拆装,使学生了解联轴器的结构、原理、类型及其应用,具备拆装和检修联轴器的技能。

图 7-1 联轴器

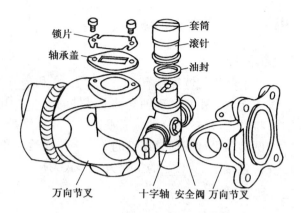

图 7-2 十字轴刚性万向节拆解图

任务分析

任务目标	知识目标	鉴定标准
1. 观察联轴器的组成及相互装配关系 2. 观察联轴器的动力传递方式 3. 能拆装和维修联轴器	1. 联轴器的结构和原理 2. 联轴器的类型及其应用 3. 联轴器的拆装和维修	应知：联轴器的结构、原理、类型及其应用 应会：联轴器的拆装和检修

任务实施

所需工具：套筒扳手、活动扳手、冲头、锤子等。

拆装步骤：

如图 7-2 所示为十字轴刚性万向节拆解图。

（1）打开锁片的锁爪。

（2）拆下轴承盖固定螺栓，取下锁片和轴承盖。

（3）用手推出轴承盖套筒及滚针。

（4）对于较紧的轴承可用手握住传动轴和伸缩套，用锤子敲击万向节叉，使十字轴撞击轴承套筒，震出滚针。

（5）按与拆卸相反的顺序进行装配。

（6）将工具擦净放回原处，清洁场地。

相关知识

7.1 联轴器的性能要求与分类

1）联轴器的性能要求

联轴器所连接的两轴，由于制造及安装误差、承载后变形、温度变化和轴承磨损等原因，往往不能保证严格对中，导致两轴线之间出现相对位移，如图 7-3 所示，如果联轴器对各种位移没有补偿能力，工作中将会产生附加动载荷，使工作情况恶化。因此，设计联轴器时要从结构上保证联轴器具有补偿上述位移的能力。对于经常负载启动或工作载荷变化的场合，要求联轴器中具有起缓冲、减振作用的弹性元件,以保护原动机和工作机不受或少受损伤。同时还要求联轴器安全、可靠,有足够的强度和使用寿命。

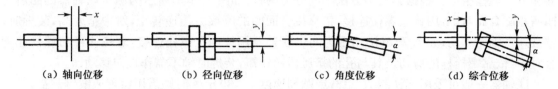

（a）轴向位移　　　（b）径向位移　　　（c）角度位移　　　（d）综合位移

图 7-3　两轴间的位移

2）联轴器的分类

根据联轴器补偿两轴偏移位移的能力不同分为刚性联轴器和挠性联轴器两大类。

刚性联轴器不具有缓冲性和补偿两轴线相对位移的能力,要求两轴严格对中,但此类联轴器结构简单,制造成本较低,装拆、维护方便,能保证两轴有较高的对中性,传递转矩较大,一般用于两轴对中好,相对位移很小的场合。常用的有凸缘联轴器、套筒联轴器和夹壳联轴器等。

挠性联轴器是利用联轴器中弹性元件的变形来补偿位移的,可以起到减轻振动和冲击的能力。其还可分为无弹性元件挠性联轴器和有弹性元件挠性联轴器,前一类只具有补偿两轴线相对位移的能力,但不能缓冲减振,常见的有滑块联轴器、齿式联轴器、万向联轴器和链条联轴器等；后一类除具有补偿两轴线相对位移的能力外,还具有缓冲和减振作用,但传递的转矩因受到弹性元件强度的限制,一般较无弹性元件挠性联轴器小。有弹性元件挠性联轴器按弹性元件的材质又可分为非金属弹性元件和金属弹性元件两类,前者常见的有弹性套柱销联轴器、梅花弹性块联轴器、弹性柱销联轴器和弹性活块联轴器等；后者有蛇形弹簧联轴器和膜片联轴器等。除此之外,还有一些具有特殊用途的联轴器,如带过载安全保护作用的安全联轴器,以及使机器电动机的带载起动转变为近似空载起动的液力联轴器和软起动安全联轴器等。

7.2　常用联轴器的结构和特点

各类联轴器的性能、特点可查阅有关设计手册,下面对常用的几种联轴器做简单的介绍。

1）套筒联轴器

套筒联轴器是用一个公用套筒以键或销连接方式与两轴端相连,如图 7-4 所示。这种联轴器制造容易,零件数量少,结构紧凑,径向尺寸小,但装拆不便,需沿轴向移动较大的距离,一般可用于无轴肩的光轴或允许沿轴向移动的轻载传动中。

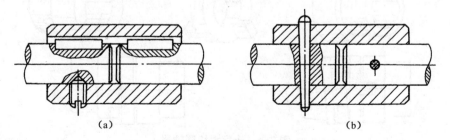

（a）　　　　　　　　　　　　（b）

图 7-4　套筒联轴器

2) 凸缘联轴器

凸缘联轴器是刚性联轴器中应用最广泛的一种,如图 7-5 所示,是由两个带凸缘的半联轴器和一组螺栓组成。根据其对中方法不同分为两种:如图 7-5(a)所示为两半联轴器的凸肩与凹槽相配合而对中,用普通螺栓连接,依靠接合面间的摩擦力传递转矩,对中精度高,装拆时,轴必须做轴向移动;如图 7-5(b)所示为两半联轴器用铰制孔螺栓连接,靠螺栓杆与螺栓孔配合对中,依靠螺栓杆的剪切及其与孔的挤压传递转矩,装拆时轴不需作轴向移动。

联轴器一般可采用铸铁制造,重载或圆周速度 $v \geqslant 30$ m/s 时则需用铸钢或锻钢制造。

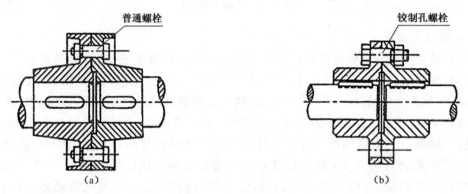

图 7-5 凸缘联轴器

凸缘联轴器结构简单,成本低,能传递较大的转矩,但不能补偿两轴线的相对位移,也不能缓冲减振,故只适用于连接的两轴能严格对中、振动冲击小和低速大转矩的场合,是应用最为广泛的一种联轴器。

3) 十字滑块联轴器

十字滑块联轴器如图 7-6 所示,由两个端面开有凹槽的半联轴器 1、3,和一个两面带有凸块的中间盘 2 组成,中间盘两端面的凸牙位于互相垂直的两个直径方向上,并在安装时分别嵌入 1、3 的槽中。半联轴器 1、3 又分别与主、从动轴连接成一体,实现两轴的连接。中间盘沿径向滑动补偿径向位移 y,并能补偿角度位移 α。若两轴线不同心或偏斜,则在运转时中间盘上的凸块将在半联轴器的凹槽内滑动,转速较高时,由于中间盘的偏心会产生较大的离心力和磨损,并使轴承承受附加动载荷。为减少磨损,可由中间盘油孔注入润滑剂。

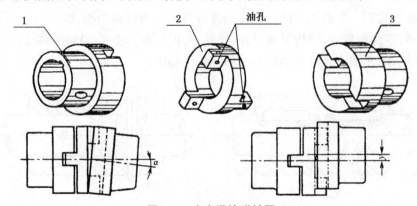

图 7-6 十字滑块联轴器
1、3—半联轴器;2—中间盘

半联轴器和中间盘的常用材料为 45 钢或铸钢 ZG310—570,工作表面淬火 HRC48～58。这种联轴器一般用于转速较低、轴的刚性较大、无剧烈冲击的场合。

4) 万向联轴器

万向联轴器如图 7-7 所示,由装在两轴端的叉形接头 1、3 和十字轴 2 组成,利用中间连接件,十字轴连接的两叉形半联轴器均能绕十字轴的轴线转动,从而使联轴器的两轴线能成任意角度 α,一般 α 最大可达 35°～45°。当机器正常工作时即使夹角发生改变仍可正常转动,但 α 角越大,传动效率越低。万向联轴器单个使用时,当主动轴以等角速度转动时,从动轴作变角速度回转,从而在传动中引起附加动载荷。为避免这种现象,可采用两个万向联轴器成对使用,使两次角速度变化的影响相互抵消,使主动轴和从动轴同步转动,如图 7-8 所示。各轴相互位置在安装时必须满足:主动轴、从动轴与中间轴 C 之间的夹角必须相等,即 $\alpha_1 = \alpha_2$;中间轴两端的叉形平面必须位于同一平面内,如图 7-9 所示。

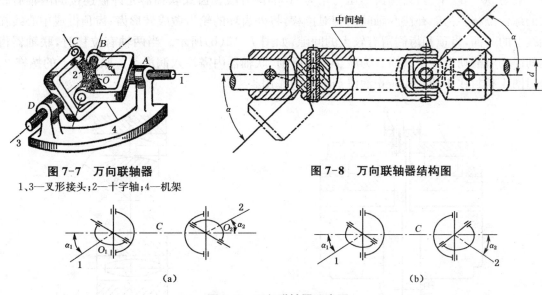

图 7-7 万向联轴器 图 7-8 万向联轴器结构图
1、3—叉形接头;2—十字轴;4—机架

图 7-9 万向联轴器示意图

万向联轴器的材料常用合金钢制造,以获得较高的耐磨性和较小的尺寸。万向联轴器能补偿较大的角位移,结构紧凑,使用、维护方便,广泛用于汽车、工程机械等的传动系统中。

汽车中常见的万向联轴器用在变速器与驱动桥之间(如图 7-10 所示)、转向轴与转向器之间(如图 7-11 所示)。

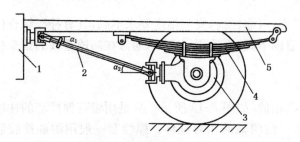 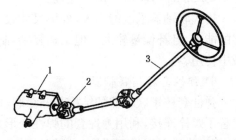

图 7-10 变速器与驱动桥之间的万向传动装置 图 7-11 转向轴与转向器之间的万向传动装置
1—变速器;2—万向传动装置与传动轴;3—驱动桥;4—后悬架;5—车架   1—转向器;2—万向联轴器;3—转向柱

如图 7-2 所示为汽车刚性万向联轴器。两个万向节叉分别与主动轴和从动轴相连,万向节叉上的孔与十字轴上的轴颈相配合而套装在一起。当主动轴转动时,从动轴既可随之转动,又可绕十字轴在任意方向摆动。万向节叉上的孔内装有滚针和套筒组成的滚针轴承,并用轴承盖和螺钉将套筒固定在万向节叉上,另外用锁片将螺钉锁紧。十字轴做成中空的,以储存润滑剂,并有油路通向轴颈。在十字轴上套有毛毡油封,以避免润滑脂流出和尘垢进入轴承内。在十字轴的中部装有带弹簧的安全阀,当十字轴内腔的润滑脂压力大于允许值时,安全阀即被顶开,使润滑脂外溢,保证油封不致因油压过高而损坏。

5) 齿式联轴器

齿式联轴器是允许综合位移刚性联轴器中具有代表性的一种联轴器。如图 7-12(a)所示,由两个带外齿环的套筒 1 和两个带内齿环的套筒 2 组成。套筒 1 分别装在被连接的两轴端,套筒 1 与由螺栓 5 连成一体的套筒 2 通过齿环相啮合。内外齿环的齿数、模数都相等,齿数一般为 30～80 个齿,齿廓齿形压力角为 20°的渐开线。齿式联轴器允许被连接的两轴有较大的综合位移。为能补偿两轴间的相对位移,将外齿环的轮齿做成鼓形齿,齿顶做成中心线在轴线上的球面,齿顶和齿侧留有较大的间隙,如图 7-12(b)所示。当两轴有位移时,联轴器齿面间因相对滑动会产生磨损。为减少齿面磨损,联轴器内需注入润滑剂。联轴器上的螺塞 3、密封圈 4 有封住注油孔和防止润滑剂外泄的作用。

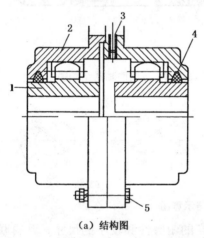 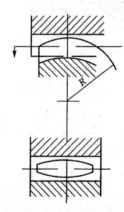

(a) 结构图　　　　　　　　　　　(b) 齿顶制成球面和齿形制成鼓形

图 7-12　齿式联轴器

1—套筒;2—套筒;3—螺塞;4—密封圈;5—螺栓

齿环材料通常为 45 号钢或 ZG310—570,轮齿齿面一般需要淬火,当齿环分度圆的圆周速度 $v\leqslant 5$ m/s 时,轮齿可调质处理。

齿式联轴器承载能力大,外廓尺寸较紧凑,可靠性高,安装精度要求不高,具有补偿综合位移的能力,且补偿量较大。但结构复杂,制造成本高,不适用于立轴,通常在高速重载的重型机械中使用。

6) 弹性套柱销联轴器

弹性套柱销联轴器的结构与凸缘联轴器相似,如图 7-13 所示。只是用带有弹性套的柱销代替了螺栓连接,利用弹性套的弹性变形来补偿两轴的相对位移。弹性套一般用耐油橡胶制成,剖面为梯形以提高弹性。柱销材料多采用 45 钢。为补偿较大的轴向位移,安装时在两轴间留有一定的轴向间隙 c。为了便于更换易损件弹性套,设计时应留一定的距离 B。

弹性套柱销联轴器重量轻,结构简单,制造容易,装拆方便,但弹性套易磨损,寿命较短。适用于连接载荷平稳、需正反转或起动频繁的小转矩轴,多用于电动机轴与工作机械的连接。

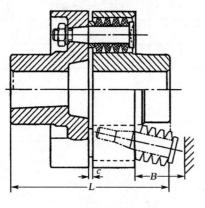

图 7-13 弹性套柱销联轴器

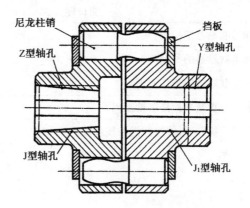

图 7-14 弹性柱销联轴器

7) 弹性柱销联轴器

弹性柱销联轴器的结构与凸缘联轴器相似,如图 7-14 所示,它是用尼龙制成的柱销把两个半联轴器连接起来。为防止柱销脱落,采用了挡板。它与弹性套柱销联轴器很相似,并能适应较大的轴向位移。为了改善柱销与柱销孔的接触条件和补偿性能,柱销的一端制成鼓形。

弹性柱销联轴器的结构简单,制造容易,装拆更换方便,不需润滑,并有较好的耐磨性,适用于轴向窜动较大、正反转变化频繁的场合。但由于柱销材料的缘故,它的工作温度受到限制,使用温度在 $-20°\sim70°$ 之间。

7.3 十字轴万向节的检修

(1) 检查滚针轴承,如果滚针断裂、油封失效,应及时更换新的,保证机械的正常运作。

(2) 定期检查十字轴轴颈磨损、压痕剥落等情况。十字轴轴颈轻微磨损、轻微压痕或剥落仍可继续使用,如果轴颈磨损过甚、严重压痕(深度超过 0.1 mm)或严重剥落时应予以更换。

(3) 检查万向节叉是否有裂纹或者严重损伤,如果存在裂纹和损伤,应及时更换。

(4) 在万向节装配完毕后,可以用手扳动十字轴进行检验,以转动自如没有松旷感觉为合适。若装配过紧或过松,应查明原因,必要时应拆检及重新装配。

任务归纳

1) 通过十字轴万向节的拆装,了解联轴器的基本知识:
(1) 联轴器是一种固定连接,在运动过程中不能实现连接和分离。
(2) 联轴器按有无补偿两轴偏移位移的能力,分为刚性联轴器和挠性联轴器两大类。
(3) 刚性联轴器没有补偿两轴偏移位移的能力,挠性联轴器有能够补偿两轴偏移位移的能力。

2) 通过十字轴万向节的拆装,掌握联轴器的拆装和检修技能。

任务测评

技能目标	自评	互评	备注
1. 知道联轴器结构吗?			
2. 知道联轴器的类型吗?			
3. 知道联轴器的工作原理吗?			
4. 能独立拆装和检修联轴器吗?			
5. 在进行拆装时,能按照操作规程规范操作吗?			

个人小结:

教师评价: 教师签名

思 考 题

一、填空题
1. 联轴器按能否补偿两轴的偏移位移可分为_____和_____两类。
2. 常见的刚性联轴器一般有_____、_____和_____。
3. 常用的联轴器有_____、_____、_____、_____和_____。

二、判断题
1. 联轴器是一种连接,在运动过程中能实现连接和分离。　　　　　　（　）
2. 十字轴刚性万向节中十字轴轴颈磨损或剥落后,不能继续使用。　　（　）
3. 刚性联轴器也具有一定的减振和吸收冲击的能力。　　　　　　　　（　）

三、简答题
1. 简述常用联轴器的类型和特点。
2. 举例说明联轴器的应用场合。
3. 联轴器在汽车中有哪些应用?
4. 汽车万向传动装置是如何保证等速传动的?
5. 简述十字轴刚性万向节的拆装步骤。

任务8　销连接装置的应用与拆装

任务描述

销是一种标准零件,主要用于零件间的连接和定位,常用的有圆柱销、圆锥销和开口销等。如图8-1所示,汽车发动机活塞和连杆是通过活塞销进行连接的。一旦销连接失效,就会直接影响运动和动力的传递。本任务通过对销连接装置的拆装,使学生掌握常用销连接装置的装配关系及其正确选用方法。

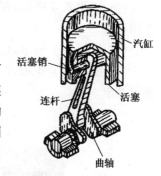

图8-1　销连接

任务分析

任务目标	知识目标	鉴定标准
1. 观察各种销连接 2. 能正确选用销连接 3. 能正确拆装销连接装置	1. 销的类型 2. 销连接的应用 3. 销连接的装配关系	应知:销连接的类型和应用 应会:销连接装置的拆装

任务实施

所需工具:尖嘴钳、活塞销专用冲头、手锤等。

拆装步骤:

(1) 如图8-2所示,活塞连杆组由活塞、活塞环、活塞销、连杆组成。观察活塞连杆组的装配关系,然后进行拆卸。

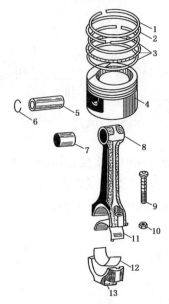

图 8-2 活塞连杆组
1、2—气环;3—油环;4—活塞;5—活塞销;6—活塞销卡环;
7—连杆衬套;8—连杆;9—连杆螺栓;10—连杆螺母;
11、12—连杆轴瓦;13—连杆盖

(2) 如图 8-3 所示,用尖嘴钳分别拆下活塞销两端的活塞销卡环。

(3) 如图 8-4 所示,在活塞销中插入活塞销专用冲头,用手锤敲击活塞销专用冲头,将活塞销冲出。

(4) 如图 8-5 所示,观察活塞销的形状和结构特点。

(5) 如图 8-4 所示,在活塞销中插入活塞销专用冲头,用手锤敲击活塞销专用冲头,将活塞销冲出。

图 8-3 拆活塞销锁环

图 8-4 冲出活塞销

(6) 如图 8-5 所示,观察活塞销的形状和结构特点。

(7) 如图 8-6 所示,拆下连杆组。

(8) 清洗活塞连杆组各零件,然后用高压空气吹干各零件。

(9) 装入活塞销。装入活塞销时,严禁用手锤打入。可用拇指力量将涂有润滑油的活塞销推入活塞一端销孔内,随即在连杆小头的衬套内涂上一层润滑油,将小头伸入活塞内;继续用拇指力量将活塞销推入连杆衬套,直至活塞另一端销孔边缘,使活塞销端面与活塞销卡环槽的内端面平齐为止。

图 8-5 观察活塞销

图 8-6 拆下连杆组

(10) 装入活塞销两端的活塞销卡环。
(11) 将工具擦净放回原处,清洁场地。

相关知识

销连接常用来固定零件间的相互位置,它是组合加工和装配时的重要辅助零件,如图 8-7(a)、(b)所示。销还可用于轴与轴上零件之间的连接,以传递不大的载荷,如图 8-7(c)所示,或者作为安全装置,如图 8-7(d)所示。

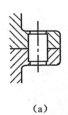
(a)

(b)

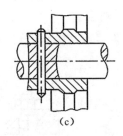
(c)

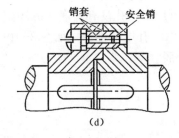
(d)

图 8-7 销连接

如图 8-8 所示,销按形状分为圆柱销、圆锥销和异形销三类。

(a) 圆柱销

(b) 圆锥销

(c) 开口销

图 8-8 常用销

1) 圆柱销

如图 8-9 所示,圆柱销可分为普通圆柱销和弹性圆柱销两种。

(1) 普通圆柱销　如图 8-9(a)所示,它是利用微量的过盈,固定在光孔中,多次装拆将有损于连接的紧固和定位精度。

(2) 弹性圆柱销　如图 8-9(b)所示,它是用弹簧钢带制成的纵向开缝的钢管,利用材料的弹性将销挤紧在销孔中,销孔无需铰光。这种销比实心销轻,可多次装拆。

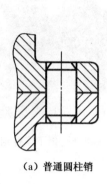
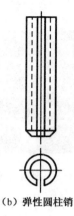

(a) 普通圆柱销　　　　　　　(b) 弹性圆柱销

图 8-9　圆柱销

2) 圆锥销

如图 8-10 所示,圆锥销可分为普通圆锥销、螺纹圆锥销和开尾圆锥销三种。

(1) 普通圆锥销　如图 8-10(a)所示,它有 1∶50 锥度,受横向力时可自锁,靠锥面挤压作用固定在光孔中,可以多次装拆。普通圆锥销以小端直径作为公称直径。

(2) 螺纹圆锥销　如图 8-10(b)所示为内螺纹圆锥销,如图 8-10(c)所示为外螺纹圆锥销,可用于销孔没有开通或拆卸困难的场合。

(3) 开尾圆锥销　如图 8-10(d)所示为开尾圆锥销,它可保证销在冲击、振动或变载下不致松脱。

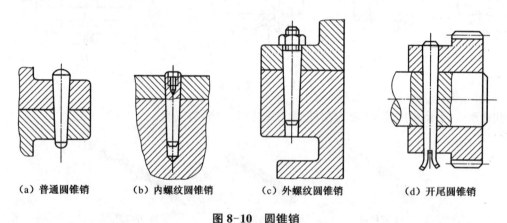

(a) 普通圆锥销　　　(b) 内螺纹圆锥销　　　(c) 外螺纹圆锥销　　　(d) 开尾圆锥销

图 8-10　圆锥销

3) 异形销

如图 8-11 所示,异形销可分为槽销、开口销和带孔销三种。

(1) 槽销　如图 8-11(a)所示,它用弹簧钢滚压或模锻而成,有纵向凹槽,槽销挤紧在销孔中,销孔无需铰光。槽销的制造比较简单,可多次装拆,多用于传递载荷。

(2) 开口销　如图 8-11(b)所示,它是一种防松零件,与其他连接件配合使用。

(3) 带孔销　如图 8-11(c)所示,它用于铰接处,用开口销锁定,拆卸方便。

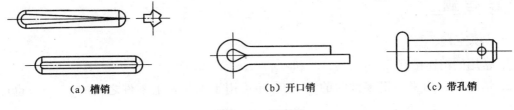

图 8-11　异形销

任务归纳

1) 通过销连接装置的拆装,了解销连接的基本知识:

(1) 销连接常用来固定零件间的相互位置,还可用于轴与轴上零件之间的连接,以传递不大的载荷,也可用作安全装置。

(2) 销按形状分为圆柱销、圆锥销和异形销三类。

(3) 圆柱销可分为普通圆柱销和弹性圆柱销;圆锥销可分为普通圆锥销、螺纹圆锥销和开尾圆锥销;异形销可分为槽销、开口销和带孔销。

2) 通过销连接装置的拆装,掌握销连接的装配关系和拆装方法。

任务测评

技能目标	自评	互评	备注
1. 知道活塞销的装配关系吗?			
2. 知道销连接的类型吗?			
3. 能正确选用销连接吗?			
4. 能独立拆装销连接装置吗?			
5. 在进行拆装时,能按照操作规程规范操作吗?			
个人小结:			
教师评价:		教师签名	

思考题

一、填空题

1. 常用的销连接有_____、_____和_____。
2. 销连接常用来固定零件间的_____,还可用于轴与轴上零件之间的_____,也可用作_____。
3. 销按形状分为_____、_____和_____。

二、判断题

1. 销属于标准件。（ ）
2. 开口销必须单独使用。（ ）
3. 普通圆锥销以大端直径作为公称直径。（ ）
4. 普通圆柱销利用微量的过盈固定在光孔中,多次装拆将有损于连接的紧固和定位。（ ）
5. 装入活塞销时,用手锤打入较为方便。（ ）

三、简答题

1. 简述销连接的类型和应用场合。
2. 简述活塞销的拆装步骤。
3. 举例说明销连接在汽车上的应用。

任务9　离合器的应用与拆装

任务描述

离合器主要用于两轴之间的分离和接合。对于装有手动变速器的汽车,离合器是不可缺少的部件。在汽车传动系中,离合器直接与发动机相连,它可以实现汽车的起动、停车、变速器的平顺换挡、传动系的过载保护、防止从动件逆转、控制传动转矩的大小以及满足时间要求等。如图9-1所

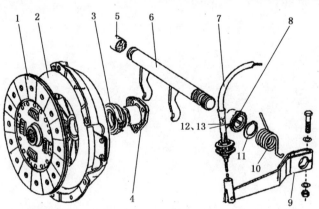

图9-1　轿车离合器
1—离合器从动盘；2—膜片弹簧压盘组；3—分离轴承；4—分离套筒；
5—黄铜衬套；6—分离轴；7—离合器拉索；8—轴承套及密封件；9—分离
轴传动杆；10—回位弹簧；11—卡簧；12—橡胶防尘套；13—轴承衬套

示的轿车离合器主要由主动部分、从动部分、压紧装置、分离机构和操纵机构五部分组成。

本任务通过对离合器的拆装,使学生掌握离合器的结构、原理、类型及其应用,具备拆装和检修离合器的技能。

任务分析

任务目标	知识目标	鉴定标准
1. 观察离合器的组成 2. 观察离合器的装配关系 3. 能拆装和检修离合器	1. 离合器的结构和原理 2. 离合器的类型及其应用 3. 离合器的拆装和检修	应知:离合器的结构、原理、类型及其应用 应会:离合器的拆装和检修

任务实施

所需工具:压力机、常用工具、专用工具等。

拆装步骤:

(1) 拆卸离合器时,首先要拆下变速器。

(2) 用专用工具将飞轮固定,然后观察压盘和飞轮的装配标记,如果无标记时,则如图9-2所示做好记号。再将离合器的各固定螺栓依次拧松,取下压盘总成、离合器从动盘。

(3) 用内拉头拉出分离轴承。

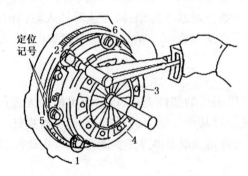
图 9-2　在离合器和飞轮上做好定位记号
1~6表示拧松螺栓顺序

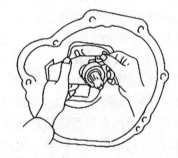
图 9-3　轴承、轴承套和分离叉的拆卸

(4) 如图9-3所示,拆下分离轴承导向套和橡胶防尘套、回位弹簧。

(5) 用尖嘴钳取出卡簧及衬套座,取出分离叉轴。

(6) 将从动盘装在发动机飞轮上,用定心棒定位。从动盘上减振弹簧突出的一面朝外。

(7) 装上压板组件,用扭力扳手间隔拧紧螺栓,力矩为25 N·m。

(8) 用专用工具将分离叉轴套压入变速器壳上。

(9) 将分离叉轴的左端装上回位弹簧,先穿入变速器壳左边的孔中,再将分离叉轴的右端装入右边的衬套孔中,然后再装入左边的分离叉轴衬套和分离叉轴衬套座,将衬垫及导向套涂上密封胶,装到变速器壳前面,旋紧螺栓,力矩为15 N·m。

(10) 在变速器的后面旋紧螺栓,力矩为15 N·m,将分离叉轴锁住;检查分离叉轴应能灵活转动,但不能左右移动。

(11) 用专用工具将分离轴承压入分离轴承座内。

(12) 将工具擦净放回原处,清洁场地。

相关知识

9.1 离合器的功能

离合器是汽车传动系中直接与发动机相连接的部件,用来分离和结合发动机与变速器之间的动力传递。

1) 平稳起步

汽车起步前,发动机应在无载荷的情况下起动。没有离合器,发动机与传动系刚性连接,一旦把变速器挂上挡,正常运转的曲轴将与传动系在极短的时间内发生接触,曲轴将受到很大的反向冲击,发动机转速会急剧下降到最低稳定转速以下,直至熄火。设置离合器以后,驾驶员就可以柔和地接合离合器,逐渐加大对传动系的作用力矩,减弱了对曲轴造成的反向冲击。与此同时,逐渐踩下加速踏板,相应增加对发动机的燃油供给量,使发动机始终能维持不熄火,到驱动力足以克服起步阻力时,汽车便开始运动并逐步加速。由此可见,离合器是保证汽车平稳起步的关键部件。

2) 平顺换挡

汽车在行驶中,为了适应不断变化的行驶条件,经常换用不同的挡位。换挡时,要先踩下离合器踏板,切断发动机与变速器的动力传递,使变速器内相啮合的齿轮间或其他啮合副(如齿形花键与接合套)间不再传递动力,并使原挡位啮合副退出传动;待变速器挂入新挡位后,再逐渐抬起离合器踏板,踩下加速踏板,使新挡位啮合副啮合部位的速度趋于相等(同步),这样可以减轻进入啮合的齿轮冲击,保证平顺换挡。

3) 防止传动系过载

当车速急剧变化时,传动系内各转动件将产生很大的惯性力矩,该力矩可能大大超出发动机正常工作时所输出的转矩,这样对传动系造成超过其承受能力的载荷,易使机件损坏。有了离合器后,由于离合器所能传递的转矩有限,当出现过大转矩时,其主动部分与从动部分之间将相互打滑,从而避免了传动系出现过载。

9.2 离合器的类型和工作原理

1) 摩擦式离合器的组成

摩擦式离合器因其结构简单、性能可靠、维修方便,在汽车中广泛应用。

如图9-4所示,离合器由主动部分、从动部分、压紧装置、分离机构和操纵机构五部分组成。离合器盖用螺钉固定在飞轮的后端面上,压盘后端面边缘沿圆周周向分布的凸台伸入盖的窗孔中,并可沿窗孔轴向滑动。这样,曲轴旋转,便通过飞轮、离合器盖带动压盘一起转动,构成离合器的主动部分。双面带摩擦衬片的从动盘通过滑动花键套装在从动轴(变速器输入轴)上,轴前端通过轴承支承于曲轴后端的中心孔内,后端支承在变速器壳体上,是离合器的从动部分。沿圆周均布的压紧弹簧装在离合器盖和压盘之间,把压盘和从动盘压向飞轮,构成离合器的压紧装置。

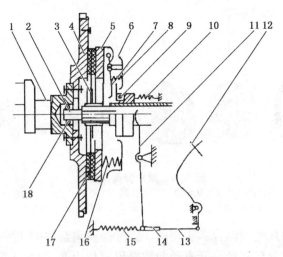

图 9-4 摩擦式离合器的结构

1—曲轴；2—变速器第一轴；3—从动盘；4—飞轮；5—压盘；6—离合器盖；
7—分离杠杆；8—弹簧；9—分离轴承；10—回位弹簧；11—分离叉；
12—踏板；13—拉杆；14—拉杆调节叉；15—回位弹簧；16—压紧弹簧；
17—从动盘摩擦衬片；18—轴承

分离杠杆外端和中部分别铰接于压盘和离合器盖上。分离轴承和分离套筒压装成一体，松套在从动的轴套上。分离叉是中部有支点的杠杆。从分离杠杆到分离叉是分离机构，踏板到拉杆调节叉是操纵机构，或两者合称操纵机构。

2）离合器的工作原理

（1）接合状态　离合器的从动盘被压紧弹簧压紧在飞轮与压盘之间。发动机转矩靠飞轮与压盘，通过摩擦面的摩擦作用传到从动盘，再经从动轴输入变速器。由于汽车在行驶过程中需要经常保持动力传递，而中断传递只是暂时的需要，所以离合器经常处于接合状态。

（2）分离状态　踏下踏板时，拉杆拉动分离叉外端向右（后）移动，分离叉内端则通过分离轴承推动分离杠杆的内端向前移动，分离杠杆外端便拉动压盘向后移动，使其在进一步压缩压紧弹簧的同时，解除对从动盘的压力。于是离合器的主、从动部分处于分离状态而中断动力传递。

（3）接合过程　当需要回复动力传递时，缓慢地抬起离合器踏板，分离轴承减小对分离杠杆内端的压力，压盘便在压紧弹簧作用下逐渐压紧从动盘，并使所传递的转矩逐渐增大。当所能传递的转矩小于汽车起步阻力时，汽车不动，从动盘不转，主、从动摩擦面间完全打滑；当所能传递的转矩达到足以克服汽车开始起步的阻力时，从动盘开始旋转，汽车开始移动，但仍低于飞轮的转速，即摩擦面间仍存在着部分打滑现象。再随着压力的不断增加和汽车的不断加速，主、从动部分的转速差逐渐减小，直到转速相等，离合器完全接合。

可见，汽车平稳起步是靠离合器逐渐接合过程中滑磨程度的变化来实现的。

3）膜片弹簧离合器

如图 9-5 所示，膜片弹簧离合器在汽车上应用较多，如桑塔纳、夏利、长安等都采用这种离合器。

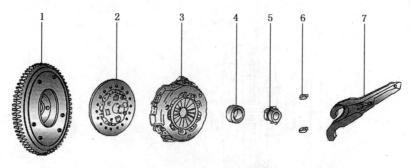

图 9-5　膜片弹簧离合器

1—飞轮；2—离合器从动盘；3—离合器压盘及盖总成；4—分离轴承；
5—离合器分离轴承套；6—分离轴承套夹；7—分离叉

如图 9-6 所示为膜片弹簧离合器实物图。膜片弹簧离合器的主要特点是用一个膜片弹簧代替传统的螺旋弹簧和分离杠杆。开有径向槽蝶形膜片弹簧，既起压紧机构的作用，又起分离杠杆的作用。这样，可使离合器的结构大为简化，缩短了离合器的轴向尺寸，零件数目减少，重量减轻，操纵轻便。

4) 双片中央弹簧离合器

双片中央弹簧离合器如图 9-7 所示，其压紧装置只有一根张力较强的压紧弹簧布置于离合器的中央。

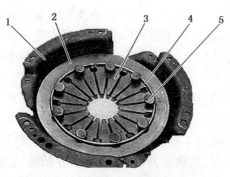

图 9-6　膜片弹簧离合器实物图

1—离合器盖；2—压盘；3 膜片弹簧；4—支承环；
5—支承铆钉

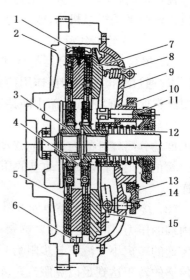

图 9-7　中央弹簧离合器

1—分离摆杆；2—飞轮；3、4—从动盘；
5—中间压盘；6—传动销；7—压盘；8—分离弹簧；
9—离合器盖；10—调整环；11—传动杆；
12—中央压紧弹簧；13—平衡盘；14—支撑销；
15—压紧杠杆

双片离合器与单片离合器相比，主要区别是主动部分多了一个中间压盘和从动部分多了一个从动盘，即有两个从动盘和两个压盘，摩擦面数为四个，因此可使传递的转矩增大一倍。中间压盘不是通过离合器盖而是由飞轮直接驱动。

9.3 离合器的检修

离合器功能的检查方法:启动发动机,完全拉紧驻车制动器,挂上一挡,稍许加大油门,慢慢抬起离合器踏板,这时如果发动机转速下降或熄火,则为其功能正常。否则,则说明离合器打滑,应首先检查离合器踏板自由行程。如果自由行程符合标准,则为摩擦片上粘有油污或破碎,应予更换。

1) 从动盘的检修

(1) 检查从动盘摩擦片的磨损程度

用游标卡尺测量钉头的深度,允许深度不小于 0.3 mm。否则,应更换摩擦片。

(2) 检查从动盘的轴向跳动

用百分表针抵在从动盘离外缘 2.5 mm 处,允许轴向跳动量为 0.40 mm,超过极限值应更换摩擦片;在检查从动盘的轴向跳动时,应将从动盘装在新的输入轴上进行;检查时注意从动盘上是否被油、水或路面污物污染,有油的污染表明曲轴后主油封或变速器输入轴处泄漏,应及时排除,有水或路面灰尘等污染,是由离合器壳体破裂或紧固螺栓松动等所致,应查明原因,予以排除。

2) 膜片弹簧的检修

膜片弹簧使用过久后会出现弯曲变形。在正常情况下,要求膜片弹簧小端均应在同一平面内,弯曲变形不得超过 0.5 mm,如过大则应调整弹簧片。调整时应使用专用工具,把弹簧弯曲到正确位置,调整后再测量一次,直到符合要求为止。

3) 分离轴承的检查

用手转动分离轴承看是否灵活、平顺,再施加轴向压力后,检查是否有卡滞现象或异常感觉。然后再检查分离套筒、分离轴承卡簧接触表面和分离轴承套筒滑动表面是否有损坏或磨损。如果磨损应修复,损坏严重应更换。

4) 检查压盘及离合器盖

压盘工作面如有划痕、裂纹、变色,翘曲变形超过 0.2 mm,可进行光磨修复。如果经过光磨后仍有裂纹、翘曲不平,应更换。离合器盖翘曲不平应校正,如有裂纹可焊修或更换。

任务归纳

1) 通过离合器的拆装,了解离合器的基本知识:
(1) 离合器可以随时实现两轴之间的分离和接合。
(2) 离合器的功用是保证汽车平稳起步、换挡平顺,防止传动系过载。
(3) 摩擦式离合器由主动部分、从动部分、压紧机构、分离和操纵机构五大部分组成。
2) 通过离合器的拆装,掌握离合器的拆装和检修方法。

任务测评

技能目标	自评	互评	备注
1. 知道离合器的功用吗？			
2. 知道离合器的类型吗？			
3. 知道离合器的结构吗？			
4. 知道离合器工作原理吗？			
5. 能独立拆装和检修离合器吗？			
6. 在进行拆装时，能按照操作规程规范操作吗？			

个人小结：

教师评价： 教师签名

思考题

一、填空题

1. 离合器的主要功能有_____、_____和_____。
2. 目前汽车上广泛采用的是_____离合器。
3. 离合器主要由_____、_____、_____、_____和_____组成。

二、判断题

1. 拆装离合器时，可以先不拆卸变速器。（   ）
2. 膜片弹簧离合器相对其他离合器没有太多的优点。（   ）
3. 离合器工作中只有分离和接合两个过程。（   ）
4. 汽车平稳起步不是靠离合器逐渐接合过程中滑磨程度的变化来实现的。（   ）
5. 换挡时，要先踩下离合器踏板，是为了切断与变速器的动力传递。（   ）

三、简答题

1. 汽车离合器有什么重要作用？
2. 举例说明离合器的结构和工作原理。
3. 膜片弹簧式离合器具有什么样的结构特点？
4. 简述轿车离合器的拆装步骤。
5. 简述轿车离合器的检修方法。

任务 10　轴系零部件的应用与拆装

任务描述

轴系零部件是机器的重要组成部分，主要包括轴、轴承等。轴的作用是支承旋转零件（如齿轮、带轮、链轮等）并传递运动和转矩；轴承根据摩擦性质不同分为滑动轴承和滚动轴承，其作用是支承轴和轴上零件，并保持轴的旋转精度，减少轴与支承之间的摩擦和磨损。轴系零部件在汽车上应用广泛，例如汽车半轴，传动轴，发动机曲轴，手动变速器输入轴、输出轴、倒挡轴等；发动机曲轴两端一般采用滑动轴承支承，变速器轴两端一般采用滚动轴承支承。本任务通过拆装如图10-1所示的单级圆柱齿轮减速器，使学生具备正确选用轴系零部件的知识和技能。

图 10-1　单级圆柱齿轮减速器

任务分析

任务目标	知识目标	鉴定标准
1. 观察各种轴系零部件 2. 能正确选用轴系零部件 3. 能正确更换轴系零部件	1. 轴的类型及其应用 2. 轴承的类型及其应用	应知：轴系零部件的类型和应用 应会：轴系零部件的拆装

任务实施

所需工具:活动扳手、拉力器、起子等。

拆装步骤:

(1) 如图 10-2 所示,拆卸减速器箱盖固定螺栓。

(2) 如图 10-3 所示,拆下减速器箱盖。

图 10-2 拆卸减速器箱盖固定螺栓

图 10-3 拆下减速器箱盖

(3) 如图 10-4 所示,观察输入轴和输出轴上各轴系零部件的装配关系。

图 10-4 观察各轴系零部件的装配

图 10-5 拆卸输出轴组件

(4) 如图 10-5 所示,拆卸输出轴组件。

图 10-6 拆卸输入轴组件

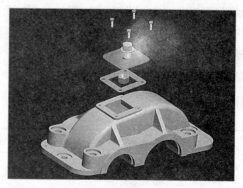

图 10-7 拆卸透气罩组件

(5) 如图10-6所示,拆卸输入轴组件。

(6) 如图10-7所示,拆卸透气罩组件。

(7) 如图10-8所示,拆卸观察窗。

(8) 如图10-9所示,拆卸放油螺塞。

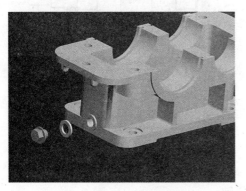

图10-8 拆卸观察窗

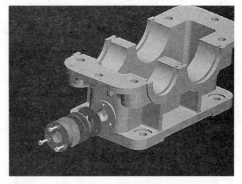

图10-9 拆卸放油螺塞

(9) 拆卸完毕,反序把减速器复原。

(10) 将工具擦净放回原处,清洁场地。

相关知识

10.1 轴

1) 轴的分类

根据承受载荷的不同,轴可分为心轴、传动轴和转轴。

(1) 心轴。只承受弯矩的轴称为心轴,如图10-10所示。心轴可以是转动的,如图10-10(a)所示的铁路机车轴;也可以是固定的,如图10-10(b)所示的自行车前轮轴。

(2) 传动轴。只传递转矩而不承受弯矩(或承受很小弯矩)的轴称为传动轴,如图10-11所示的汽车中连接变速箱与后桥的轴。

(3) 转轴。既承受弯矩又承受转矩的轴称为转轴,它是最常见的一种轴,如图10-12所示的齿轮减速器中的轴。

根据轴线的几何形状不同,轴还可分为直轴、曲轴和软轴。

(1) 直轴。分为光轴和阶梯轴。如图10-13(a)所示的光轴形状简单、加工容易,一般用于传动。如图10-13(b)所示的阶梯轴便于轴上零件的拆装和固定,是一种应用最广泛的轴。

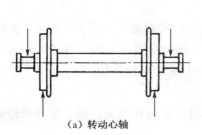

(a) 转动心轴

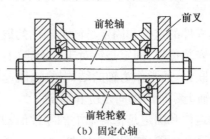

(b) 固定心轴

图10-10 心轴

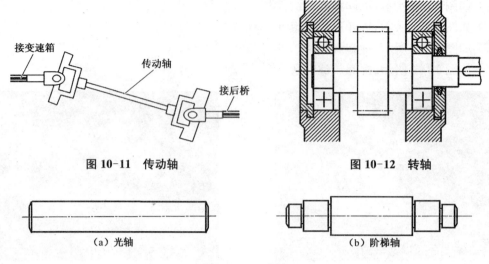

图 10-11 传动轴　　　　图 10-12 转轴

(a) 光轴　　　(b) 阶梯轴

图 10-13 直轴

(2) 曲轴。轴线不在一条直线上，属于专用零件，如图 10-14 所示的汽车发动机的曲轴。

(3) 软轴。如图 10-15 所示的软轴，由多组钢丝分层卷绕而成，挠性好，能在轴线弯曲的状态下灵活地传递回转运动和转矩，可将转动灵活地传递到所需的任何位置。

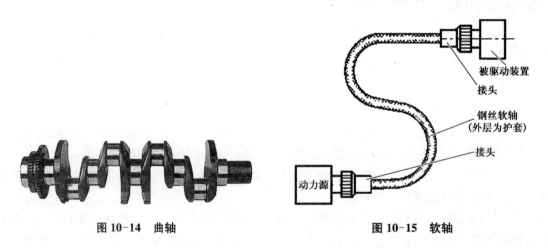

图 10-14 曲轴　　　　图 10-15 软轴

2) 轴的结构

如图 10-16 所示，轴通常由轴头、轴颈、轴身等部分组成。轴上与轴承配合的部分称为轴颈；与传动零件（如带轮、齿轮等）或联轴器、离合器配合的部分称为轴头；连接轴头与轴颈的部分称为轴身。

轴上零件的定位和固定是两个不同的概念。定位是针对装配而言的，是为了保证轴上零件准确的安装位置；固定是针对工作而言的，是为了使轴上零件在运转中保持原位不动。但两者又相互联系，通常作为轴的结构措施，既起固定作用，又起定位作用。

(1) 轴上零件的轴向定位和固定

轴向定位和固定是指将轴上的零件沿轴线方向进行定位和固定。轴上零件的轴向定位通常采用轴肩和轴环，如图 10-17 所示。

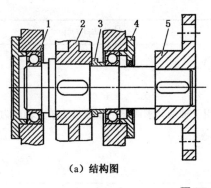
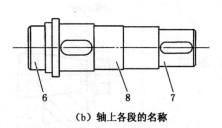

(a)结构图　　　　　　　　　　　　(b)轴上各段的名称

图 10-16　轴的名称

1—滚动轴承；2—齿轮；3—套筒；4—轴承盖；5—联轴器；6—轴颈；7—轴头；8—轴身

阶梯轴上，用作零件轴向固定的台阶部分称为轴肩，环形部分称为轴环，如图 10-17 所示，它们对轴上零件起到轴向定位的作用。为了保证轴上零件的轮毂端面与定位面紧贴，轴肩和轴环的圆角半径 r 应小于零件轮毂孔端的圆角半径 R 或倒角 c，其大小应符合标准。轴肩和轴环的高度 h 必须大于 R 或 c。另外，安装滚动轴承处的轴肩和轴环高度必须低于轴承内圈厚度。

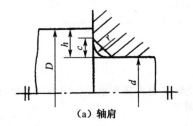
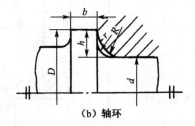

(a)轴肩　　　　　　　　　　　　(b)轴环

图 10-17　轴肩、轴环及其定位

轴上零件除要求正确定位外，还要求可靠的轴向固定，以防止轴上零件工作时产生轴向移动。如表 10-1 所示，常用的轴向固定的方法有套筒、圆螺母、轴端挡圈、紧定螺钉等结构。当采用套筒、螺母、轴端挡圈作轴向定位时，为了使轴上零件的端面靠紧定位面，安装零件的轴头长度应小于轮毂的宽度。

表 10-1　轴上零件常用的轴向固定方法

定位和固定方法	简　图	特点与应用
套筒		在轴上不需要开槽、钻孔或切制螺纹等，可使轴的结构简化，避免削弱轴的强度。一般用于两个零件距离不远时的轴向固定
圆螺母		可承受较大的轴向力，但螺纹对轴的强度削弱较大，应力集中严重。当使用套筒过长或无法使用套筒时可采用圆螺母进行轴向固定

续表 10-1

定位和固定方法	简　图	特点与应用
轴端挡圈	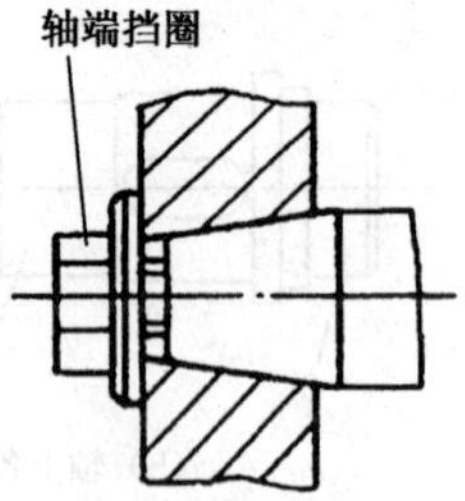	用于轴端要求固定可靠或承受较大轴向力的场合
弹性挡圈	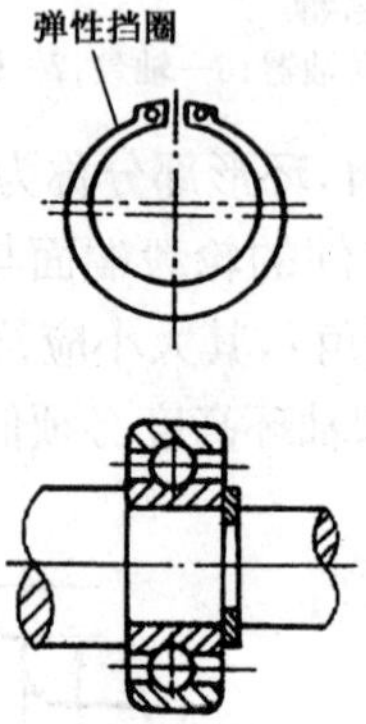	用于承受轴向力小或不承受轴向力的场合，常用作滚动轴承的轴向固定
紧定螺钉	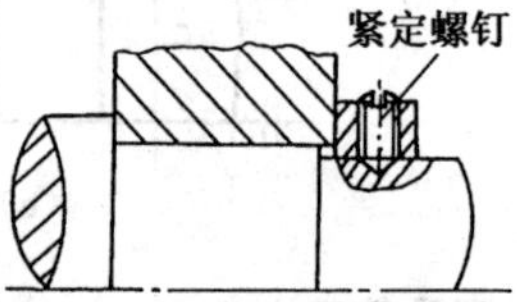	用于承受轴向力小或不承受轴向力的场合，还可兼做周向固定

(2) 轴上零件的周向定位和固定

周向定位和固定是指将轴上的零件在圆周方向进行定位和固定。周向固定是为了传递转矩，防止零件和轴产生相对转动。如表 10-2 所示，常用的固定方式有平键、花键、销、紧定螺钉、过盈配合、非圆轴等。

表 10-2　轴上零件常用的周向定位和固定方法

定位和固定方法	简　图	特点及应用
平键	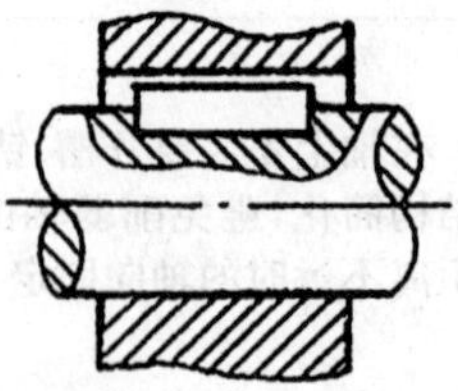	用于传递转矩较大，对中性要求一般的场合，使用最为广泛
花键	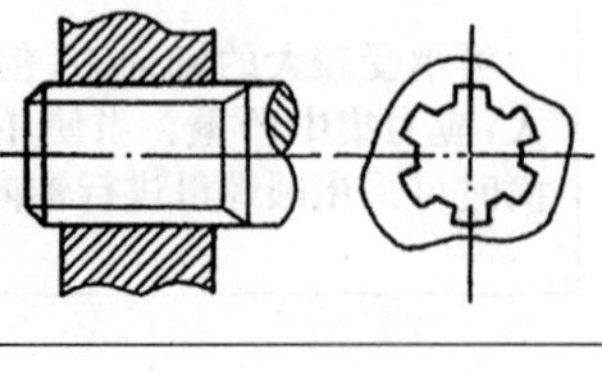	用于传递转矩大，对中性要求高或零件在轴上移动时要求导向性好的场合

续表 10-2

定位和固定方法	简图	特点与应用
销		用于传递转矩较小的场合
过盈配合		用于传递转矩较小,不便开键槽或要求零件与轴线对中性要求较高的场合

3) 轴的失效形式

轴的失效形式有以下五种:

(1) 疲劳强度不足产生的疲劳断裂。轴在工作中主要受到交变应力的作用,当应力大于疲劳强度时,轴将产生疲劳裂纹,裂纹不断发展使轴疲劳断裂而导致轴失效。疲劳断裂是轴的主要失效形式。

(2) 静强度不足产生的断裂。轴在工作中受到过大的冲击载荷或过载时产生的断裂而导致轴失效。

(3) 共振断裂。当轴的转速达到一定数值时,轴有可能因发生共振而断裂导致失效。

(4) 刚度不足产生的变形过大。在一些精密机械或要求较高的机械中,由于轴的刚度不足使轴产生过大的变形而导致轴失效。

(5) 烧轴失效。轴颈因摩擦而产生高温导致的"烧轴"失效。

因此,除要求轴具有合理的结构外,还要求轴具有足够的承载能力。

10.2 轴承

轴承根据摩擦性质不同分为滑动轴承和滚动轴承两类。滚动轴承应用广泛,已经标准化,具有摩擦阻力小、易于起动、效率高、润滑简便和互换性好的优点,适用于低、中速,噪音较大,经常启动的场合。滑动轴承除了在简单和成本要求低的场合使用外,主要用于滚动轴承难以满足支承要求的场合,如高速、高精度、重载荷、结构上要求剖分的场合,此外,在低速而带有较大冲击的机器中也常采用滑动轴承。

1) 滑动轴承

(1) 滑动轴承的结构型式

在滑动摩擦下运转的轴承称为滑动轴承,根据所受的载荷方向,滑动轴承可分为向心滑动轴承和推力滑动轴承。

① 向心滑动轴承

向心滑动轴承的主要结构型式有整体式、剖分式等。

a. 整体式。如图 10-18 所示的整体式向心滑动轴承又称轴套,分为不带挡边和带挡边两种。整体式滑动轴承结构简单、成本低廉,但拆装不便,轴颈只能从端部装入。如图 10-18(a)

所示的连杆小头处用的就是不带挡边的整体向心滑动轴承。

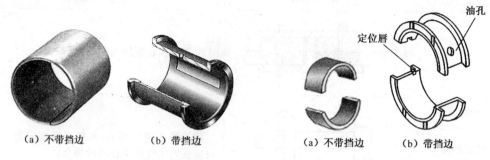

图 10-18　整体式向心滑动轴承　　　　图 10-19　剖分式向心滑动轴承

b. 剖分式。剖分式滑动轴承又称轴瓦,由上轴瓦和下轴瓦组成,如图 10-19 所示,也分为不带挡边和带挡边两种。在上、下轴瓦的剖分面处加工有定位唇,便于装配时定位;轴瓦上开有油孔和油沟,以便将润滑油引入轴承,并布满工作表面。这种轴承拆装方便,应用很广,常用于汽车发动机连杆大头(如图 10-20 所示)和曲轴主轴颈等处。

② 推力滑动轴承

如图 10-21 所示,推力滑动轴承通常具有环状的支承面以承受轴向载荷。

在汽车发动机中,为了保证曲轴的轴向定位,承受离合器等引起的轴向推力,须在曲轴上设置止推轴承,其形式如图 10-22 所示。过去常用带翻边的轴承,现在比较广泛采用的是单独的止推轴承环或半圆止推片。

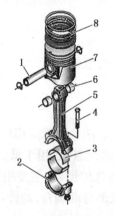

图 10-20　发动机活塞连杆组

1—活塞销;2—连杆盖;3—连杆轴瓦;4—连杆螺栓;
5—连杆;6—连杆轴套;7—活塞;8—活塞环

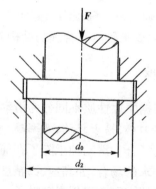

图 10-21　推力滑动轴承

(2) 滑动轴承的失效形式

滑动轴承的失效由多种原因引起,有时几种失效形式并存,相互影响。最常见的失效形式有轴瓦磨损、胶合(烧瓦)、疲劳破坏和由于制造原因而造成的轴承衬脱落。

(3) 滑动轴承的润滑

润滑主要起减少摩擦、提高效率、减轻磨损、延长机器寿命的作用,同时还能起到冷却、防尘、防锈及吸振的作用。最常用的润滑方法和润滑装置有以下两种:

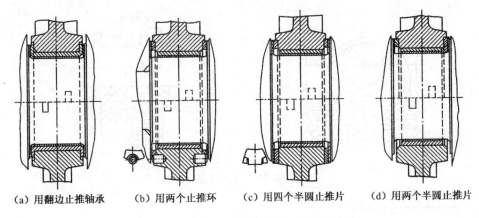

(a) 用翻边止推轴承　　(b) 用两个止推环　　(c) 用四个半圆止推片　　(d) 用两个半圆止推片

图 10-22　曲轴止推轴承的结构

① 油润滑的方法和装置

油润滑有连续供油润滑和间歇供油润滑两种形式。间歇供油润滑常用的方法有人工油壶注油和油杯注油，这种润滑方法只适用于低速、不重要的轴承或间歇工作的轴承；对于重要轴承，必须采用连续供油润滑。连续供油润滑常用的方法有油杯滴油润滑、飞溅润滑、压力循环润滑等。

a. 油杯滴油润滑。常用的滴油油杯有针阀式注油油杯和油芯式油杯。如图 10-23 所示的针阀油杯可调节滴油速度，改变供油量，在轴承停止工作时，可通过油杯上部的手柄关闭油杯停止供油；如图 10-24 所示的芯捻油杯利用毛细管虹吸作用将油引到轴承工作表面上，这种方法不易调节供油量。

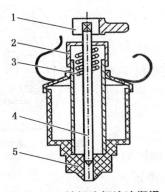

图 10-23　针阀油杯滴油润滑
1—手柄；2—调节螺母；3—弹簧；4—针阀；5—杯体

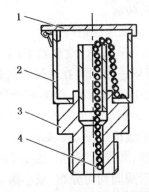

图 10-24　芯捻油杯滴油润滑
1—杯盖；2—杯体；3—接头；4—油芯

b. 飞溅润滑。通常直接利用传动齿轮或甩油环(如图 10-25 所示)将油池中的润滑油溅到轴承上或箱壁上，再经油沟导入轴承工作面以润滑轴承。

c. 压力循环润滑。如图 10-26 所示，压力循环润滑利用油泵提供具有一定压力的润滑油，经过相关的管路，将润滑油送到每个需要进行润滑的部位。使用后的润滑油经过回收系统可流回到油箱中供重复循环使用。这种润滑可以保证供油的压力和数量，实现不间断地供油。

② 脂润滑的方法和装置

脂润滑只能间歇供给，可采用人工加脂和脂杯加脂等方法进行。如图 10-27(a) 所示的旋盖式脂杯靠旋紧杯盖，将杯内润滑脂压入轴承工作面；如图 10-27(b) 所示的压注脂杯则靠油

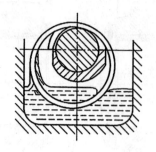
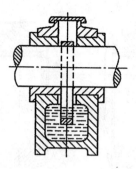

图 10-25 飞溅润滑

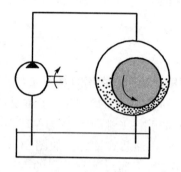

图 10-26 压力循环润滑

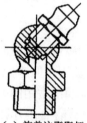
(a) 旋盖注脂脂杯

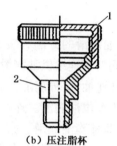
(b) 压注脂杯

图 10-27 脂润滑装置
1—杯盖；2—杯体

枪压注润滑脂至轴承工作面。

2）滚动轴承

（1）滚动轴承的结构

如图 10-28 所示,滚动轴承由外圈 1、内圈 2、滚动体 3 和保持架 4 组成。内圈装在轴颈上随轴转动,外圈 1 装在机座或零件的轴承座孔内不动；但亦有外圈转动、内圈不动的使用情况。滚动体是滚动轴承的核心元件,当内、外圈转动时,滚动体在内、外圈的滚道中滚动。如图 10-29 所示,滚动体的形状有球形、圆柱形、圆锥形、鼓形、滚针形等。保持架将滚动体均匀隔开,使其沿圆周均匀分布,减小滚动体之间的摩擦和磨损。

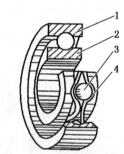

图 10-28 滚动轴承的结构
1—外圈；2—内圈；3—滚动体；
4—保持架

（2）滚动轴承的类型

① 按承受载荷的方向不同,滚动轴承可分为向心滚动轴承和推力滚动轴承。向心滚动轴承主要承受径向载荷,如深沟球轴承；推力滚动轴承主要承受轴向载荷,如推力轴承。

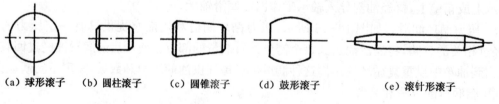

(a) 球形滚子　(b) 圆柱滚子　(c) 圆锥滚子　(d) 鼓形滚子　(e) 滚针形滚子

图 10-29 滚动体形状

② 按照滚动体的形状不同,滚动轴承可分为球轴承和滚子轴承。在同样外形尺寸下,滚子轴承比球轴承承载能力大、抗冲击能力强;而球轴承则具有制造方便、价格低廉、运转灵活的优点。

③ 按照滚动体的列数,滚动轴承可分为单列轴承、双列轴承和多列轴承。

④ 按照工作时能否调心,滚动轴承可分为调心轴承和非调心轴承。

⑤ 按照轴承的游隙能否调整,滚动轴承可分为可调游隙轴承(如角接触球轴承、圆锥滚子轴承)和不可调游隙轴承(如深沟球轴承、圆柱滚子轴承)等。

常用滚动轴承的类型及特点如表 10-3 所示。

表 10-3 常用滚动轴承类型及特点

轴承类型	类型代号	结构简图	极限转速	特点
深沟球轴承	6		高	可以承受径向及两个方向的轴向载荷;摩擦阻力小,适用于高速和有低噪声、低振动的场合
角接触球轴承	7		较高	可承受径向和单向轴向载荷;接触角 α 愈大,承受轴向载荷的能力也愈大;一般将两个轴承面对面安装,用于承受两个方向的轴向载荷
圆锥滚子轴承	3		中等	内、外圈可以分离;可以承受径向及单向的轴向载荷,承载能力大;成对安装,可以承受双向轴向载荷
圆柱滚子轴承	N		高	内、外圈可以分离;内、外圈允许少量轴向移动,但不允许偏斜;能承受较大的冲击载荷;承载能力大
推力球轴承	5		低	可以承受单向轴向载荷;高速时离心力大
调心球轴承	1		中等	具有调心能力;可以承受径向载荷及双向轴向载荷

续表10-3

轴承类型	类型代号	结构简图	极限转速	特　　点
调心滚子轴承	2		低	具有调心能力；可以承受径向载荷及双向轴向载荷，径向承载能力强

(3) 滚动轴承代号

每一滚动轴承用同一形式的一组数据表示，称为滚动轴承代号，常打印在滚动轴承端面上。按 GB/T 272—1993 的规定，轴承代号由前置代号、基本代号和后置代号构成，如表10-4所示。

表10-4　滚动轴承代号的构成

前置代号	基本代号					后置代号						
成套轴承分部件代号	第5位	第4位	第3位	第2位	第1位	内部结构代号	密封防尘结构代号	保持架及材料代号	特殊轴承材料代号	公差等级代号	游隙代号	多轴承配置代号	其他代号
	类型代号	尺寸系列代号		内径代号									
		宽度系列代号	直径系列代号										

基本代号用于表明滚动轴承的内径、直径系列和类型，是滚动轴承代号的基础。滚动轴承（除滚针轴承外）的基本代号由内径代号、尺寸系列代号、轴承类型代号构成。

① 内径代号。用基本代号的右起第一、二位数字表示，如表10-5所示。

② 尺寸系列代号。由宽度（高度）系列代号和直径系列代号组合而成。宽度系列代号表示内、外径相同的同类轴承宽度的变化，用基本代号右起第四位数字表示，直径系列代号表示内径相同的同类轴承有几种不同的外径，用基本代号右起第三位数字表示。尺寸系列代号如表10-6所示。当滚动轴承的宽度系列代号为0时，表示正常宽度，可略去不写，但圆锥滚子轴承与调心滚子轴承必须写出。如6208，宽度系列代号为0的深沟球轴承，宽度系列代号0可省略；如30210，圆锥滚子轴承，宽度系列代号0不能省略。

③ 类型代号。表示轴承的基本类型，用数字或大写拉丁字母表示，如表10-3所示。

表 10-5 滚动轴承的内径代号

轴承公称内径(mm)	内径代号	示例
0.6 到 10(非整数)	用公称内径毫米数直接表示,在其与尺寸系列代号之间用"/"分开	深沟球轴承 618/2.5 $d=2.5$ mm
1 到 9(整数)	直接用公称内径毫米数表示,对深沟球轴承及角接触球轴承 7、8、9 直径系列,内径与尺寸系列代号之间用"/"分开	深沟球轴承 625 618/5 $d=5$ mm
10 到 17	10 — 00 12 — 01 15 — 02 17 — 03	深沟球轴承 6200 $d=10$ mm
20 到 480 (22、28、32 除外)	用公称内径除以 5 的商数表示,商数为一位数时,需在商数的左边加"0",如 08	调心滚子轴承 23208 $d=40$ mm
大于和等于 500 以及 22、28、32	直接用公称内径毫米数表示,但在尺寸系列代号之间用"/"分开	调心滚子轴承 230/500 $d=500$ mm 深沟球轴承 62/22 $d=22$ mm

表 10-6 滚动轴承的尺寸系列代号

直径系列	向心轴承							推力轴承			
	宽度系列代号							高度系列代号			
	8	0	1	2	3	4	5	6	7	9	2
	宽度尺寸依次递增→							宽度尺寸依次递增→			
	尺寸系列代号										
7	—	—	17	—	37	—	—	—	—	—	—
8	—	08	18	28	38	48	58	—	68	—	—
9	—	09	19	29	39	49	59	—	69	—	—
0	—	00	10	20	30	40	50	60	70	90	10
1	—	01	11	21	31	41	51	—	71	91	11
2	82	02	12	22	32	42	52	62	72	92	12	22
3	83	03	13	23	33	—	—	—	73	93	13	23
4	—	04	—	24	—	—	—	—	74	94	14	24
5	—	—	—	—	—	—	—	—	—	95	—	—

前置代号和后置代号是轴承的结构形式、尺寸、公差、技术要求等有改变时,在其基本代号的左、右添加的补充代号。常用的几个后置代号如下:

① 内部结构代号。表示同一类型轴承的不同内部结构,用字母紧跟着基本代号表示。如图 10-30 所示,公称接触角是指滚动轴承的滚动体与外圈滚道接触点的法线和轴承径向平面

的夹角，α越大，滚动轴承承受轴向载荷的能力也越大。0°≤α≤45°的滚动轴承为向心轴承，主要承受径向载荷；45°<α≤90°的滚动轴承为推力轴承，主要承受轴向载荷。公称接触角α为15°、25°和40°的角接触球轴承分别用C、AC和B表示这种内部结构上的区别。

② 公差等级代号。表示同一类型轴承不同的尺寸精度和旋转精度。共6个级别，由高到低依次为2级、4级、5级、6级(6x)和0级，代号为/P2、/P4、/P5、/P6(P6x)和/P0。0级为普通级，在轴承代号中不标出；6x级仅适用于圆锥滚子轴承。

③ 游隙组别代号。游隙是指轴承在无载荷作用时，一个套圈相对另一个套圈在某一个方向的可移动距离。轴承的径向游隙系列有6个组别，从小到大分别是1组、2组、0组、3组、4组和5组。0组游隙是常用的，在轴承代号中省略不标出，其余游隙代号分别为/C1、/C2、/C3、/C4、/C5。

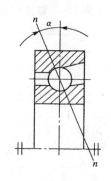

图10-30 滚动轴承接触角

滚动轴承代号举例：例如7314B/P6中7表示轴承类型为角接触球轴承；尺寸系列3为中窄系列，其中宽度系列代号为0(窄系列0省略)，3表示直径系列(中系列)代号；14表示内径为70 mm；B表示公称接触角为40°；P6表示公差等级为6级。30210中3表示轴承类型为圆锥滚子轴承；尺寸系列02为轻窄系列，其中0(窄系列0不能省略)表示宽度系列代号；2表示直径系列(轻系列)代号；10表示内径为50 mm，公差等级为0级(公差等级代号/P0省略)。6203中6表示轴承类型为深沟球轴承；尺寸系列2为轻窄系列，其中宽度系列代号为0(省略)；2表示直径系列(轻系列)代号；03表示内径为17 mm，公差等级为0级(公差等级代号/P0省略)。

(4) 滚动轴承的失效形式

对于制造良好、安装维护使用正常的滚动轴承，最常见的失效形式是疲劳点蚀和塑性变形。

① 疲劳点蚀。滚动轴承在工作过程中，滚动体相对内、外圈不断地转动，滚动体与滚道接触表面的接触应力按脉动循环变化。在这个交变应力的反复作用下，首先在滚动体或滚道的表面一定深度处产生疲劳裂纹，继而扩展形成疲劳点蚀，致使轴承不能正常工作。

② 塑性变形。在重载或冲击载荷作用下，滚动轴承一般不会产生疲劳破坏，但会使轴承各元件接触处的局部应力超过材料的屈服强度，出现塑性变形，在表面形成凹坑。

此外，由于使用维护和保养不当或密封润滑不良等因素，也能引起轴承早期磨损、胶合、内外圈和保持架破坏等不正常失效。

(5) 滚动轴承的选择

选择滚动轴承时先选择类型，再选择尺寸。正确选择滚动轴承类型时应考虑以下五个主要因素。

① 轴承所受的载荷。轴承所受的载荷的大小、方向和性质是选择轴承类型的主要依据。

a. 载荷的大小与性质。通常，由于球轴承主要元件间的接触是点接触，适合于中小载荷及载荷波动较小的场合工作；滚子轴承主要元件间的接触是线接触，适用于承受较大的载荷。

b. 载荷方向。若轴承承受纯轴向载荷，一般选用推力轴承；若所承受的纯轴向载荷较小，可选用推力球轴承；若所承受的纯轴向载荷较大，可选用推力滚子轴承；若轴承承受纯径向载荷，一般选用深沟球轴承、圆柱滚子轴承或滚针轴承；当轴承在承受径向载荷的同时，还承受不大的轴向载荷，可选用深沟球轴承或接触角不大的角接触球轴承或圆锥滚子轴承，当轴向载荷较大时,可选用接触角较大的角接触球轴承或圆锥滚子轴承,或者选用向心轴承和推力轴承组合在一起的结构,分别承担径向载荷和轴向载荷。

② 轴承的转速。转速较高、载荷较小或要求旋转精度较高时,宜选用球轴承;转速较低、载荷较大或有冲击载荷时,宜选用滚子轴承。工作转速较高时,若轴向载荷不是很大,可采用角接触球轴承承受纯轴向载荷。

③ 轴承的调心性能。当轴的中心线与轴承座的中心线不重合而有角度误差时,或因轴受力弯曲或倾斜时,会造成轴承的内、外圈轴线发生偏斜。这时,应采用有一定调心性能的调心球轴承或调心滚子轴承。对于支点跨距大、轴的弯曲变形大或多支点轴,也可考虑选用调心轴承。圆柱滚子轴承、滚针轴承和圆锥滚子轴承对角度偏差敏感,适用于轴承与轴承座孔能保证同心、轴的刚度较高的地方。

④ 轴承的安装和拆卸。当轴承座没有剖分面而必须沿轴向安装和拆卸轴承部件时,应优先选用内外圈可分离的轴承(如圆柱滚子轴承、滚针轴承、圆锥滚子轴承等)。当轴承在长轴上安装时,为了便于拆装,可以选用其内圈孔锥度为 1∶12 的圆锥孔的轴承。

⑤ 经济性要求。一般滚子轴承比球轴承价格高,深沟球轴承价格最低,常被优先选用。轴承精度愈高,则价格愈高,若无特殊要求,一般选用 0 级。

当类型确定后,还要考虑选择哪个尺寸系列。尺寸系列包括直径系列和宽度系列。选择轴承的尺寸系列时,主要考虑轴承承受载荷的大小,此外,也要考虑结构的要求。就直径系列而言,载荷很小时,一般可以选择超轻或特轻系列;载荷很大时,可考虑选择重系列;一般情况下,可先选用轻系或中系列,待校核后再根据具体情况进行调整。对于宽度系列,一般情况下可选用正常系列,若结构上有特殊要求时,可根据具体情况选用其他系列。

(6) 滚动轴承的拆装

拆装滚动轴承时,不允许通过滚动体来传力,以免给滚道或滚动体造成损伤。装内圈于轴上时,应施力于轴承的内圈,如图 10-31(a)所示;若安装时内外圈同时受力,应同时施力于轴承的内外圈,如图 10-31(b)所示。当轴承内圈与轴颈之间的过盈量过大时,可用热油预热轴承或用干冰冷却轴颈后再进行装配。拆卸轴承时,应使用如图 10-31(c)所示的专用工具(轴承拉力器)。

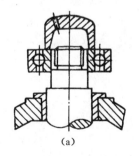
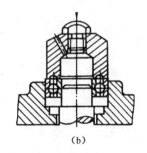
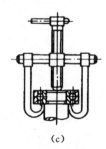

(a)　　　　　　　　　　(b)　　　　　　　　　　(c)

图 10-31　滚动轴承的安装与拆卸

任务归纳

1) 通过单级圆柱齿轮减速器的拆装,了解轴系零部件的基本知识:

(1) 轴系零部件是机器的重要组成部分,主要包括轴、轴承等。轴的作用是支承旋转零件(如齿轮、带轮、链轮等)并传递运动和转矩;轴承根据摩擦性质不同分为滑动轴承和滚动轴承,其作用是支承轴和轴上零件,并保持轴的旋转精度,减少轴与支承之间的摩擦和磨损。

(2) 根据承受载荷的不同,轴可分为心轴、传动轴和转轴。根据轴线的几何形状不同,轴还可分为直轴、曲轴和软轴。

(3) 轴承根据摩擦性质不同分为滑动轴承和滚动轴承两类。滚动轴承适用于低、中速,噪音较大、经常启动的场合。滑动轴承除了在简单和成本要求低的场合使用外,主要用于滚动轴承难以满足支承要求的场合,如高速、高精度、重载荷、结构上要求剖分的场合,此外,在低速而带有较大冲击的机器中也常采用滑动轴承。

2) 通过单级圆柱齿轮减速器的拆装,掌握轴系零部件的拆装方法和技能。

任务测评

技能目标	自评	互评	备注
1. 知道轴的分类、失效形式及其应用吗?			
2. 知道轴承的分类、失效形式及其应用吗?			
3. 知道轴上零件的定位和固定方法吗?			
4. 知道滚动轴承代号的意义吗?			
5. 能在汽车上找到不同类型的轴和轴承吗?			
6. 能独立拆装单级圆柱齿轮减速器吗?			
7. 在进行拆装时,能按照操作规程规范操作吗?			
个人小结:			
教师评价:		教师签名	

思考题

一、选择题

1. 工作时只承受弯矩的轴,称为(　　)。
   A. 心轴　　　　　B. 转轴　　　　　C. 传动轴　　　　　D. 空心轴
2. 为了使轴上零件的端面靠紧定位面,安装零件的轴头长度应(　　)轮毂的宽度。
   A. 大于　　　　　B. 小于　　　　　C. 等于　　　　　D. 以上皆可
3. 阶梯轴上最常用的轴向固定方法是(　　)。
   A. 轴肩和轴环　　B. 套筒　　　　　C. 轴端挡圈　　　D. 弹性挡圈
4. 汽车连杆大头采用的轴承类型是(　　)。
   A. 滚动轴承　　　B. 剖分式滑动轴承　C. 整体式滑动轴承　D. 球轴承
5. 下列适用于凸轮轴和曲轴的轴承是(　　)。
   A. 滚动轴承　　　B. 滑动轴承　　　C. 以上皆可　　　D. 以上皆非
6. 滚动轴承的类型代号用(　　)表示。
   A. 数字　　　　　　　　　　　　　B. 大写拉丁字母
   C. 数字或大写拉丁字母　　　　　　D. 数字或小写拉丁字母
7. 6203轴承的内径为(　　)mm。
   A. 3　　　　　　　B. 9　　　　　　C. 15　　　　　　D. 17
8. 7314B/P6中的B表示公称接触角为(　　)。
   A. 15°　　　　　　B. 25°　　　　　C. 35°　　　　　　D. 40°
9. 既有径向载荷又有轴向载荷的情况下,应选用(　　)。
   A. 深沟球轴承　　　　　　　　　　B. 圆柱滚子轴承
   C. 圆锥滚子轴承　　　　　　　　　D. 推力球轴承
10. 当滚动轴承的宽度系列代号为0时,表示正常宽度,可略去不写,但(　　)必须写出。
    A. 深沟球轴承　　B. 圆柱滚子轴承　C. 圆锥滚子轴承　D. 推力球轴承

二、填空题

1. 主要承受扭矩的轴称为_____,既承受弯矩又承受扭矩的轴称为_____。
2. 轴上与轴承配合的部分称为_____;与传动零件或联轴器、离合器配合的部分称为_____;连接轴头与轴颈的部分称为_____。
3. 滑动轴承最常见的失效形式有_____、_____、_____、_____。
4. 按照滚动体的形状不同,滚动轴承可分为_____和_____。

三、判断题

1. 汽车变速箱与后桥之间的轴是传动轴,它的功用是传递运动和动力。(　　)
2. 自行车前轮轴和后轮轴都是转动心轴。(　　)
3. 轴颈因疲劳而产生高温导致轴的"烧轴"失效。(　　)
4. 高速、高精度、重载荷、结构上要求剖分的场合也常采用滚动轴承。(　　)
5. 内外圈可分离的轴承主要有深沟球轴承、圆柱滚子轴承、圆锥滚子轴承等。(　　)

四、简答题

1. 轴按承受载荷不同可分为哪几种？举例说明。
2. 轴上零件常用的轴向固定和周向固定的方法有哪些？
3. 比较滑动轴承和滚动轴承并说明其应用场合。
4. 指出下列滚动轴承代号的意义：6203、6208、30316/P4、7310B、51312、N1024。
5. 简述单级圆柱齿轮减速器的拆装步骤。
6. 选择一款轿车，了解其中采用了哪些类型的轴和轴承，并指出各用在什么地方。

任务 11　制动器的应用与拆装

任务描述

制动器是产生制动力以阻碍车辆的运动或运动趋势的部件。常用的汽车制动器为摩擦式制动器，利用固定元件与旋转元件工作表面的摩擦而产生制动力矩，主要有鼓式制动器和盘式制动器两种。SANTANA2000 轿车使用的制动器是前轮盘式后轮鼓式。

汽车制动器能够使行驶中的汽车减速直至停车，可以使下坡行驶的汽车的速度保持稳定，可使已停驶的汽车可靠地驻留原地不动。如图 11-1 所示为鼓式制动器。

本任务通过对丰田轿车前轮鼓式制动器的拆装，要求学生掌握制动器的结构、原理、类型及其应用，使学生具备拆装和检修制动器的技能。

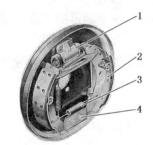

图 11-1　鼓式制动器
1—轮缸；2—制动蹄；3—回位弹簧；
4—定位销

任务分析

任务目标	知识目标	鉴定标准
1. 观察制动器的组成 2. 观察制动器的装配关系 3. 能拆装和检修制动器	1. 制动器的结构和原理 2. 制动器的类型及其应用 3. 制动器的拆装和检修	应知：制动器装置的结构、原理、类型及其应用 应会：拆装和检修制动器

任务实施

所需工具：鲤鱼钳，常用工具。

拆装步骤：

如图 11-2 所示为丰田轿车前轮鼓式制动器拆卸分解图。

（1）将车架起，拆下车轮、前轴毂和制动鼓。
（2）使用特种修理工具拆下回位弹簧。
（3）拆下蹄片压紧弹簧和销钉，然后滑动蹄片并取下，放出制动液，拆下分泵。
（4）从底板上拆下制动管道卡箍，然后拆下底板。
（5）安装分泵（如图 11-3 所示）。在调整螺栓和螺母上涂以锂皂基甘醇润滑脂，然后装在

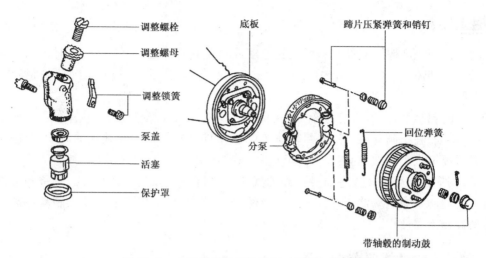

图 11-2　丰田轿车前轮鼓式制动器拆卸分解图

分泵上。注意：白色的是右旋螺纹，必须安装在左轮上；黄色的是左旋螺纹，必须安装在右轮上。再在活塞及分泵盖上涂上锂皂基甘醇润滑脂，装上弹簧座、弹簧盖、活塞和保护罩。

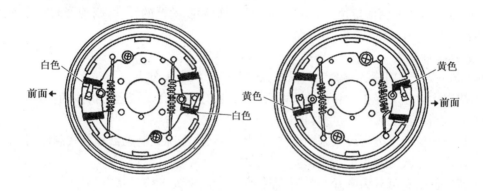

图 11-3　分泵的安装位置

（6）安装底板并将放油孔朝向转向节的下面，拧紧力矩为 89 N·m。由于左边车轮底板上的孔与右边车轮底板上的孔位置不同，安装时注意不可混同。

（7）将分泵装于底板上。安装位置及方向如图 11-3 所示，安装螺栓拧紧力矩为 18.5 N·m。

（8）装上制动器管道，将制动器管道卡箍装在底板上。

（9）如图 11-4 所示，在制动蹄片表面上涂以高温润滑脂。将蹄片弹簧钩于蹄片后侧，装上制动片总成，然后装上蹄片压紧弹簧及前外侧的回动弹簧。

（10）清洁制动蹄片和内制动鼓，装上制动鼓。

（11）工具擦净放回原处，清洁场地。

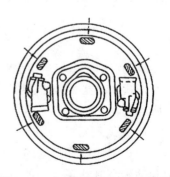

图 11-4　在箭头所示制动蹄片表面涂以高温润滑脂

相关知识

制动器是利用摩擦来减低机械的运转速度或迫使其停止运转的装置,有时也用于调节或限制机器的运动速度。它具有结构简单、工作可靠的优点,因而广泛应用于各种机械设备中,特别是在汽车中。

汽车中的制动系包括:以使汽车行驶中减速直至停车的行车制动系;用来使已停驶的汽车驻留原地不动的驻车制动系。这是每辆汽车都必须具备的两套相互独立的制动系统。此外,许多国家还规定汽车必须具有在行车制动系失效的情况下仍能使汽车实现减速直至停车的应急制动系;经常在山区或较复杂条件行驶的汽车,为减轻行车制动系的负荷,具备的辅助制动系。所有的制动系中制动器都是其主要构成部分,在汽车制动系统中有鼓式制动器和盘式制动器等多种制动器使用。

11.1 制动器的性能要求与分类

1) 制动器的性能要求

制动器是利用摩擦副中产生的摩擦力矩来实现制动作用,另外还可以利用制动力和重力的平衡,使机器运转速度保持恒定。为减小制动力矩和制动器的尺寸,制动器通常配置在机器的高速轴上。

2) 制动器的分类

制动器可以按其用途、结构特征、操纵方式和工作状态来分类:

(1) 按用途可分为停止式和调速式两种,前者只有停止和支持运动物体的作用,而后者除具有前者功能外,还可调节运动物体的速度。

(2) 按结构特征可分为块式制动器、带式制动器、内涨蹄式制动器和盘式制动器。

(3) 按操作方式可分为手动、自动和混合式。

(4) 按工作状态可分为常开和常闭式两种,前者经常处于松闸状态,需施加外力才能实现制动;而后者正好相反,经常处于合闸状态,只有在施加外力的条件下,制动器才能打开,解除制动。通常汽车和车辆的主制动器采用前者,而起重机械中的提升机构则常采用后者。

11.2 常用制动器的结构和特点

制动器的类型较多,有些已标准化和系列化,其选用可以查阅相关的机械设计手册。这里仅对带式制动器、块式制动器和盘式制动器予以简单介绍,详细的设计计算及选用须参阅有关手册和资料。

1) 带式制动器

带式制动器是常见的一种制动器,其工作原理主要是用挠性制动带包围制动轮,以控制制动带与制动轮之间的摩擦来实现制动。如图11-5所示为简单带式制动器,制动带包在制动轮上,合闸时,在重锤的作用下,制动带与制动轮之间产生摩擦力,从而实现合闸制动;松闸时,则由电磁铁或人力提升重锤,使制动带与制动轮之间实现分离。制动带是钢带内表面镶嵌一层石棉制品与制动轮接触,以增加摩擦力。带式制动器具有结构简单,由于包角大,故制动力矩大的优点;其缺点是制动带磨损不均匀,容易断裂,而且对轴的作用力大。一般用于集中驱动的起重设备(如内燃机驱动)及铰车中。

2) 块式制动器

块式制动器也是一种较常见的制动器,各种形式的块式制动器的区别主要在于制动杠杆系统和操纵系统的不同。一般多为常闭式,利用弹簧与重锤合闸,利用电磁铁或人力操纵松闸。如图11-6所示的块式制动器是由电磁操纵的,其制动是依靠闸块与制动轮间的摩擦力来实现制动。通电时,由电磁线圈1的吸力吸住衔铁2,再通过一套杠杆使闸块5松开,机器便能自由运转;制动时则切断电流,线圈1断电,失去磁力释放衔铁2,依靠弹簧力并通过杠杆使闸块5抱紧制动轮6,实现制动。这种制动器也可设计成在通电时起制动作用,也就是常开式;但为安全起见,一般设计成断电时制动,也就是常闭式。块式制动器具有构造简单、调整间隙方便、工作可靠、散热好等优点;其缺点是制造较复杂、安装空间大。它在工作频繁及空间较大的场合,应用较广。块式制动器已经规格化,可根据所需制动力矩在产品目录中选取。

常开式块式制动器与常闭式制动器的工作原理相反,即通电时制动,断电时松闸,常用于车辆的制动,如汽车防抱死制动系统(简称 ABS)等。

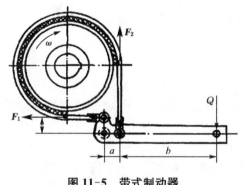

图 11-5 带式制动器

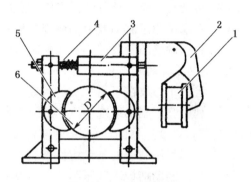

图 11-6 块式制动器
1—线圈;2—衔铁;3—杠杆机构;4—弹簧;
5—闸块;6—制动轮

3) 内涨蹄式制动器

鼓式车轮制动器多为内涨蹄式,主要用作汽车后轮制动器,如图11-7所示,两个制动蹄2和7的外表面安装了摩擦片3,并分别通过销轴1和8与机架铰接。压力油推动制动缸4的左右两个活塞,使两个制动蹄2压紧制动轮6,达到制动的目的。压力油卸载后,两个制动蹄2和7在弹簧5的作用下与制动轮6分离。内涨蹄式制动器结构紧凑,制动力较大,在结构尺寸受限制的机械及各种车辆中应用广泛。如捷达、桑塔纳轿车的后轮制动器都采用了内涨蹄式制动器。

4) 盘式制动器

如图11-8所示的盘式制动器由制动块2压紧制动盘1而制动。由于摩擦面仅占制动盘的一小部分,故称点盘式。这种制动器沿制动盘轴向施力,制动轴不受弯矩,径向尺寸小,结构简单,散热条件好,制动性能稳定,是一种比较新型的汽车制动器,主要用作轿车前轮制动器,与后轮的鼓式制动器配合使用,但一些高性能轿车上也可用于全部车轮的制动。

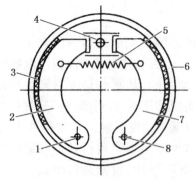 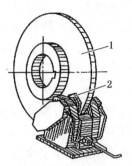

图 11-7 内涨蹄式制动器
1、8—销轴；2、7—制动蹄；3—摩擦片；4—制动缸；
5—弹簧；6—制动轮

图 11-8 盘式制动器
1—制动盘；2—制动块

11.3 制动器的检修

1) 在汽车车桥总成上对鼓式制动器进行检修

(1) 转动轮毂应运转灵活无卡滞，制动鼓与制动片之间无摩擦声。

(2) 用塞尺通过制动鼓上的检视孔检查制动蹄两端与制动鼓之间的间隙。

(3) 利用调整凸轮及偏心轴调整蹄鼓间的间隙。

2) 制动系统的就车检修

(1) 将汽车停放在平坦坚实的场地上。

(2) 利用驻车制动系统将汽车可靠地制动住；装手动变速器的汽车，将变速杆推入最低的前进挡；装自动变速器的汽车，将变速杆推入"P"挡。

(3) 利用气压制动的车辆应检查制动气压是否符合要求。

(4) 踩下制动踏板。气压制动式汽车在踩下制动踏板的瞬间，气压下降约 0.05 MPa，然后气压稳定不动，若气压表指针指示气压继续下降，则表明制动系统漏气，应检修；液压制动式汽车在踩下制动踏板的时候会感觉到踏板的阻力，在踩住踏板不放松的情况下，踏板高度应不变。若一踩踏板就到底，在排除了系统泄漏和制动总泵故障的前提下，表明制动系统中制动液缺少或系统中混入了空气，应补充制动液并由远及近对制动系统进行排气。

任务归纳

1) 通过制动器的拆装，了解制动器的基本知识：

(1) 制动器是利用摩擦副中产生的摩擦力矩来实现制动作用。

(2) 汽车制动器主要有鼓式制动器和盘式制动器两种。

2) 通过制动器的拆装，掌握制动器拆装和检修方法。

任务测评

技能目标	自评	互评	备注
1. 知道制动器功用吗?			
2. 知道制动器结构和工作原理吗?			
3. 知道制动器的类型及应用吗?			
4. 能独立拆装制动器吗?			
5. 能独立检修制动器吗?			
6. 在进行拆装时,能按照操作规程规范操作吗?			
个人小结:			
教师评价:		教师签名	

思考题

一、填空题

1. 制动器的功用为_____。
2. 盘式制动器由_____压紧_____而制动。
3. 盘式制动器主要用作轿车_____制动器,与_____的鼓式制动器配合使用,但一些高性能轿车上也可用于_____的制动。

二、判断题

1. 鼓式制动器的工作面一般为端面。　　　　　　　　　　　　　　（　　）
2. 盘式制动器的工作面一般为圆柱面。　　　　　　　　　　　　　（　　）
3. 一般轿车采用前鼓后盘式制动方式。　　　　　　　　　　　　　（　　）

三、简答题

1. 简述制动器的类型及应用。
2. 举例说明制动器的工作原理。
3. 举例说明制动器在汽车上的应用。
4. 举例说明鼓式制动器的拆装步骤。
5. 如何对汽车制动系统进行就车检修?

项目 4　常用机构的应用与拆装

项目情境

汽车是一台由多种机构组成的能做有效机械功和进行能量转换的机器。机构在机器中起着运动、动力传递和运动形式转换的作用。如汽车发动机是将化学能转变为机械能并对外输出动力的机器,通过底盘驱动汽车行驶。发动机由曲柄滑块机构、配气机构和燃料供给系、润滑系、冷却系、起动系、点火系(柴油机无)组成;底盘由传动系、行驶系、转向系和制动系组成。在汽车中应用着大量的常用机构,这些机构一旦不能正常工作,将极大地影响行车安全。

常用机构主要有平面四杆机构和凸轮机构等。发动机的正常运转、车轮的转向、气门的启闭等功能都是由这些典型的机构来实现的。如图Ⅳ-1所示,汽车车轮的转向是通过平面四杆机构实现的;如图Ⅳ-2所示,汽车发动机气门的启闭是通过凸轮机构实现的。本项目包含两个典型任务,通过对平面四杆机构、凸轮机构总成的拆装,使学生熟悉各种常用机构的工作原理,知道各种常用机构在汽车上的应用。

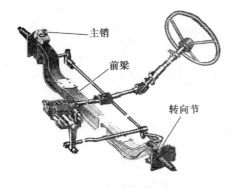

图Ⅳ-1　汽车转向机构

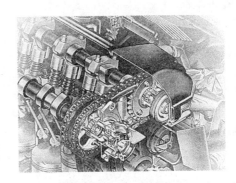

图Ⅳ-2　发动机配气机构

项目目标

能力目标
1. 能进行平面四杆机构总成的拆装;
2. 能进行凸轮机构总成的拆装。

知识目标
1. 正确描述平面四杆机构的应用、类型及其工作原理;
2. 正确描述凸轮机构的应用、类型及其工作原理。

任务 12　平面四杆机构的应用与拆装

任务描述

构件间只能做平面移动或转动的平面机构,称为平面连杆机构。由四个构件组成的平面连杆机构称为平面四杆机构。平面四杆机构是平面连杆机构中最常见的形式,是平面连杆机构的基础。按运动形式不同,平面四杆机构分为铰链四杆机构和滑块四杆机构。如汽车刮雨器、前轮转向机构等应用了铰链四杆机构,发动机应用了滑块四杆机构。如图 12-1 所示的曲柄滑块机构总成由活塞、连杆、曲轴等零件组成,本任务通过拆装曲柄滑块机构总成,使学生掌握曲柄滑块机构总成的装配关系,具备拆装平面四杆机构的知识和技能。

图 12-1　曲柄滑块机构总成

任务分析

任务目标	知识目标	鉴定标准
1. 观察曲柄滑块机构总成的装配关系 2. 能正确描述平面四杆机构的工作原理及其应用 3. 能正确拆装曲柄滑块机构总成	1. 铰链四杆机构的类型和应用 2. 滑块四杆机构的类型和应用 3. 平面四杆机构的类型判别	应知:平面四杆机构的类型和应用 应会:曲柄滑块机构总成的拆装

任务实施

所需工具:扭力扳手、套筒扳手、手锤等。

拆装步骤:

(1) 如图 12-2 所示,拧松油底壳紧固螺栓,拆下油底壳。

图 12-2　拆卸油底壳

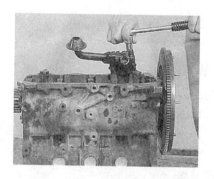

图 12-3　拆卸机油泵和集滤器

(2) 如图 12-3 所示,拆卸机油泵和集滤器。

(3) 摇转发动机拆装翻转架手柄,将发动机转到水平位置,转动曲轴使某活塞处于下止点位置。如图12-4所示,用扭力扳手及相应的套筒拆下连杆大头紧固螺母,拆下连杆盖。

(4) 如图12-5所示,用锤柄或木棒将活塞连杆组推出汽缸,取出活塞连杆组。

图12-4　拆卸连杆盖

图12-5　取出活塞连杆组

(5) 如图12-6所示,按照装配关系装配活塞连杆组。

(6) 如图12-7所示,拆下活塞连杆组,按照汽缸顺序将活塞连杆组摆放在零件盘中。

图12-6　装配活塞连杆组

图12-7　按顺序摆放活塞连杆组

(7) 如图12-8所示,拧松飞轮紧固螺栓,取下螺栓,用手锤沿四周轻轻敲击飞轮,待松动后拆下飞轮。

图12-8　拆卸飞轮

图12-9　取下油封端盖

(8) 如图12-9所示,拧松并取下曲轴油封端盖紧固螺栓,用手锤轻轻敲击油封端盖,待松动后取下油封端盖。

(9) 如图 12-10 所示,拆下曲轴主轴承盖。

(10) 如图 12-11 所示,抬出曲轴。

(11) 清洗、检测曲柄滑块机构总成各零件。

(12) 按照装配标记正确安装各零件。

(13) 将工具擦净放回原处,清洁场地。

图 12-10 拆卸曲轴主轴承盖

图 12-11 抬出曲轴

相关知识

12.1 平面运动副

机构由构件组成,其中各个构件间总是以一定的方式连接起来的,而且这种连接是一种能产生相对运动的可动连接。因此,两个构件直接接触并能产生一定相对运动的连接称为运动副。例如活塞与汽缸的连接、齿轮与齿轮间通过轮齿接触构成的连接等,都构成了运动副。

平面机构中,构成运动副的各构件的运动均为平面运动,故称为平面运动副。由于构件间的接触形式不同,故运动副的形式各异,按接触形式的不同,平面运动副可分为低副和高副。

1) 低副

两构件通过面接触组成的运动副称为低副。根据平面低副中两构件相对运动形式的不同,低副可分为转动副和移动副。

若组成运动副的两构件只能在一个平面内相对转动,则这种运动副称为转动副或铰链,如图 12-12 所示。若组成运动副的两构件只能沿某一轴线做相对移动,这种运动副称移动副,如图 12-13 所示。

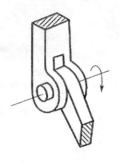

图 12-12 转动副

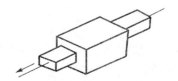

图 12-13 移动副

2)高副

两构件通过点或线接触所组成的运动副称为高副。图 12-14(a)中的车轮 1 与轨道 2、图 12-14(b)中的凸轮 1 与从动件 2、图 12-14(c)中的轮齿 1 与轮齿 2 在接触处 A 组成高副。

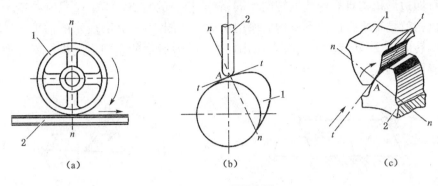

图 12-14 平面高副

12.2 铰链四杆机构

所有运动副均为转动副的平面四杆机构称为铰链四杆机构。如图 12-15 所示,固定不动的构件 AD 是机架;与机架相连的构件 AB、CD 称为连架杆;不与机架直接相连的构件 BC 称为连杆。连架杆中,能做整周回转的构件称为曲柄,只能做往复摆动的构件称为摇杆。

1)铰链四杆机构的类型

根据两连架杆中曲柄或摇杆的数目,铰链四杆机构分为曲柄摇杆机构、双曲柄机构和双摇杆机构三种基本形式。

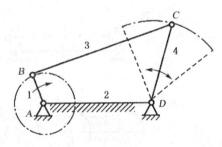

图 12-15 铰链四杆机构

(1)曲柄摇杆机构

两连架杆中一个是曲柄另一个是摇杆的铰链四杆机构称为曲柄摇杆机构。曲柄摇杆机构可实现曲柄整周转动与摇杆往复摆动的互相转换。如图 12-16 所示的汽车前窗刮雨器,随着电动机带着曲柄 AB 转动,刮雨胶板与摇杆 CD 一起摆动,完成刮雨功能。如图 12-17 所示的缝纫机踏板机构,摇杆 CD(主动件)做往复摆动,通过连杆 BC 驱使曲柄 AB(从动件)做整周转动。

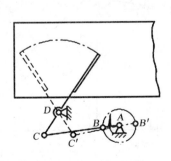

图 12-16 汽车前窗刮雨器

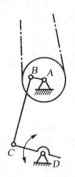

图 12-17 缝纫机踏板机构

(2) 双曲柄机构

两连架杆均是曲柄的铰链四杆机构称为双曲柄机构。通常主动曲柄匀速转动时,从动曲柄做变速转动。当两曲柄的长度相等且平行布置时,称为平行双曲柄机构。如图12-18(a)所示的正平行四边形机构具有两曲柄转向相同、转速相等的特点,如图12-19(a)所示的火车驱动轮联动机构就是正平行四边形机构的应用实例。如图12-18(b)所示的逆平行四边形机构具有两曲柄转向相反、转速不等的特点,如图12-19(b)所示的车门启闭机构就是逆平行四边形机构的应用实例。

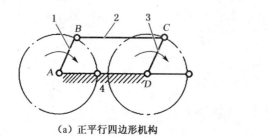

(a) 正平行四边形机构　　　　(b) 逆平行四边形机构

图 12-18　平行双曲柄机构

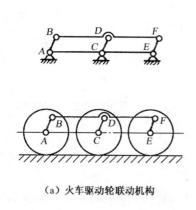

(a) 火车驱动轮联动机构

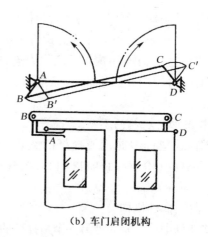

(b) 车门启闭机构

图 12-19　平行双曲柄机构的应用

(3) 双摇杆机构

两连架杆均是摇杆的铰链四杆机构称为双摇杆机构。双摇杆机构可将一种摆动转化为另一种摆动。双摇杆机构中若两摇杆长度相等则称为等腰梯形机构。如图12-20所示的汽车前轮转向机构,摇杆 AB 和 CD 分别与两前轮轴固联在一起,当车轮转弯时(图中为向右转弯),左右两前轮轴摆动的角度 β 和 δ 不相等,四杆的相对长度可保证两前轮轴线的延长线与后轮轴线的延长线相交于一点 O,从而使车轮绕 O 点转动时,四个车轮都在地面上做纯滚动,减少了转弯

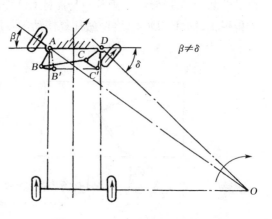

图 12-20　汽车前轮转向机构

时轮胎相对地面滑动时的磨损。

2) 铰链四杆机构的类型判别

铰链四杆机构的类型与机构中是否存在曲柄有关。可以证明,铰链四杆机构存在曲柄的条件是:

条件一　最短杆与最长杆长度之和小于或等于其余两杆长度之和;

条件二　连架杆与机架必有一个是最短杆。

铰链四杆机构基本类型的判别准则是:

(1) 满足条件一且以最短杆为机架的是双曲柄机构;

(2) 满足条件一且以最短杆为连架杆的是曲柄摇杆机构;

(3) 满足条件一且不满足条件二的是双摇杆机构;

(4) 不满足条件一的是双摇杆机构。

【例 12-1】　铰链四杆机构 ABCD 的各杆长度如图 12-21 所示。现分别以 AB、BC、CD 和 AD 各杆为机架时,试判别其各属何种机构。

【解】　铰链四杆机构中最短杆 AD 的长度为 20,最长杆 CD 的长度为 50,其余两杆 AB 和 BC 的长度分别为 30 和 45。最短杆与最长杆长度之和小于其余两杆长度之和(20+50<30+45),满足曲柄存在的第一个条件。

以 AB 或 CD 为机架,则最短杆 AD 为连架杆,机构为曲柄摇杆机构;以 BC 为机架,则最短杆 AD 为连杆,机构为双摇杆机构;以最短杆 AD 为机架,机构为双曲柄机构。

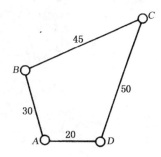

图 12-21　铰链四杆机构

12.3　滑块四杆机构

在实际应用的机械中,有各式各样带有移动副的平面四杆机构,称为滑块四杆机构。滑块四杆机构可以看成是由铰链四杆机构演化而来的。

1) 曲柄滑块机构

铰链四杆机构是平面四杆机构的基本形式。当铰链四杆机构尺寸关系发生某种特殊变化或者取不同杆件作为机架时,可演化为其他形式。在图 12-22(a)所示的曲柄摇杆机构中,当

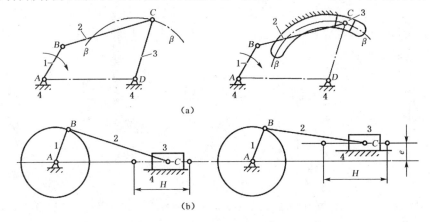

图 12-22　曲柄摇杆机构的演化

曲柄1转动时,摇杆3上C点的轨迹是绕D点转动的一段圆弧,摇杆长度愈长,C点的轨迹圆弧就愈平直。当摇杆为无限长时,这段圆弧将成为一条直线,这时可把摇杆做成滑块,转动副D将演化成移动副,这种机构称为曲柄滑块机构。

曲柄滑块机构广泛用于回转运动与往复运动之间的转换。曲柄的回转运动可转化为滑块的往复运动;滑块的往复运动也可转化为曲柄的回转运动。如图12-23所示,活塞式内燃机就是曲柄滑块机构最典型的应用实例。在曲柄滑块机构中,若以滑块为主动件,当连杆与从动曲柄共线时,连杆作用于从动曲柄上的力正好通过曲柄的回转中心,不能推动曲柄转动,机构的这种位置称为死点位置。只要从动件能与连杆共线,机构就有死点位置。

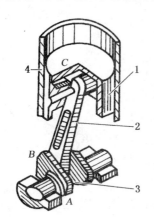
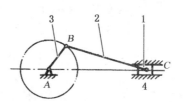

图 12-23　曲柄滑块机构及其应用
1—滑块(活塞);2—连杆;3—曲柄(曲轴);4—机架(汽缸)

对于传动机构来说,处于死点位置时,机构将被卡死或出现运动方向不确定的现象。为了使机构顺利通过死点位置,可采用一定方法克服。如通过安装在从动曲柄上的飞轮惯性冲过死点位置;还可以利用多组机构交错排列并使各组机构的死点位置相互错开,如汽车上的V型发动机。

2) 曲柄滑块机构的演化

如图12-24(a)所示,以构件4为机架的曲柄滑块机构,若取不同构件为机架,则可分别演化为转动导杆机构、摆动导杆机构、摇块机构和定块机构。

如图12-24(b)所示,取构件1为机架,构件2为曲柄,构件3沿连架杆4(即导杆)移动并做平面运动,所得的机构称导杆机构。若构件1的长度小于或等于构件2的长度,导杆4能做整周转动,称为转动导杆机构。

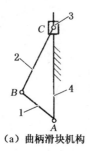 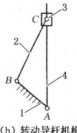 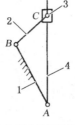 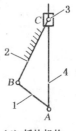 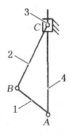

(a) 曲柄滑块机构　　(b) 转动导杆机构　　(c) 摆动导杆机构　　(d) 摇块机构　　(e) 定块机构

图 12-24　曲柄滑块机构的演化

如图12-24(c)所示,取构件1为机架,构件2为曲柄,若构件1的长度大于构件2的长度,导杆4只能做摆动,称为摆动导杆机构。

如图12-24(d)所示,取构件2为机架,构件1为曲柄,构件3为摇块,所得机构称为摇块机构。

如图12-24(e)所示,取构件3为机架,所得机构称为定块机构。

任务归纳

1)通过曲柄滑块机构总成的拆装,了解平面四杆机构的基本知识:

(1)两个构件直接接触并能产生一定相对运动的连接称为运动副。按接触形式的不同,平面运动副可分为低副和高副。两构件通过面接触组成的运动副称为低副。两构件通过点或线接触所组成的运动副称为高副。

(2)按运动形式不同,平面四杆机构分为铰链四杆机构和滑块四杆机构。根据两连架杆中曲柄或摇杆的数目,铰链四杆机构分为曲柄摇杆机构、双曲柄机构和双摇杆机构。当铰链四杆机构杆件尺寸关系做某种特殊变化或取不同杆件为机架时,可演化出曲柄滑块机构、转动导杆机构、摆动导杆机构、摇块机构及定块机构。

(3)铰链四杆机构存在曲柄的条件是最短杆与最长杆长度之和小于或等于其余两杆长度之和且最短杆为机架或连架杆。

2)通过曲柄滑块机构总成的拆装,掌握曲柄滑块机构总成的装配关系,具备拆装平面四杆机构的知识和技能。

任务测评

技能目标	自评	互评	备注
1. 知道运动副的分类吗？			
2. 知道平面四杆机构的类型和应用吗？			
3. 能在汽车上找出各种铰链四杆机构吗？			
4. 知道铰链四杆机构基本类型的判别准则吗？			
5. 能在汽车上找出各种滑块四杆机构吗？			
6. 知道曲柄滑块机构总成的装配关系吗？			
7. 能独立拆装曲柄滑块机构总成吗？			
8. 在进行拆装时，能按照操作规程规范操作吗？			
个人小结：			

教师评价：	教师签名	

思考题

一、单选题

1. 能做整周回转的连架杆是(　　)。
   A. 机架　　　　　　B. 摇杆　　　　　　C. 连杆　　　　　　D. 曲柄

2. 铰链四杆机构中,当满足(　　)条件时,机构才可能会有曲柄存在。
   A. 最短杆＋最长杆≥其余两杆之和　　B. 最短杆＋最长杆≤其余两杆之和
   C. 最短杆＋最长杆＞其余两杆之和　　D. 最短杆＋最长杆＜其余两杆之和

3. 铰链四杆机构 ABCD 的各杆长度分别为 $AB=40$、$BC=90$、$CD=55$、$AD=100$,若以 AB 为机架,则为(　　)机构。
   A. 双曲柄机构　　B. 双摇杆机构　　C. 曲柄摇杆机构　　D. 曲柄滑块机构

4. 铰链四杆机构的一个连架杆能做整周回转,另一个连架杆能做往复摆动,该机构是(　　)。
   A. 双曲柄机构　　B. 双摇杆机构　　C. 曲柄摇杆机构　　D. 曲柄滑块机构

5. 四杆长度不等的双曲柄机构,若主动曲柄匀速转动时,从动曲柄做(　　)。
   A. 匀速转动　　　B. 变速转动　　　C. 同速转动　　　D. 间歇转动

6. 在曲柄摇杆机构中,当摇杆为无限长时,曲柄摇杆机构演化为(　　)机构。
   A. 双曲柄机构　　B. 双摇杆机构　　C. 曲柄滑块机构　　D. 曲柄滑块机构

7. 曲柄滑块机构有死点时,其主动件为(　　)。
   A. 曲柄　　　　　B. 滑块　　　　　C. 以上皆可　　　D. 以上皆非

8. 活塞式内燃机就是(　　)最典型的应用实例。
   A. 双曲柄机构　　B. 双摇杆机构　　C. 曲柄滑块机构　　D. 摇块机构

9. 汽车前轮转向机构实际上是一个(　　)。
   A. 曲柄摇杆机构　　　　　　　　　B. 双曲柄机构
   C. 双摇杆机构　　　　　　　　　　D. 平行四边形机构

二、判断题

1. 运动副是连接,连接是运动副。　　　　　　　　　　　　　　　　　　(　　)
2. 在铰链四杆机构中,若存在曲柄,则曲柄一定为最短杆。　　　　　　　　(　　)
3. 在双曲柄机构中,最短杆一定是机架。　　　　　　　　　　　　　　　　(　　)
4. 死点位置有害,应处处避免。　　　　　　　　　　　　　　　　　　　　(　　)
5. 曲柄滑块机构的上、下止点位置是两个死点位置。　　　　　　　　　　　(　　)

三、简答题

1. 什么是运动副？运动副有哪些类型？
2. 铰链四杆机构中曲柄存在的条件是什么？
3. 在汽车上找出平面四杆机构的应用实例。
4. 曲柄摇杆机构是怎样演化为曲柄滑块机构的？
5. 简述曲柄滑块机构总成的拆装过程。

任务 13　凸轮机构的应用与拆装

任务描述

配气机构是汽车发动机中又一重要机构,配气机构的工作正常与否,直接影响发动机工况。如图 13-1 所示,顶置凸轮式配气机构按照发动机各缸工作过程的需要,要求定时地开启和关闭进、排气门,使新鲜可燃混合气(汽油机)或纯空气(柴油机)及时进入汽缸,废气及时排出汽缸。在一个工作循环内,曲轴转两周,凸轮轴转一周,进气门、排气门各启闭一次(气门迅速打开,随即迅速关闭,然后关闭不动)。采用凸轮机构能实现各种预期的运动规律,而平面四杆机构是不能实现复杂的运动要求的。

本任务通过拆装顶置凸轮式配气机构总成和观察发动机进气门、排气门启闭过程,使学生掌握凸轮机构的装配关系,具备拆装凸轮机构的知识和技能。

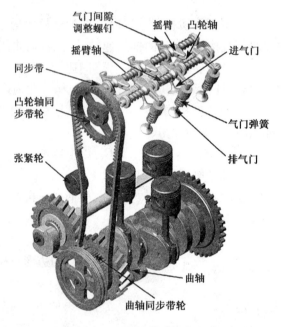

图 13-1　顶置凸轮式配气机构

任务分析

任务目标	知识目标	鉴定标准
1. 观察顶置凸轮式配气机构总成的装配关系 2. 能正确描述凸轮机构的工作原理及其应用 3. 能正确拆装顶置凸轮式配气机构总成	1. 凸轮机构的类型 2. 凸轮机构的工作原理 3. 凸轮机构的应用	应知:凸轮机构的类型和应用 应会:凸轮机构的拆装

任务实施

所需工具:扭力扳手、套筒扳手、尖嘴钳、专用工具等。

拆装步骤:

(1) 如图 13-2 所示,拧松卸下气门罩盖紧固螺栓,卸下气门罩盖、气门罩盖密封垫等。

图 13-2 拆卸气门罩盖

图 13-3 拆卸凸轮轴轴承盖

(2) 如图 13-3 所示,卸下凸轮轴轴承盖,按顺序放在零件盘内。

(3) 如图 13-4 所示,取出凸轮轴。

图 13-4 取出凸轮轴

图 13-5 取出挺柱

(4) 如图 13-5 所示,依次取出挺柱,按顺序放好。

(5) 如图 13-6 所示,用专用工具压气门,取出气门锁片,按顺序放好。

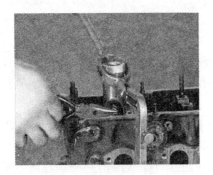

图 13-6 取出气门锁片

图 13-7 取出气门弹簧和气门弹簧座

(6) 如图 13-7 所示,取出气门弹簧座、气门弹簧。

(7) 如图 13-8、图 13-9 所示,取出气门油封及气门。

图 13-8 取出气门油封

图 13-9 取出气门

(8) 清洗、检测顶置凸轮式配气机构总成各零件。

(9) 按照顺序正确安装各零件。

(10) 将工具擦净放回原处,清洁场地。

相关知识

凸轮机构主要由凸轮、从动件和机架组成。凸轮是一个具有特殊曲线轮廓或凹槽的构件,一般以凸轮作为主动件,通过凸轮的连续匀速转动(也有做往复移动的),使从动件在凸轮轮廓的驱动下,按预定运动规律做往复直线运动或摆动。只要适当设计凸轮轮廓曲线,就可以使从动件获得预定的运动规律。

如图 13-10 所示为内燃机中用以控制进气和排气的凸轮机构,凸轮 1 是一个具有变化向径的盘形构件,当凸轮 1 匀速回转时,随着凸轮向径的变化,迫使气门阀杆 2(从动件)在固定导套 3(机架)内上、下运动,从而控制气门的开启与闭合。凸轮轮廓曲线的形状决定了气门开闭的起讫时间、速度和加速度的变化规律。

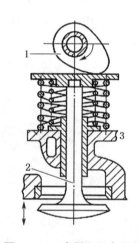

图 13-10 内燃机配气机构
1—盘形凸轮;2—从动件;3—机架

13.1 凸轮机构的类型

凸轮机构的类型繁多,常见的分类方法如下。

1) 按凸轮的形状分类

(1) 盘形凸轮机构 这种机构的凸轮是一个绕固定轴线转动且具有变化向径的盘形构件,如图 13-10 所示。盘形凸轮是凸轮的最基本类型,但从动件的行程不能太大,否则其结构庞大。

(2) 移动凸轮机构 这种机构的凸轮是一个具有曲线轮廓并做往复直线运动的构件,如图 13-11 所示。有时也可将凸轮固定,而使从动件相对于凸轮运动。

(3) 圆柱凸轮机构 这种机构的凸轮是在圆柱表面开有曲线凹槽并绕圆柱轴线旋转的构件,如图 13-12 所示。它的从动件可以获得较大的行程。

盘形凸轮和移动凸轮与从动件之间的相对运动是平面运动,所以盘形凸轮机构和移动凸轮机构都属于平面凸轮机构。圆柱凸轮与从动件之间的相对运动是空间运动,所以圆柱凸轮机构属于空间凸轮机构。

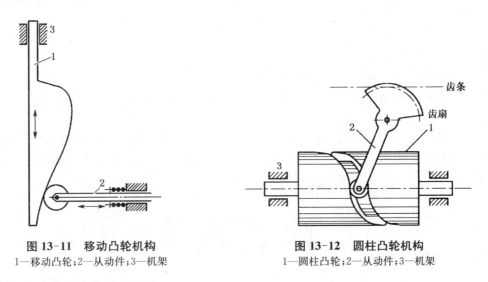

图 13-11　移动凸轮机构
1—移动凸轮；2—从动件；3—机架

图 13-12　圆柱凸轮机构
1—圆柱凸轮；2—从动件；3—机架

2) 按从动件的端部结构分类

(1) 尖顶从动件凸轮机构　如图 13-13(a)所示,这种机构的从动件结构最简单,尖顶能与任何形状的凸轮轮廓相接触,故能实现复杂的运动规律。但尖顶与凸轮是点接触,磨损快,故尖顶从动件仅适用于受力不大的低速凸轮机构。

(2) 滚子从动件凸轮机构　如图 13-13(b)所示,这种机构从动件的一端铰接一个可自由转动的滚子,滚子与凸轮轮廓之间为滚动摩擦,故磨损较小,可传递较大的动力,应用广泛。但因它的零件较多,质量增加较大,且滚子轴磨损后会产生噪声,故仅适用于重载和中低速的凸轮机构。

(3) 平底从动件凸轮机构　如图 13-13(c)所示,这种机构从动件与凸轮轮廓表面接触的端面为一平面。平底与凸轮接触处之间容易形成油膜,利于润滑和减少磨损;不计摩擦时,凸轮对从动件的作用力始终垂直于平底,传动效率较高,故常用于承受较大载荷的高速凸轮机构中。但不能用于具有内凹轮廓的凸轮机构。

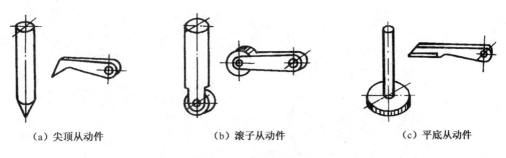

(a) 尖顶从动件　　　　(b) 滚子从动件　　　　(c) 平底从动件

图 13-13　从动件的形状

3) 按从动件的运动形式分类

(1) 移动从动件　如图 13-10 所示,在凸轮机构中,若从动件相对于机架做往复直线移动,则称为移动从动件。移动从动件的轴线通过凸轮的回转中心时,称为对心移动从动件;否则称为偏置移动从动件。

(2) 摆动从动件　如图 13-12 所示，在凸轮机构中，若从动件绕自身的固定轴线往复摆动，则称为摆动从动件。

4) 按锁合方式分类

(1) 力锁合　力锁合是利用从动件的重力、弹簧力或其他外力使从动件与凸轮保持接触，如图 13-10、图 13-11 所示。

(2) 形锁合　形锁合是靠凸轮与从动件的特殊几何结构来保持两者的接触，如图 13-12 所示。

凸轮机构结构简单、紧凑，设计方便；但凸轮和从动件组成的运动副为高副，易于磨损。故凸轮机构常用在受力不大的控制机构或调节机构中。当凸轮尺寸小且接近轴径时，则凸轮与轴做成一体，称为凸轮轴，如图 13-14 所示。

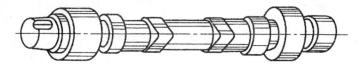

图 13-14　凸轮轴

13.2　凸轮机构的工作过程

如图 13-15(a) 所示为尖顶对心移动从动件盘形凸轮机构。以凸轮最小向径为半径所作的圆称为基圆，基圆半径用 r_0 表示。图示位置凸轮转角为零，从动件位移为零，从动件尖端位于离轴心 O 最近的位置 A，称为起始位置。当凸轮以等角速度 ω 逆时针转过 δ_t 时，凸轮轮廓 AB 段的向径逐渐增加，推动从动件以一定运动规律达到最远位置 B'，这一过程称为推程，与推程相对应的凸轮转角 δ_t 称为推程角；从动件的位移 h 称为升程。凸轮继续转过 δ_s 时，因凸轮轮廓 BC 段为圆弧，故从动件在最远位置停止不动，这一过程称为远停程，对应的凸轮转角 δ_s

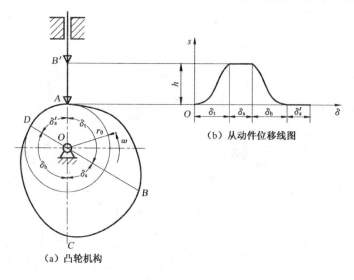

图 13-15　凸轮机构及位移线图

称为远停程角(远休止角)。凸轮继续转过 δ_h' 时,凸轮轮廓 CD 段的向径逐渐减小,从动件在其重力作用下按一定运动规律回到初始位置,这个过程称为回程,对应的凸轮转角 δ_h' 称为回程运动角。凸轮继续转过 δ_s' 时,因凸轮轮廓 DA 段为圆弧,故从动件在最近位置停止不动,这一过程称为近停程,对应的凸轮转角 δ_s' 称为近停程角(近休止角)。当凸轮不停转动,从动件就重复上述"升—停—降—停"的运动过程。

如图 13-15(b)所示,以从动件的位移 s 为纵坐标,对应的凸轮转角 δ 为横坐标,依据上述凸轮与从动件的运动关系,可逐点画出从动件的位移(等于从动件与凸轮轮廓接触点到基圆上的向径长)与凸轮转角 δ(与时间 t 成正比)间的关系曲线,称为从动件位移曲线。根据从动件位移曲线,可作出其速度曲线和加速度曲线。

从动件的位移、速度和加速度随凸轮的转角而变化,这种变化关系称为从动件的运动规律。凸轮轮廓曲线的形状决定了从动件的运动规律,而从动件的运动规律又要满足一定的工作要求。因此,在设计凸轮轮廓曲线前,首先要根据工作要求选择适当的从动件运动规律;然后再考虑凸轮安装空间的大小及其他具体条件,初步确定凸轮的基圆半径;最后进行凸轮轮廓曲线的设计。

13.3　凸轮机构常见的故障

凸轮机构常见的故障有凸轮与轴连接松动、凸轮磨损、凸轮裂纹及从动件磨损等,这些故障均可导致从动件运动不正常。从动件磨损会引起运动误差,一旦发现从动件磨损应及时更换。在装配凸轮机构时,应保证从动件活动自由并检查锁合力的大小是否合适。

任务归纳

1)通过顶置凸轮式配气机构总成的拆装,了解凸轮机构的基本知识:

(1)凸轮机构主要由凸轮、从动件和机架组成。凸轮是一个具有特殊曲线轮廓或凹槽的构件,一般以凸轮作为主动件,通过凸轮的连续匀速转动(也有做往复移动的),使从动件在凸轮轮廓的驱动下,按预定运动规律做往复直线运动或摆动。

(2)凸轮机构按凸轮的形状分为盘形凸轮机构、移动凸轮机构和圆柱凸轮机构,按从动件的端部结构分为尖顶从动件凸轮机构、滚子从动件凸轮机构和平底从动件凸轮机构。

(3)凸轮机构常见的故障有凸轮与轴连接松动、凸轮磨损、凸轮裂纹及从动件磨损等。

2)通过顶置凸轮式配气机构总成的拆装,掌握凸轮机构总成的装配关系,具备拆装凸轮机构的知识和技能。

任务测评

技能目标	自评	互评	备注
1. 知道凸轮机构的组成吗?			
2. 知道凸轮机构的类型和应用吗?			
3. 知道凸轮机构的装配关系吗?			
4. 知道凸轮机构的工作过程吗?			
5. 知道凸轮机构常见的故障吗??			
6. 能独立拆装顶置凸轮式配气机构总成吗?			
7. 在进行拆装时,能按照操作规程规范操作吗?			

个人小结:

教师评价: 教师签名

思 考 题

一、单选题

1. 在移动从动件盘形凸轮机构中,( )传力性能最好。
   A. 尖顶从动件　　　B. 滚子从动件　　　C. 平底从动件　　　D. 以上皆非
2. 当凸轮尺寸小且接近轴径时,则凸轮与轴做成一体,称为( )。
   A. 整体式凸轮　　　B. 可调式凸轮　　　C. 轴凸轮　　　　　D. 凸轮轴
3. ( )常用于内燃机配气机构。
   A. 棘轮机构　　　　B. 槽轮机构　　　　C. 平面四杆机构　　D. 凸轮机构
4. 汽车上的配气机构采用的是( )。
   A. 盘形凸轮机构　　　　　　　　　　　B. 圆柱凸轮机构
   C. 移动凸轮机构　　　　　　　　　　　D. 摆动凸轮机构
5. 从动件的运动规律取决于( )。
   A. 凸轮的基圆半径　　　　　　　　　　B. 凸轮轮廓曲线的形状
   C. 凸轮的转速　　　　　　　　　　　　D. 从动件的形状

二、判断题

1. 由于凸轮机构是高副机构,所以更适用于重载场合。　　　　　　　　　　(　　)
2. 凸轮机构是将凸轮的旋转运动转变为从动件的往复直线运动的机构。　　(　　)
3. 凸轮机构也可以实现间歇运动。　　　　　　　　　　　　　　　　　　(　　)
4. 在配气机构的工作循环内,曲轴转一周,凸轮轴转一周,进气门、排气门各启闭一次。
   　　　　　　　　　　　　　　　　　　　　　　　　　　　　　　　　(　　)
5. 用尖嘴钳压气门就能方便地取出气门锁片。　　　　　　　　　　　　　(　　)

三、简答题

1. 为什么凸轮机构主要用于控制机构?
2. 为什么汽车发动机凸轮机构常采用平底从动件?
3. 简述凸轮机构的类型。
4. 简述凸轮机构的工作过程。
5. 简述顶置凸轮式配气机构总成的拆装步骤。

项目 5　机械传动装置的应用与拆装

项目情境

汽车的动力源是发动机。发动机起动后,曲轴通过正时链条或正时皮带驱动凸轮轴转动,使配气机构根据每一汽缸的工作循环或发火次序,适时打开或关闭各汽缸的进、排气门,达到正时效果。对于四冲程发动机,曲轴每转两周每个汽缸完成一次工作循环。如图 Ⅴ-1(a)所示,汽车上还采用带传动装置来驱动机油泵、水泵、风扇、起动机等附件。

(a) 发动机带传动装置

(b) 变速器齿轮传动装置

图 Ⅴ-1　汽车典型传动装置

汽车行驶时要求牵引力、行驶速度和行驶方向能够根据道路条件变化,所以汽车上设置了变速器。如图 Ⅴ-1(b)所示,机械式变速器是由多个齿轮组成的齿轮系,不同的挡位改变发动机输出的转矩、转速和转向。同时,为了改变动力传递的方向和大小,汽车上设置了主减速器和差速器,它们都是齿轮传动装置。

本项目通过带传动、链传动和齿轮传动装置的拆装,使学生具备拆装和维护带传动、链传动和齿轮传动装置的技能。

项目目标

能力目标

1. 能进行带传动装置的拆装与维护;
2. 能进行链传动装置的拆装与维护;
3. 能进行齿轮传动装置的拆装与维护。

知识目标

1. 正确描述带传动的应用、类型、工作原理及其维护方法;
2. 正确描述链传动的应用、类型、工作原理及其维护方法;
3. 正确描述齿轮传动及轮系的应用、类型、工作原理及其维护方法。

任务14　带传动装置的应用与拆装

任务描述

本任务通过对带传动装置的拆装,使学生具备拆装和维护带传动装置的技能。

带传动是汽车机构中常用的一种传动形式,但传动带工作一段时间后会产生变形和磨损,影响带传动的传动效率,甚至会发生传动带断裂而导致发动机无法正常工作,因此每行驶一定里程后必须对带传动进行维护和更换。

如图14-1所示为丰田卡罗拉汽车发动机带传动装置,它通过多楔带3将曲轴带轮1、水泵带轮2和发电机带轮5连在一起,依靠张紧轮4张紧。发动机起动后就可将曲轴的动力传递给水泵、发电机,保证发动机的正常工作。

图14-1　带传动装置
1—曲轴带轮;2—水泵带轮;3—多楔带;
4—张紧轮;5—发电机带轮

任务分析

任务目标	知识目标	鉴定标准
1. 观察带传动装置的组成 2. 观察带传动装置的装配关系 3. 观察带传动的动力传递方式 4. 能拆装带传动装置	1. 带传动的应用和类型 2. 带传动的结构和参数 3. 带传动的工作原理 4. 带传动的张紧与维护	应知:带传动装置的应用和类型,结构和参数及其工作原理 应会:识别传动的带代号,张紧和维护带传动装置

任务实施

所需工具:套筒扳手、张紧度测量仪等。

拆装步骤:

(1) 如图14-2所示,松开发动机带轮处的螺栓A和B。

(2) 拆下多楔带。

(3) 检查多楔带是否过度磨损,若发现任何损坏,则更换传动带。

(4) 安装多楔带。

(5) 转动螺栓B,调节多楔带的张紧力,然后如图14-3所示,选择合适位置用张紧度测量仪测量张紧力。

(6) 紧固螺栓A和B。

(7) 检查并确认多楔带正确安装在楔形槽中。运转发动机约5分钟,然后重新检查调整多楔带的张紧度。

(8) 清理现场,把工具放回原处。

图 14-2　螺栓位置图

图 14-3　张紧度测量仪测量图

相关知识

14.1　带传动的应用、类型和特点

1）带传动的应用

如图 14-4 所示，带传动一般由主动带轮 1、从动带轮 3 和紧套在带轮上的传动带 2 组成。

带传动在汽车中的主要应用是发动机附件的驱动。传动带可以是如图 14-1 所示的多楔带；也可以采用如图 14-5 所示的 V 带，图中所示为汽车风扇与发电机一起由曲轴通过 V 带驱动；还可以使用如图 14-6 所示的同步带，图中所示为桑塔纳轿车发动机同步带正时传动机构。

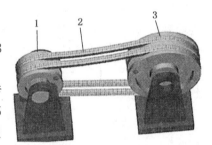

图 14-4　带传动
1—主动带轮；2—传动带；3—从动带轮

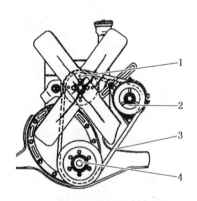

图 14-5　V 型带传动机构
1—风扇带轮；2—电机带轮；3—V 带；
4—曲轴带轮

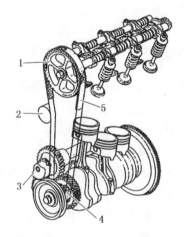

图 14-6　同步带正时传动机构
1—凸轮轴同步带轮；2—同步带张紧轮；
3—水泵同步带轮；4—曲轴同步带轮；5—同步带

2）带传动的类型

带传动按照工作原理不同可分为摩擦式带传动（如图 14-4 所示）和啮合式带传动（如

图 14-7 所示)。

摩擦式带传动依靠带和带轮之间的摩擦力来传递运动和动力,按其截面形状分为平带、V带、多楔带、圆带等,如图 14-8 所示。

平带的横截面为扁平矩形,其工作面是与带轮接触的内表面,在汽车传动装置中应用较少。V带的横截面为等腰梯形,其工作面是与带轮槽相接触的两侧面,传递功率较大,应用最广泛。多楔带是在一根胶带的纵向设有许多楔的特殊V带,兼有平带和V带的优点,适用于传递功率较大且结构要求紧凑的场合。圆带的横截面为圆形,其传动能力较小,常用于小功率传动。

摩擦型带传动一般用于功率不大和无需保证准确传动比的场合。

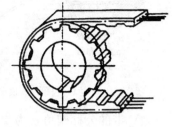

图 14-7 啮合式带传动

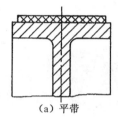 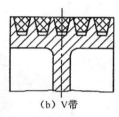 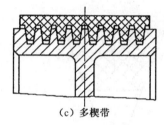 

(a) 平带　　　(b) V带　　　(c) 多楔带　　　(d) 圆带

图 14-8 摩擦带

啮合式带传动又称同步带传动,依靠带内侧的齿与带轮的齿相啮合来传递运动和动力。常用于要求传动平稳、传动精度较高的场合。

3) 带传动的特点

摩擦型带传动为具有中间挠性件的摩擦传动。优点是:传动带有弹性,能缓和冲击,吸收振动,传动平稳,无噪音;传动中过载时带会在带轮上打滑,可以防止其他零件损坏,有过载保护作用;结构简单,维护方便,不需润滑,且制造和安装方便;单级能实现较大距离的传动。缺点是:传动比不准确,传动效率较低(0.90~0.94),传动带的寿命较短;外廓尺寸和作用于轴的力较大,不适宜在高温、易燃及有油、水的场合。

啮合式带传动消除了传动带在带轮上的滑动,传动效率高,传动比准确,但结构复杂,成本高。

14.2 汽车用带传动的结构和主要参数

1) 传动带的结构和主要参数

(1) V带的结构和标记

汽车V带根据其结构分为包边式V带(简称包布带)和切边式V带(简称切边带)两种,切边带又分普通式、底胶夹布式和有齿式三种形式,如图 14-9 所示。

汽车V带是标准件,主要参数如图 14-10 所示。

汽车根据公称顶宽分为 AV10、AV13、AV15、AV17、AV22 五种型号,AV后面的数字表示公称顶宽 W 的大小,单位为 mm。

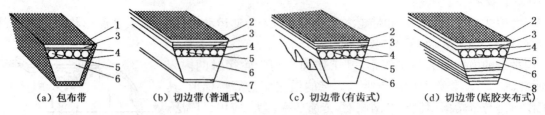

图 14-9 汽车 V 带结构

1—包布；2—顶布；3—顶胶；4—缓冲胶；5—抗拉体；6—底胶；7—底布；8—底胶夹布

V 带的公称楔角 φ 为 40°。

汽车 V 带的标记由型号、有效长度公称值和标准号组成。如 AV15 型汽车 V 带有效长度公称值为 1 000 mm，其标记为：AV15×1 000 GB/T 12732—2008。

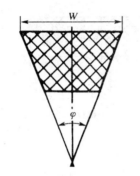

图 14-10 汽车 V 带主要参数

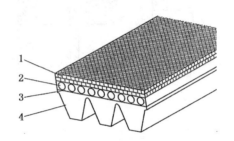

图 14-11 汽车多楔带结构

1—顶布；2—芯线；3—黏合胶；4—楔胶

（2）多楔带的结构和标记

如图 14-11 所示，多楔带由顶布 1、芯线 2、黏合胶 3 和楔胶 4 四部分组成。

多楔带根据截面尺寸的不同分为 PH、PJ、PK、PL 和 PM 五种型号，汽车用多楔带主要是 PK 型多楔带，我国国家标准 GB 13552—2008《汽车多楔带》仅对 PK 型多楔带规定了技术要求。汽车用双面多楔带型号为 DPK。

汽车多楔带的规格包括楔数、型号和有效长度，如楔数为 6、型号为 PK、有效长度为 1 150 mm 的多楔带标记为 6 PK 1 150。

（3）同步带的结构和标记

汽车同步带的结构如图 14-12 所示，图 14-12(a) 所示的是圆弧齿同步带，已逐渐替代了图 14-12(b) 所示的梯形齿同步带。

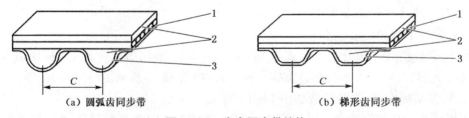

图 14-12 汽车同步带结构

1—绳芯；2—弹性复合物；3—表面纤维

在 GB 12734—2003《汽车同步带》中汽车同步带按齿形不同分为梯形齿同步带和圆弧齿同步带两类,梯形齿同步带按带齿尺寸分为 ZA 型和 ZB 型两种,圆弧齿同步带分为 ZH 型、YH 型、ZR 型、YR 型、ZS 型和 YS 型六种,带"Z"的同步带节距 C 为 9.525 mm,带"Y"的同步带节距 C 为 8 mm。

在实际应用中,由于汽车发动机制造厂的要求不同,因同步带齿形变化而产生的新型号尚没有标准化,但大部分同步带的齿节距为 9.525 mm 或 8 mm。

汽车同步带用数字和字母按以下顺序标记:齿数、齿形、宽度。如 80 个齿、19 mm 宽、ZH 型带的标记为:80 ZH 19 GB 12734—2003。

2) 带轮的结构和主要参数

带轮一般由轮缘、轮毂、轮辐三部分组成。

轮缘是带轮上具有轮槽的部分。轮槽的截面形状和尺寸都与带的截面尺寸相适应。轮槽数和传动带的根数应相同。槽角 α 小于传动带两侧面的楔角 40°,这是为了让 V 带包在带轮上弯曲后,其工作侧面能与带轮的两个工作侧面紧贴。汽车辅助传动装置常常使用一组多根 V 带来传动,带轮的轮缘尺寸参数如图 14-13 所示,具体参数值如表 14-1 所示。

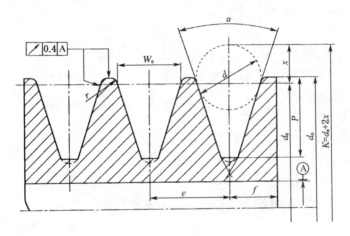

图 14-13 带轮的轮缘尺寸参数
注:$d_0 - d_e \leqslant 1.4$ mm

表 14-1 多槽带轮具体参数值

项 目	型 号				
	AV10	AV13	AV15	AV17	AV22
轮槽的有效宽度 W_e(mm)	9.7	12.7	14.7	16.8	21.5
槽角 α	36°±0°30′	36°±0°30′	36°±0°30′	36°±0°30′	36°±0°30′
最小槽深 P(mm)	11	13.75	15	16	19
槽角最小圆角半径 r(mm)	0.8	0.8	0.8	0.8	0.8
槽间距 e(mm)	12.6±0.3	15.9±0.3	18.0±0.3	21.4±0.3	—
轮槽中心到端面的距离 f(mm)	8±0.6	10±0.6	12±0.6	15±0.8	—

轮毂是带轮与轴配合的部分,轮辐是轮缘和轮毂的连接部分。

根据带轮直径的不同,带轮可制成实心式、辐板式、孔板式和轮辐式四种,如图 14-14 所示。带轮基准直径小于 $3d$(d 为轴的直径)时采用实心式,轮毂与轮缘做成一体;带轮基准直径在 $3d$~300 mm 时,采用辐板式;若辐板面积较大时,可在辐板上制出 4~8 个均布孔,称为孔板式;带轮基准直径大于 300 mm 时制造成轮辐式。

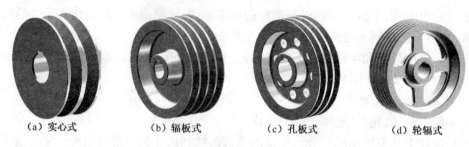

(a) 实心式　　(b) 辐板式　　(c) 孔板式　　(d) 轮辐式

图 14-14　带轮的结构型式

带轮材料常采用灰铸铁、钢、铝合金或工程塑料等。灰铸铁应用最广,当带速 $v\leqslant 30$ m/s 时用 HT200;25 m/s$\leqslant v\leqslant$40 m/s 时宜采用球墨铸铁或铸钢;也可用锻钢、钢板冲压或焊接带轮;小功率传动可用铸铝或塑料。

3) V 带传动的主要参数

(1) V 带的基准长度和带轮的基准直径

V 带是有一定厚度的环形带,没有接头。

当带弯曲时,其结构中有一长度不发生变化的中性层称为节面。其节面的长度称为基准长度 L_d(汽车 V 带中称有效长度公称值)。V 带安装好后,在带轮上与之相对应的直径称为带轮的基准直径,用 d_d 表示,如图 14-15 所示。

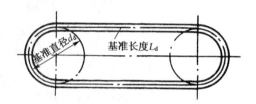

图 14-15　L_d 与 d_d 图

在图 14-16 中,d_d1 和 d_d2 分别为小带轮和大带轮的基准直径。

(2) 包角 α

包角是带与带轮接触弧所对的圆心角。

包角的大小,反映带与带轮轮缘表面间接触弧的长短。包角越大,带与带轮的接触弧越长,能传递的功率就越大;反之,所传递的功率就越小。为了使带传动可靠,一般要求小带轮上的包角 α_1 不得小于 120°。

(3) 带传动的传动比

传动比是主动带轮转速 n_1 与从动带轮转速 n_2 之比。如图 14-16 所示带传动计算示意图中,如果不考虑带与带轮间弹性滑动(带是弹性体,受力后产生弹性变形而使皮带与带轮速度之间产生提前或滞后的不可避免的现象)因素的影响,那么带传动的传动比为

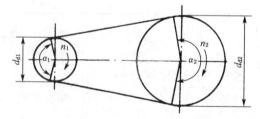

图 14-16　带传动计算示意图

$$i = \frac{n_1}{n_2} = \frac{d_\mathrm{d2}}{d_\mathrm{d1}}$$

14.3　带传动失效形式

1)打滑

当有效拉力达到或超过带与带轮之间的有效摩擦力时,带与带轮在整个接触弧上发生滑动,这种现象称为打滑。

带传动打滑后丧失传动能力,打滑是可以避免的。

2)传动带断裂

带在交变应力的长期作用下,因疲劳而发生裂纹、脱层、松散,直至断裂。

14.4　带传动的张紧和维护

1)带传动的张紧

传动带使用一段时间后会因带的伸长而松弛,从而使得带与带轮之间的摩擦力下降,影响传动能力。为了保证带传动正常工作,必须调整带的张紧度。在汽车发动机上,可以将发电机的支架制成可转动的,以便调节带的张紧度,如图14-17(a)所示;也可以安装一个张紧轮,通过调整张紧轮的位置来调整带的张紧度,如图14-17(b)所示。

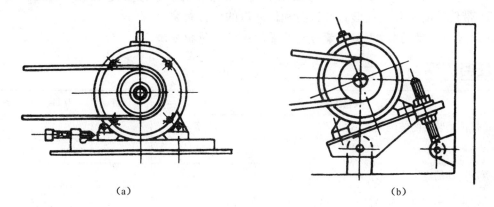

图14-17　带传动的张紧装置

2)带传动的安装与维护

(1)安装V带和多楔带时,要保证带的截面在轮槽中的正确位置,如图14-18(a)所示;不能使带的截面突出轮槽外或陷入轮槽底部,如图14-18(b)或(c)所示,这样会大大减小带的工作能力。

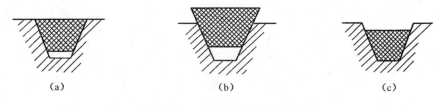

图14-18　V带在轮槽中的位置

(2)安装时主动带轮与从动带轮的轮槽应对正,两轮轴线应尽量平行,误差不得超过

±20′,否则将加剧带的磨损,甚至使带从带轮上脱落。

(3) 安装带轮时,先将中心距缩小,再将传动带套在带轮上后再慢慢拉紧,以使带松紧适度。带的张紧度可凭经验控制,以大拇指能按下 15~20 mm 为宜,还可用张紧度测量仪测量,如图 14-3 所示。

(4) 换带时必须全部更换,不能新、旧带混合使用。

(5) 传动带不能和酸、碱、油接触,工作温度不宜超过 60 ℃。

任务归纳

1) 通过带传动的拆装,了解带传动的基本知识:

(1) 带传动分摩擦式和啮合式两种,摩擦式带传动依靠带和带轮之间的摩擦力来传递运动和动力,啮合式带传动依靠带内侧的齿与带轮的齿相啮合来传递运动和动力。带传动在汽车中主要用于发动机附件的驱动。

(2) 带传动主要由主动带轮、从动带轮和传动带组成。

(3) 汽车用 V 形传动带是标准件,主要参数有楔角、公称顶宽等;汽车用同步带由于制造厂的要求不同而没有标准化,但大部分同步带的齿节距为 9.525 mm 或 8 mm。

(4) V 带传动的主要参数有 V 带的基准长度和带轮的基准直径、包角和传动比。

(5) 带传动的主要失效形式有打滑和传动带的疲劳断裂。

2) 通过带传动的拆装,掌握带传动装置的张紧和维护方法。

任务测评

技能目标	自评	互评	备注
1. 知道带传动装置的装配关系吗?			
2. 知道带传动的类型吗?			
3. 知道带传动的应用吗?			
4. 会计算带传动的传动比吗?			
5. 知道带传动的张紧方法吗?			
6. 能独立拆装和维护带传动装置吗?			
7. 在进行拆装时,能按照操作规程规范操作吗?			
个人小结:			
教师评价:		教师签名	

思考题

一、填空题

1. 摩擦式带传动按截面形状不同可分为＿＿＿＿、＿＿＿＿、＿＿＿＿和＿＿＿＿四类。
2. V带的公称楔角通常为＿＿＿＿。
3. 带轮一般由＿＿＿＿、＿＿＿＿和＿＿＿＿三部分组成。
4. 带传动按工作原理分为＿＿＿＿和＿＿＿＿两种。
5. 带传动的失效形式主要有＿＿＿＿和＿＿＿＿。

二、选择题

1. 摩擦式带传动主要是依靠（　　）来传递运动和功率的。
   A. 带和带轮之间的正压力　　　　B. 带和带轮接触面之间的摩擦力
   C. 带的紧边拉力　　　　　　　　D. 带的初拉力
2. 带传动采用张紧轮的目的是（　　）。
   A. 减轻带的弹性滑动　　　　　　B. 提高带的寿命
   C. 改变带的运动方向　　　　　　D. 调节带的初拉力
3. 与平带传动相比较，V带传动的优点是（　　）。
   A. 传动效率高　　　　　　　　　B. 带的寿命长
   C. 带的价格便宜　　　　　　　　D. 承载能力大
4. 下列属于多楔带标记的是（　　）。
   A. AV10 AV13　　　　　　　　　B. 2A 2B
   C. PK DPK　　　　　　　　　　D. AV10 2A
5. 带传动不能保证准确的传动比是因为（　　）。
   A. 弹性滑动　　　　　　　　　　B. 打滑
   C. 弹性滑动和打滑　　　　　　　D. 以上皆不对

三、判断题

1. V带传动属于摩擦式带传动。（　　）
2. 考虑V带弯曲时横截面的变形，带轮的槽角 α 应小于V带横截面的楔角 φ。（　　）
3. 带传动的打滑是不可避免的。（　　）
4. 由于带是挠性体，传动中能缓和冲击和振动，所以工作平稳，噪音小。（　　）
5. 为了节省成本，换带时只需更换不能使用的传动带即可。（　　）

四、简答题

1. 简述带传动的工作原理。
2. 带传动常用的张紧方法有哪些？如何判别张紧力的大小？
3. 带传动的日常维护和安装中要注意哪些问题？
4. 带传动的失效形式有哪些？
5. 简述带传动装置的拆装步骤。

任务 15　链传动装置的应用与拆装

任务描述

链传动是汽车配气机构常用的一种传动形式,但传动链工作一段时间后会产生变形和磨损,影响传动链的传动效率,甚至会发生传动链断裂而导致配气机构无法正常工作,因此每行驶一定里程后必须对传动链进行维护和更换。

如图 15-1 所示为丰田卡罗拉汽车发动机正时链传动装置,它通过传动链 3 将排气凸轮轴正时链轮 1、进气凸轮轴正时链轮 2 和曲轴正时链轮 7 连在一起达到正时的效果,并依靠自动张紧器 6 张紧。

本任务通过对链传动的拆装,使学生具备拆装和维护链传动装置的技能。

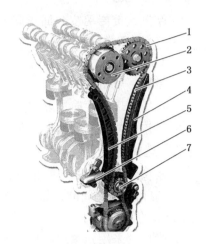

图 15-1　正时链传动装置
1—排气凸轮轴正时链轮;2—进气凸轮轴正时链轮;3—传动链;4—链条振动阻尼器;5—张紧器导板;6—自动张紧器;7—曲轴正时链轮

任务分析

任务目标	知识目标	鉴定标准
1. 观察链传动装置的组成 2. 观察链传动装置的装配关系 3. 观察链传动的动力传递方式 4. 能拆装链传动装置	1. 链传动的应用和类型 2. 链传动的结构和参数 3. 链传动的工作原理 4. 链传动的张紧与维护	应知:链传动装置的应用和类型,结构和参数及其工作原理 应会:识别链条代号,张紧和维护链传动

任务实施

所需工具:套筒扳手。

拆装步骤:

(1) 拆卸自动张紧器:拆下 2 个螺母、托架、张紧器和衬垫。

(2) 拆卸张紧器导板。

(3) 拆卸链条振动阻尼器:拆下 2 个螺栓和链条振动阻尼器。

(4) 拆卸传动链。

(5) 检查进气凸轮轴正时链轮和排气凸轮轴正时链轮有无损坏,若有则更换。

(6) 安装链条振动阻尼器。

(7) 安装链条总成:逆时针转动曲轴,使正时齿轮键位于顶部,检查每个凸轮轴正时齿轮上的正时标记;将标记板(橙色)和正时标记对准并安装链条;将链条放在曲轴上,但不要使其缠绕在曲轴周围;用套筒扳手固定凸轮轴的六角头部分,并逆时针旋转凸轮轴正时链轮总成,以使标记板(橙色)和正时标记对准;将标记板(橙色)和正时标记对准,并将链条安装至曲轴正时齿轮(标记板为黄色);重新检查每个正时标记,如图 15-2 所示。

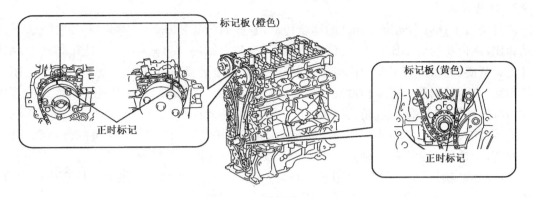

图 15-2　正时链装配检查图

(8) 安装张紧器导板。
(9) 安装自动张紧器。
(10) 清理现场,把工具放回原处。

相关知识

15.1　链传动的应用、类型和特点

1) 链传动的应用

如图 15-3 所示,链传动由主动链轮 1、传动链 2、从动链轮 3 组成。它是靠链条与链轮轮齿的啮合来传递运动和动力的。

近年来链传动在新型发动机中应用广泛,如用来传递曲轴与机油泵、曲轴与平衡轴、凸轮轴、共轨泵之间的动力。

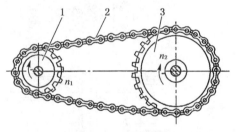

图 15-3　链传动
1—主动链轮;2—传动链;3—从动链轮

2) 链传动的类型

链传动按用途不同分为传动链、起重链和输送链三种,汽车发动机上的链传动属于传动链。

汽车传动链按链条结构的不同主要有滚子链、齿形链等,如图 15-4 所示。汽车发动机中大多采用滚子链;齿形链比滚子链工作平稳、噪声小,承受冲击载荷能力强,但结构较复杂,成本较高。这里主要介绍滚子链。

(a) 滚子链　　　　　　　　(b) 齿形链

图 15-4　传动链的类型

3) 链传动的特点

链传动属于具有中间挠性元件的啮合传动,它兼有齿轮传动和带传动的一些特点。与带传动相比,链传动的传动比准确,传动效率稍高,链条对轴的拉力较小,同样使用条件下,结构尺寸更为紧凑,链条的磨损伸长比较缓慢,张紧调整工作量较小,并且能在恶劣环境下工作;与齿轮传动相比,其制造与安装精度要求较低,链轮轮齿受力情况较好,承载能力较大,有一定的缓冲与减振性能,中心距大且结构轻便。

链传动的主要缺点是:不能保持瞬时传动比恒定,工作时有噪声(齿形链除外),磨损后易发生脱链,不适用于受空间限制要求中心距小及急速反向传动的场合。

链传动的应用范围很广,通常用于中心距大、多轴、转速比要求准确的传动,环境恶劣的开式传动,低速重载传动以及润滑良好的高速传动中。

15.2 链传动的结构和主要参数

1) 链传动的结构

(1) 滚子链的结构

如图 15-5 所示,滚子链由内链板 1、外链板 2、销轴 3、套筒 4 和滚子 5 组成。销轴 3 与外链板 2、套筒 4 与内链板 1 分别用过盈配合连接,而套筒 4 与销轴 3、滚子 5 与套筒 4 之间则为间隙配合,所以,当链条与链轮轮齿啮合时,滚子与轮齿间基本上为滚动摩擦。链板一般做成 8 字形,以使各截面接近等强度,并可减轻重量和运动时的惯性。

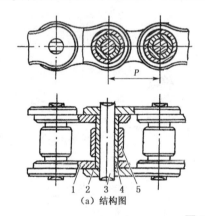
(a) 结构图

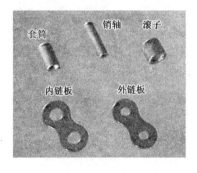
(b) 实物图

图 15-5 滚子链

1—内链板;2—外链板;3—销轴;4—套筒;5—滚子

为了形成链节首尾相接的环形链条,要用接头加以连接。滚子链有三种接头形式,如图 15-6 所示。当链节数为偶数时,接头处可用开口销或弹性锁片来固定;当链节数为奇数时,采用过渡链节连接。过渡链节在链条受拉时,其链板要产生附加弯曲,所以应尽量避免用奇数链节。

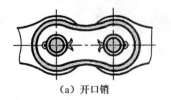
(a) 开口销

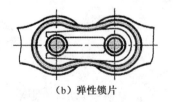
(b) 弹性锁片

(c) 过渡链节

图 15-6 滚子链的连接形式

(2) 链轮的结构

如图 15-7 所示为几种不同的链轮结构。当链轮尺寸较小时,制成实心式;中等直径的链轮制成孔板式;由于链轮损坏主要是轮齿的磨损,所以尺寸较大的链轮最好采用齿圈可以更换的结构。汽车发动机中曲轴正时链轮多采用实心式,而凸轮轴正时链轮多采用孔板式。

(a) 实心式　　(b) 孔板式　　(c) 组合式

图 15-7　链轮的结构型式

2) 链传动的主要参数

(1) 传动比 i

链传动是由主动链轮带动从动链轮运动的,是通过链条和链轮间的啮合力来传递动力的。从动轮的运动速度与主动轮的转速和链轮齿数有关。

链传动的传动比是主动链轮与从动链轮的转速之比,亦是齿数的反比。主、从动链轮的齿数不同,转速也不同,但在单位时间内主动链轮与从动链轮转过的距离相等,即 $z_1 n_1 = z_2 n_2$。因此,链传动的传动比 i 为

$$i = \frac{n_1}{n_2} = \frac{z_2}{z_1}$$

式中:n_1——主动链轮转速;
　　　n_2——从动链轮转速;
　　　z_1——主动链轮齿数;
　　　z_2——从动链轮齿数。

四冲程发动机中曲轴转两圈,凸轮轴转一圈,所以传动比为 2∶1,即凸轮轴链轮的齿数是曲轴链轮齿数的两倍。

(2) 链节距 P

滚子链是标准件,其主要参数是链节距 P,它是指链条上相邻两销轴中心间的距离。

对于非重载的滚子链主要有 A、B 两个系列,最常用的为 A 系列滚子链。

滚子链的标记方法为:链号-排数×链节数,标准编号。例如 A 系列、节距 12.70 mm、单排、80 节的滚子链的标记为 08A - 1×80 GB/T 1243—2006。

15.3　链传动的主要失效形式

链传动的主要失效形式有以下五种:

(1) 铰链磨损。链节在进入啮合和退出啮合时,销轴与套筒之间存在相对滑动,在不能保证充分润滑的条件下,会引起铰链的磨损。磨损导致链轮节距增加,链与链轮的啮合点外移,

最终将产生跳齿或脱链而使传动失效。由于磨损主要表现在外链节节距的变化上,内链节节距的变化很小,因而铰链节距的实际不均匀性增大,使传动更不平稳。它是开式链传动的主要失效形式。

(2) 传动链的疲劳破坏。由于链在运动过程中所受的载荷不断变化,因而链在变应力状态下工作,经过一定的循环次数后,链板会产生疲劳断裂,滚子表面会产生疲劳点蚀和疲劳裂纹。在润滑条件良好和设计安装正确的情况下,疲劳强度是决定链传动工作能力的主要因素。

(3) 滚子、套筒与销轴的胶合。由于套筒和销轴间存在相对运动,在变载荷的作用下,润滑油膜难以形成,当转速很高时,使套筒与销轴间发生金属直接接触而产生很大摩擦力,产生的热量导致了套筒与销轴的胶合。在这种情况下,或者销轴被剪断,或者套筒、销轴与链板的过盈配合松动,从而造成链传动的失效。

(4) 链条的过载拉断。在低速重载或者链突然过载时,链条将被拉断。

(5) 链轮轮齿的磨损或塑性变形。在链传动中,链轮轮齿磨损或塑性变形超过一定量后,链的工作寿命将明显下降,致使传动失效。

15.4 链传动的张紧和维护

1) 链传动的张紧

传动链张紧的目的主要是为了避免链的悬垂度太大,啮合时链条产生横向振动,同时可增大啮合包角。常用的张紧方法有:

(1) 通过调整中心距使链张紧。

(2) 同时拆除两个链节,缩短链长,使链张紧。

(3) 加张紧轮使链张紧,张紧轮直径应稍小于小链轮直径,并置于松边外侧靠近小链轮处。

汽车发动机中主要采用张紧轮张紧和依靠机油压力自动张紧,如图15-8所示。

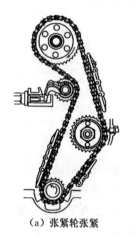 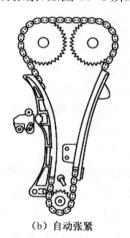

(a) 张紧轮张紧　　　　　　　　　　　(b) 自动张紧

图15-8　汽车发动机常用张紧方式

2) 链传动的维护

(1) 正确地布置和安装

① 链传动一般应布置在铅垂平面内,尽可能避免布置在水平面或倾斜平面内。如确有必要,则应考虑加装托板或装张紧轮装置,并选择较为紧凑的中心距。

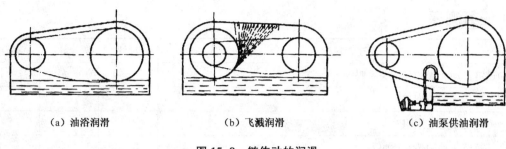

(a) 油浴润滑　　　　　(b) 飞溅润滑　　　　　(c) 油泵供油润滑

图 15-9　链传动的润滑

② 最好两轮轴线布置在同一水平面内,或两轮中心线与水平面成 45°以下的倾角。

③ 主动链轮的转向应使传动链紧边在上,若松边在上会因悬垂度太大而破坏正常啮合。

(2) 合理的润滑

链传动的润滑至关重要。合适的润滑能显著降低链条铰链的磨损,延长使用寿命。汽车链传动的润滑方式主要有以下两种。

① 油浴润滑,如图 15-9(a)所示;或飞溅润滑,如图 15-9(b)所示。

② 用油泵向链条连续供油,如图 15-9(c)所示。

任务归纳

1) 通过链传动的拆装,了解链传动的基本知识:

(1) 链传动是靠链条与链轮轮齿的啮合来传递运动和动力的,在汽车中主要用在发动机上传递曲轴与其他部件的动力。

(2) 链传动主要由主动链轮、从动链轮和链条组成。

(3) 滚子链是标准件,由内链板、外链板、销轴、套筒和滚子组成,标记方法是:链号-排数×链节数,标准编号。

(4) 链传动的主要参数有传动比和滚子链的节距。

2) 通过链传动的拆装,掌握链传动的张紧和维护方法。

任务测评

技能目标	自评	互评	备注
1. 知道链传动装置的装配关系吗?			
2. 知道链传动的类型吗?			
3. 知道链传动的应用吗?			
4. 会计算链传动的传动比吗?			
5. 知道链传动的张紧方法吗?			
6. 能独立拆装和维护链传动装置吗?			
7. 在进行拆装时,能按照操作规程规范操作吗?			
个人小结:			
教师评价:		教师签名	

思考题

一、填空题

1. 链传动按用途不同可分为＿＿＿＿＿、＿＿＿＿＿和＿＿＿＿＿三类。
2. 汽车中常用的链轮结构形式有＿＿＿＿＿和＿＿＿＿＿。
3. 滚子链的接头方式有＿＿＿＿＿、＿＿＿＿＿和＿＿＿＿＿三种。
4. 滚子链由＿＿＿＿＿、＿＿＿＿＿、＿＿＿＿＿和＿＿＿＿＿组成。
5. 链传动的主要参数有＿＿＿＿＿和＿＿＿＿＿。

二、判断题

1. 滚子链链节数一般选择奇数较好。（　　）
2. 水平安装的链传动中，紧边宜放在上面。（　　）
3. 张紧轮应设置在松边。（　　）
4. 曲轴的链轮比凸轮轴链轮直径要大。（　　）
5. 正时链安装时必须将链条和链轮的正时记号对准，否则将影响发动机工作。（　　）

三、简答题

1. 简述链传动的工作原理。
2. 链传动的传动比如何计算？
3. 链传动常用的张紧方法有哪些？汽车上常采用什么张紧方法？
4. 链传动的日常维护要注重润滑，汽车上常采用什么润滑方式？
5. 简述链传动装置的拆装步骤。

任务16　齿轮传动装置的应用与拆装

任务描述

齿轮传动是利用两个相互啮合的齿轮来传递运动和动力的，是汽车中最常用的一种传动形式。齿轮传动传动比精确，但在工作过程中易出现噪声和轮齿折断等现象，所以要检查齿轮损伤和定期更换润滑油。

如图16-1所示为桑塔纳2000型轿车两轴式变速器齿轮传动装置，发动机的动力传递给输入轴1，经过四对前进挡斜齿轮和一组倒退挡直齿轮将动力传递给输出轴6，然后由输出锥齿轮2将动力输出。

本任务通过对齿轮传动装置的拆装，使学生具备拆装和维护齿轮传动装置的技能。

图 16-1　两轴式变速器齿轮传动装置

1—输入轴；2—输出锥齿轮；3—四挡主动斜齿轮；4—四挡从动斜齿轮；
5—三四挡同步器；6—输出轴；7—三挡主动斜齿轮；8—三挡从动斜齿轮；
9—二挡主动斜齿轮；10—二挡从动斜齿轮；11—倒挡主动直齿轮；
12—倒挡从动直齿轮；13——二挡同步器；14——挡主动斜齿轮；
15——挡从动斜齿轮

任务分析

任务目标	知识目标	鉴定标准
1. 观察齿轮传动装置的组成 2. 观察齿轮传动各构件的相互装配关系 3. 观察齿轮传动的动力传递方式 4. 能拆装齿轮传动装置	1. 齿轮传动的应用和类型 2. 齿轮传动的结构和参数 3. 齿轮传动的工作原理 4. 齿轮传动的维护	应知：齿轮传动装置的应用和类型，结构和参数及其工作原理 应会：维护齿轮传动装置

任务实施

所需工具：卡环钳、拉力器、压力机等。

拆装步骤：

（1）分解输入轴

① 如图 16-2(a)所示，拆下四挡主动斜齿轮的卡环，然后取下四挡主动斜齿轮和滚针轴承。

② 拆下同步器锁环。

③ 取下三四挡同步器，以及三挡主动斜齿轮。

④ 取下三挡主动斜齿轮的滚针轴承。

输入轴的部分零件如图 16-2(b)所示。

（2）分解输出轴

① 如图 16-2(c)所示，用拉力器取下后轴承和一挡从动斜齿轮。

② 取下滚针轴承和一挡锁环。

③ 用拉力器取下滚针轴承的内环、一二挡同步器和二挡从动斜齿轮。

④ 取下二挡从动斜齿轮的滚针轴承。

⑤ 拆下三挡锁环和从动斜齿轮。

⑥ 拆下四挡从动斜齿轮的卡环。

⑦ 拆下四挡从动斜齿轮。

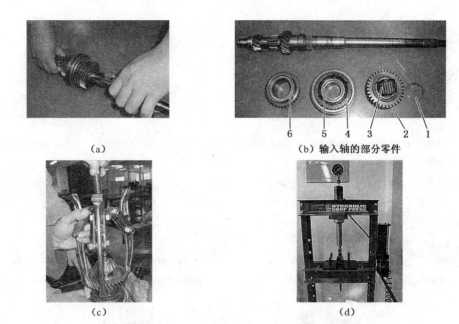

图 16-2 变速器输入和输出轴的分解安装
1—卡环;2—四挡主动斜齿轮;3—滚针轴承;4—锁环;5—同步器;6—三挡主动斜齿轮

(3) 安装前先检查各个齿轮的损坏情况,并用钢丝刷清洗同步环的内锥面。

(4) 注意各挡齿轮和同步器花键毂的"朝向"(花键毂齿带倒角的一侧朝前),依次用压力机安装即可,如图 16-2(d)所示。

(5) 清理现场,把工具放回原处。

相关知识

16.1 齿轮传动概述

1) 齿轮传动的应用

齿轮传动广泛地应用在汽车的底盘中,如传动系中的手动变速器、自动变速器、主减速器和差速器等;同时,汽车转向器和汽车的维护、修理设备中都大量采用齿轮传动装置。齿轮传动是汽车中应用最广泛的机械方式。

2) 齿轮传动的类型

齿轮传动的分类方法很多。

(1) 按两齿轮的相对运动是平面运动还是空间运动来分,可分为平面齿轮传动(见图 16-3(a)~(e))和空间齿轮传动(见图 16-3(f)~(j))。

① 平面齿轮传动,用于传递两平行轴之间的运动。平面齿轮传动包括直齿圆柱齿轮传动(如图 16-3(a)、(b)所示)、斜齿圆柱齿轮传动(如图 16-3(c)所示)和人字齿轮传动(如图 16-3(e)所示)。根据两个齿轮的啮合方式,又分为外啮合(如图 16-3(a)、(c)所示)、内啮合(如图 16-3(b)所示)和齿轮齿条传动(如图 16-3(d)所示)。

② 空间齿轮传动,用于传递不平行两轴间的运动。它包括相交轴齿轮传动和相错轴齿轮

(a)外啮合直齿圆柱齿轮传动　(b)内啮合直齿圆柱齿轮传动　(c)外啮合斜齿圆柱齿轮传动　(d)齿轮齿条传动

(e)人字齿轮传动　(f)直齿锥齿轮传动　(g)圆弧齿锥齿轮传动　(h)交错轴斜齿圆柱齿轮传动

(i)蜗杆传动　(j)准双曲面齿轮传动

图 16-3　齿轮传动的类型

传动。在图 16-3 中,图(f)直齿锥齿轮传动和图(g)圆弧齿锥齿轮传动属于相交轴齿轮传动,而图(h)斜齿圆柱齿轮传动、图(i)蜗杆传动和图(j)准双曲面齿轮传动三种属于交错轴齿轮传动。

(2) 按照齿轮的工作条件不同,可以分为开式齿轮和闭式齿轮两种。

① 开式齿轮传动。齿轮传动无箱无盖裸露在外,不能防尘且润滑不良,所以轮齿易磨损,寿命短,用于低速或低精度的场合。

② 闭式齿轮传动。齿轮传动安装在密闭的箱体内,密封条件好且易于保证良好的润滑,所以使用寿命长,用于重要的场合。

3) 齿轮传动的特点

齿轮传动与其他机械传动相比,具有传动平稳可靠、传动效率高、传递速度大、传递功率范围大、结构紧凑等优点,所以它在汽车等机械设备和仪器仪表中被广泛使用。齿轮传动的主要缺点是:传动中会产生冲击、振动和噪声;没有过载保护作用;制造和安装精度要求高,成本高。

4) 齿轮齿廓

齿轮也可按齿廓曲线不同,分为渐开线、摆线和圆弧三种,其中渐开线齿轮应用最广泛。

如图 16-4(a)所示,当一条动直线 A-B 绕着一固定的圆做纯滚动时,动直线 A-B 上任一点 K 的轨迹就是该固定圆的渐开线。与直线做纯滚动的圆称为基圆,直线 A-B 称为发生线。渐开线齿轮的齿廓实际上是取用了渐开线的一段。如图 16-4(b)所示,齿轮轮齿的可用齿廓是由同一基圆的两条对称的渐开线组成的,称为渐开线齿轮。渐开线齿轮传动具有中心距可分性，使用时中心距稍有变化不会影响其正常传动。

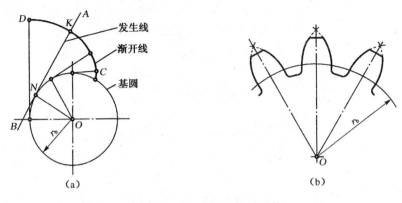

图 16-4　渐开线齿廓的形成

5）齿轮传动传动比

如图 16-5 所示，一对相互啮合的齿轮传动有外啮合和内啮合两种形式，也可用简图表示，设齿轮 1 为主动齿轮，转速为 n_1；齿轮 2 为从动齿轮，转速为 n_2。

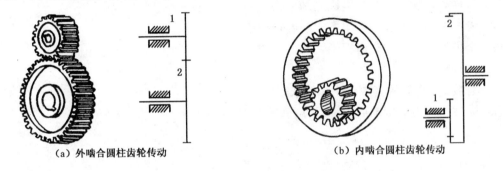

(a) 外啮合圆柱齿轮传动　　　　　　(b) 内啮合圆柱齿轮传动

图 16-5　圆柱齿轮啮合传动及简图

齿轮传动的传动比计算公式为

$$i_{12}=\frac{n_1}{n_2}=\pm\frac{z_2}{z_1} \tag{16-1}$$

式中：z_1——主动轮齿数；

z_2——从动轮齿数；

±——内啮合齿轮传动时取"＋"表示，外啮合齿轮传动时取"－"表示。

16.2　直齿圆柱齿轮传动

1）直齿圆柱齿轮各部分的名称和符号

如图 16-6 所示是渐开线标准直齿圆柱齿轮各部分名称和符号图。其各部分的名称和符号如下。

(1) 齿顶圆。过齿轮齿顶所作的圆，其直径（半径）用 $d_a(r_a)$ 表示。

(2) 齿根圆。过齿轮齿根所作的圆，其直径（半径）用 $d_f(r_f)$ 表示。

(3) 分度圆。在齿顶圆和齿根圆之间假设的一个作为齿轮尺寸计算、制造、测量基准的圆,其直径(半径)用 $d(r)$ 表示。

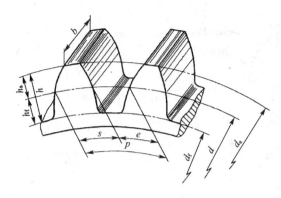

图 16-6　渐开线标准直齿圆柱齿轮各部分名称和符号

(4) 齿厚。分度圆上,同一个齿的两侧面齿廓间的弧长称为该圆上的齿厚,用 s 表示。

(5) 齿槽宽。分度圆上,同一个齿槽两侧面齿廓间的弧长称为该圆上的齿槽宽,用 e 表示。

(6) 齿距。分度圆上,相邻两齿同向齿廓间的弧长称为该圆上的齿距,用 p 表示。

(7) 齿顶高。齿顶圆和分度圆之间的径向距离,用 h_a 表示。

(8) 齿根高。分度圆和齿根圆之间的径向距离,用 h_f 表示。

(9) 全齿高。齿顶圆和齿根圆之间的径向距离,用 h 表示。

2) 齿轮的主要参数

(1) 齿数 z。齿轮的齿数由工作要求确定。

(2) 模数 m。由分度圆周长 $\pi d = pz$ 知分度圆的直径为

$$d = \frac{p}{\pi} z$$

当已知一直齿轮的齿距 p 和齿数 z,就可以求出分度圆直径 d。但式中 π 为无理数,这样求得的 d 也是无理数,将使计算繁琐而又不精确,而且也给齿轮的制造和检验带来不便。工程上为了设计、制造和检验的方便,规定齿距 p 除以圆周率 π 所得的商称为模数,用 m 表示。即

$$m = p/\pi \tag{16-2}$$

则有
$$d = mz$$

模数的单位是mm,表示轮齿的承载能力,模数越大,轮齿越大,轮齿的承载能力越强。我国已规定了标准模数系列,如表 16-1 所示。

表 16-1　模数系列(mm)

第一系列	1	1.25	1.5	2	2.5	3	4	5	6	8
	10	12	16	20	25	32	40	50		
第二系列	1.75	2.25	2.75	(3.25)	3.5	(3.75)	4.5	5.5	(6.5)	7
	9	(11)	14	18	22	28	36	45		

注:(1)本表适用于渐开线圆柱齿轮,对斜齿轮是指法面模数。
(2)优先选用第一系列,括号内数据尽量少用。

(3) 压力角 α。如图 16-7 所示的渐开线齿廓上任一点的法线方向 t-t 与该点的线速度方向之间所夹的锐角 α_K 称为该点的压力角。齿轮齿廓上各点的法线及线速度的方向各不相同，故各点的压力角也不同。齿轮的压力角通常是指分度圆上的压力角，用 α 表示。我国规定，标准压力角 α = 20°。可见，分度圆就是齿轮取标准模数和标准压力角的圆。

(4) 齿顶高系数 h_a^* 和顶隙系数 c^*。轮齿的齿顶高和齿根高规定用模数乘上某一系数来表示，即

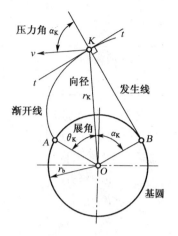

图 16-7 压力角

齿顶高
$$h_a = h_a^* m \quad (16\text{-}3)$$

齿根高
$$h_f = (h_a^* + c^*)m \quad (16\text{-}4)$$

全齿高
$$h = h_a + h_f = (2h_a^* + c^*)m \quad (16\text{-}5)$$

式中：h_a^*——齿顶高系数；

c^*——顶隙系数。

一对齿轮啮合时，一个齿轮轮齿的齿顶到另一个齿轮轮齿的齿根之间的径向距离，称为顶隙，用 c 表示，$c = c^* m$。顶隙可以避免传动时轮齿互相干涉，且有利于储存润滑油。我国标准规定：

正常齿　　$h_a^* = 1, c^* = 0.25$

短齿　　　$h_a^* = 0.8, c^* = 0.30$

所谓标准齿轮是指分度圆上的齿厚等于齿槽宽（即 $s = e = p/2 = \pi m/2$），且模数 m、压力角 α、齿顶高系数 h_a^*、顶隙系数 c^* 均为标准值的齿轮。

渐开线标准直齿圆柱齿轮主要参数和计算公式如表 16-2 所示。

表 16-2　渐开线标准直齿圆柱齿轮主要参数和计算公式

名　称	代　号	计算公式
齿数	z	由传动比确定
模数	m	$m = p/\pi$
压力角	α	$\alpha = 20°$
分度圆直径	d	$d = mz$
齿顶圆直径	d_a	$d_a = m(z+2)$
齿根圆直径	d_f	$d_f = mz - 2.5m$
齿顶高	h_a	$h_a = m$
齿根高	h_f	$h_f = 1.25m$
齿高	h	$h = 2.25m$

续表 16-2

名 称	代 号	计算公式
齿距	$p = mz$	$p = \pi m$
齿厚	s	$s = 0.5 m\pi$
槽宽	e	$e = 0.5 m\pi$
中心距	a	$a = (d_1 + d_2)/2 = m(z_1 + z_2)/2$

【例 16-1】 已知一标准直齿圆柱齿轮，$m = 3\,\text{mm}$，$z = 19$，试计算该齿轮的分度圆直径、齿顶高、齿根高、齿顶圆直径、齿根圆直径。

【解】 分度圆直径：$\qquad d = mz = 3 \times 19 = 57\,(\text{mm})$

齿顶高：$\qquad h_a = h_a^* m = 1 \times 3 = 3\,(\text{mm})$

齿根高：$\qquad h_f = (h_a^* + c^*)m = (1 + 0.25) \times 3 = 3.75\,(\text{mm})$

齿顶圆直径：$\qquad d_a = d + 2h_a^* m = 57 + 2 \times 3 = 63\,(\text{mm})$

齿根圆直径：$\qquad d_f = d - 2h_f = 57 - 2 \times 3.75 = 49.5\,(\text{mm})$

3) 渐开线直齿圆柱齿轮传动的正确啮合条件

渐开线直齿圆柱齿轮传动的正确啮合传动条件是：两轮的模数和压力角分别相等且为标准值，即

$$\left. \begin{array}{l} m_1 = m_2 = m \\ \alpha_1 = \alpha_2 = \alpha \end{array} \right\} \qquad (16-6)$$

4) 渐开线直齿圆柱齿轮连续传动的条件

齿轮传动中同时参与啮合的轮齿对数称为重合度，用 ε 表示，渐开线直齿圆柱齿轮连续传动的条件是 ε≥1，重合度 ε 越大，参与啮合的轮齿对数越多，传动越平稳。

5) 根切现象

目前齿轮加工的方法主要是展成法，展成法是利用一对齿轮啮合原理来切削加工齿廓的。在加工齿轮时，如果标准渐开线直齿圆柱齿轮的轮齿数少于最少齿数时，加工时会发生刀具将被加工齿轮齿根的渐开线齿廓切去一部分的现象，这种现象称为齿轮的根切现象，如图 16-8 所示。齿轮的根切现象会使齿轮的抗弯强度削弱、承载能力下降、啮合过程缩短、传动平稳性变差。为了避免根切现象，一般直齿圆柱齿轮 $z_{\min} \geq 17$，有时对传递功率较小的齿轮，齿数最小为 14。

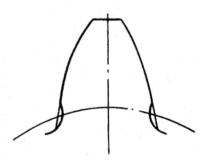

图 16-8 齿轮的根切现象

16.3 斜齿圆柱齿轮传动

1) 斜齿圆柱齿轮传动的啮合特点

直齿圆柱齿轮的轮齿方向与轴线平行，如图 16-9(a)所示。两个直齿圆柱齿轮啮合时，相互啮合的两个齿的接触线，是平行于轴线且与齿宽相等的直线段，在直齿轮运转的过程中，轮齿将沿齿宽同时进入或脱离啮合，因而作用在轮齿上的载荷是突然加上或卸掉的，这将使传动

不平稳,容易产生振动和噪声。

斜齿轮的轮齿方向与轴线倾斜成螺旋形,如图 16-9(b)所示。斜齿轮啮合传动时,两轮轮齿开始啮合,接触线长度由零逐渐增大;当到达某一位置后,接触线长度又逐渐缩短,直到脱离啮合。因此,斜齿轮传动比直齿轮传动平稳,承载能力较大,适用于高速和重载传动。

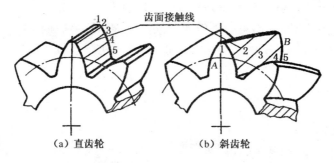

图 16-9 圆柱齿轮齿面接触线

2) 斜齿圆柱齿轮的主要参数

斜齿圆柱齿轮的轮齿在齿宽方向上是沿螺旋线方向分布的。它的齿面为渐开螺旋面,所以其端面(垂直于齿轮轴线的平面)和法面(垂直于齿廓的平面)的齿形不同。由于加工斜齿轮时,刀具是沿螺旋线方向走刀的,所以要以轮齿的法面参数为标准来选择刀具。但在计算几何尺寸时又要按端面的参数进行计算。

(1) 螺旋角 β。如图 16-10 所示,在斜齿轮展开图中,斜齿轮的螺旋线变成斜直线,它与轴线的夹角 β 称为螺旋角。螺旋角一般为 $\beta = 8° \sim 20°$。

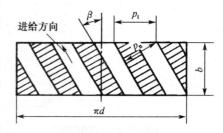

图 16-10 斜齿轮展开图

(2) 模数。如图 16-10 所示,有阴影线的部分表示齿厚,无阴影线的部分表示齿槽。p_n 表示法向齿距,p_t 表示端面齿距,则 p_n 和 p_t 之间的几何关系为

$$p_n = p_t \cos\beta \tag{16-7}$$

而 $p_n = \pi m_n$,$p_t = \pi m_t$,所以

$$m_n = m_t \cos\beta \tag{16-8}$$

式中:m_t——端面模数;

m_n——法面模数,规定 m_n 为标准值。

(3) 压力角。斜齿轮在分度圆上的压力角也有法面压力角 α_n 和端面压力角 α_t 之分,两者之间的关系为

$$\tan\alpha_n = \tan\alpha_t \cos\beta \tag{16-9}$$

一般规定法面压力角取标准值,即 $\alpha_n = 20°$。

(4) 最小齿数。为了进行强度计算和用成形法加工时选择铣刀,可用近似方法作一直齿圆柱齿轮来代替斜齿轮的法向齿形,该直齿圆柱齿轮称为斜齿轮的当量齿轮,其齿数称为斜齿轮的当量齿数,用 z_v 表示。

$$z_v = z/\cos^3\beta$$

斜齿圆柱齿轮不产生根切的最少齿数 z_{min} 可由直齿圆柱齿轮最少齿数 z_{vmin} 来确定,即

$$z_{min} = z_{vmin}\cos^3\beta \tag{16-10}$$

3) 斜齿圆柱齿轮的正确啮合条件

一对外(内)啮合斜齿圆柱齿轮的正确啮合条件是:两轮的法面模数和法面压力角分别相等且为标准值;两轮分度圆柱上的螺旋角大小相等、旋向相反(同),即

$$\begin{aligned} m_{n1} &= m_{n2} = m \\ \alpha_{n1} &= \alpha_{n2} = \alpha \\ \beta_1 &= \pm\beta_2 \end{aligned} \tag{16-11}$$

式中:外啮合时取"-"号,内啮合时取"+"号。

16.4 直齿锥齿轮传动

如图 16-11 所示,锥齿轮的轮齿分布在截锥体上,故其齿形从大端到小端是逐渐收缩的。它用于两轴线相交的轴间传动,特别是两轴线正交的轴间传动。

锥齿轮的轮齿可以是直齿、斜齿或曲齿。直齿锥齿轮传动设计、制造和安装方便,所以应用较广。而曲齿锥齿轮传动运转平稳、承载能力高,在汽车差动轮系中应用广泛。

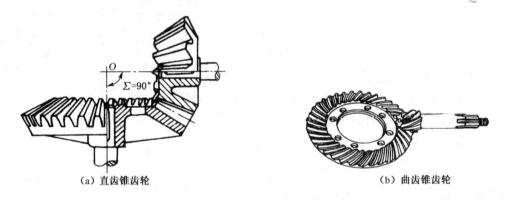

(a) 直齿锥齿轮　　　　　　　　(b) 曲齿锥齿轮

图 16-11　锥齿轮

本书只讨论直齿圆锥齿轮。圆锥齿轮传动中,两轴的夹角 Σ 一般可以为任意角,但通常多为 90°。当两轴的夹角 $\Sigma = 90°$,主动轮为直齿圆锥齿轮 1,从动轮为直齿圆锥齿轮 2 时,其传动比为

$$i = \frac{\omega_1}{\omega_2} = \frac{d_2}{d_1} = \frac{z_2}{z_1} \tag{16-12}$$

直齿圆锥齿轮的参数和几何尺寸均以大端为标准,大端应取标准模数和标准压力角,即 $\alpha = 20°$。对标准齿形取齿高系数 $h_a^* = 1$,顶隙系数 $c^* = 0.2$。

直齿锥齿轮的正确啮合条件为:两轮的大端模数和大端压力角分别相等且为标准值。即

$$m_1 = m_2 = m \brace \alpha_1 = \alpha_2 = \alpha} \qquad (16\text{-}13)$$

16.5 齿轮的失效形式和材料选择

1) 齿轮的失效形式

如图 16-12 所示,齿轮传动的失效通常有轮齿折断、齿面点蚀、齿面磨损、齿面胶合和塑性变形。

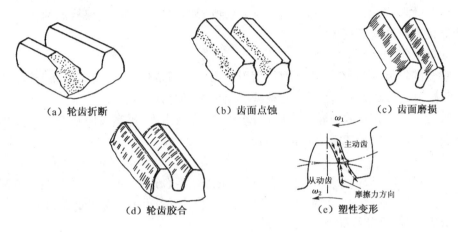

图 16-12 齿轮的失效形式

(1) 轮齿折断

闭式硬齿面(硬度 ≥ 350 HBS)齿轮和铸铁齿轮传动的主要失效形式为轮齿折断。一般发生在齿根部位,因为齿根有应力集中而且应力最大。轮齿折断可分为以下两种:

① 疲劳折断。轮齿受力后齿根部受弯曲应力的反复作用,当齿根过渡圆角处的交变应力超过了材料的疲劳强度时,会产生疲劳裂纹。裂纹不断扩展,最终造成轮齿的疲劳折断。应按齿根弯曲疲劳强度进行计算。

② 过载折断。若齿轮严重过载或受冲击载荷作用,或严重磨损后齿厚变薄时,导致齿根危险截面上的应力超过许用值而发生突然折断。

选用合适的材料和热处理方法,对齿根处进行喷丸、辊压等强化处理,均可提高轮齿的抗折断能力。

当轮齿材料较软,载荷及摩擦力又很大时,轮齿在啮合过程中,齿面表层的材料就会沿着摩擦力的方向产生塑性变形。主动轮齿产生塑性变形后,齿面沿节线处变成凹沟;从动轮齿产生塑性变形后,齿面沿节线处形成凸棱。

提高齿面硬度,采用黏度高的齿轮油等均可防止或减轻齿面产生塑性变形。

(2) 齿面点蚀

闭式软齿面(硬度 ≤ 350 HBS)齿轮和铸铁齿轮传动的主要失效形式为齿面点蚀。轮齿受力后,齿面接触处将产生循环变化的接触应力,在接触应力反复作用下,轮齿表层或次表层出现不规则的细线状疲劳裂纹,疲劳裂纹扩展的结果,使齿面金属脱落而形成麻点状凹坑,称为齿面点蚀。

齿面点蚀多出现在节线附近的齿根表面上,然后再向其他部位扩展,这是因为在节线处接触应力大,且在节点处齿廓相对滑动速度小,油膜不易形成,摩擦力大。应按接触疲劳强度进行设计计算。

开式齿轮传动、铸铁齿轮传动中,齿面的点蚀还来不及出现或扩展就被磨去,一般不会出现点蚀。提高齿面硬度和润滑油的黏度等措施可减缓或防止齿面点蚀产生。

（3）齿面磨损

当齿面间落入砂粒、铁屑、非金属等物质时,会加剧磨损。齿面磨损后,齿廓形状破坏,引起冲击、振动和噪声,由于齿厚减薄而极易导致轮齿折断。磨料磨损是开式齿轮传动和铸铁齿轮传动的主要失效形式。改善密封和润滑条件、在油中加入减摩添加剂、保持油的清洁、提高齿面硬度等均能提高抗磨料磨损能力。

（4）齿面胶合

互相啮合的轮齿,齿面在一定压力作用下因温度升高熔化而发生粘着,随着齿面的相对运动,使金属从齿面上撕落而引起严重的粘着磨损现象,称为齿面胶合。

齿面胶合常发生在重载齿轮传动中,减小模数、降低齿高、提高齿面硬度、采用抗胶合能力强的极压型齿轮油等均可减缓或防止齿面胶合。

（5）塑性变形

当轮齿材料较软,载荷及摩擦力又很大时,轮齿在啮合过程中,齿面表层的材料就会沿着摩擦力的方向产生塑性变形。主动轮齿产生塑性变形后,齿面沿节线处变成凹沟；从动轮齿产生塑性变形后,齿面沿节线处形成凸棱。

提高齿面硬度、采用黏度高的齿轮油等均可防止或减轻齿面产生塑性变形。

2）齿轮的材料选择

（1）锻钢

锻钢是制造齿轮常用的材料,如 45、40Cr、35SiMn 等,它们具有强度高、韧性好、便于制造和热处理等优点。

软齿面齿轮的齿面硬度≤350 HBS,采用的热处理为调质或正火处理。这种齿轮适用于强度、精度要求不高的场合,轮坯经过热处理后进行插齿或滚齿加工,生产便利,成本较低。

在确定大、小齿轮硬度时应注意使小齿轮的齿面硬度比大齿轮的齿面硬度高 30～50 HBS,这是因为小齿轮受载荷次数比大齿轮多,且小齿轮齿根较薄,为使两齿轮的轮齿接近等强度,小齿轮的齿面要比大齿轮的齿面硬一些,一般小齿轮采用调质处理,大齿轮采用正火处理。

硬齿面齿轮的热处理采用表面淬火处理。

（2）铸钢

当齿轮的尺寸较大(大于 400～600 mm)不便于锻造时,可用铸造方法制成铸钢齿坯,再进行正火处理以提高强度。

（3）铸铁

低速、轻载场合的齿轮可以制成铸铁齿坯。当尺寸大于 500 mm 时可制成大齿圈或制成轮辐式齿轮。

对于不重要的齿轮也可以用胶木和塑料等非金属材料制造。

齿轮的常用材料及其机械性能如表 16-3 所示。

表 16-3　齿轮常用材料及其机械性能

材料牌号	热处理方法	强度极限 σ_b(MPa)	屈服极限 σ_e(MPa)	硬度 HBS	硬度 HRC(齿面)
45	正火	588	294	169～217	
45	调质	647	373	229～286	
45	表面淬火				40～50
35SiMn	调质	785	510	229～286	
35SiMn	表面淬火				45～55
38SiMnMo	调质	735	588	229～286	
38SiMnMo	表面淬火				45～55
40Cr	调质	735	539	241～286	
40Cr	表面淬火				48～55
38CrMoAlA	调质	980	834	229	
38CrMoAlA	氮化				HV＞850
20CrMnTi	渗碳淬火	1079	834		56～62
ZG310～570	正火	570	310	162～197	
HT300		250		169～255	
HT350		290		182～273	
QT500—7	正火	500	320	170～230	
QT600—3	正火	600	370	190～270	

3) 齿轮的结构

齿轮结构可分成四种基本形式：

(1) 齿轮轴　对于直径很小的齿轮，如果从键槽底面到齿根的距离过小，则此处的强度可能不足，易发生断裂，此时应将齿轮与轴做成一体，称为齿轮轴，如图 16-13(a) 所示，齿轮与轴的材料相同。齿轮轴虽简化了装配，但整体长度大，给轮齿加工带来不便，而且齿轮损坏后轴也随之报废，不利于回用。

(a) 齿轮轴

(b) 实心式齿轮

(c) 辐板式齿轮

(d) 轮辐式齿轮

图 16-13　齿轮结构图

(2) 实心式齿轮　当齿顶圆直径≤200 mm、高速转动时要求降低噪声、对可靠性有特殊要求时,可以将齿轮轮辐制成同齿宽的实心式结构,如图 16-13(b) 所示的实心式。它的结构简单,制造方便。

(3) 辐板式齿轮　当齿顶圆直径 200 mm≤d_a≤500 mm 时,可将齿轮做成辐板式结构,如图 16-13(c) 所示。辐板式齿轮可节省材料、减轻重量,考虑到加工时夹紧及搬运的需要,辐板上常对称的开出 4～6 个孔。直径较小时,辐板式齿轮的毛坯常用可锻材料通过锻造得到,批量小时采用自由锻,批量大时采用模锻。直径较大或结构复杂时,毛坯通常用铸铁、铸钢等材料铸造而成。

(4) 轮辐式齿轮　当齿顶圆直径 400 mm<d_a≤1 000 mm 时,为减轻重量,可做成轮辐式铸造齿轮,如图 16-13(d) 所示。

4) 齿轮的润滑与保养

(1) 润滑

润滑对于齿轮传动十分重要。润滑不仅可以减小摩擦、减轻磨损,还可以起到冷却、防锈、降低噪声、改善齿轮的工作状况、延缓齿轮失效、延长齿轮的使用寿命等作用。

闭式齿轮传动的润滑方式有浸油润滑和喷油润滑两种,如图 16-14 所示。一般根据齿轮的圆周速度 v 确定采用哪一种方式,当 $v<12$ m/s 时,选择浸油润滑;当 $v≥12$ m/s 时,选择喷油润滑。

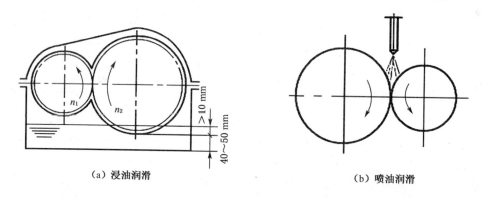

(a) 浸油润滑　　　　　　　　　(b) 喷油润滑

图 16-14　齿轮润滑方式

(2) 齿轮的保养

① 使用齿轮时,在启动、加载、卸载及换挡过程中应力求平稳,避免产生冲击载荷,以防引起断齿等故障。

② 经常检查润滑系统的状况,如润滑油量、供油状况、润滑油质量等,按照使用规定更换补充规定牌号的润滑油。

③ 注意监视齿轮传动的工作情况,如有无异常响声或齿轮过热等现象。润滑不良和装配不合理是齿轮失效的重要原因。声响监测和定期检查是发现齿轮损伤的主要方法。

16.6　蜗杆传动

如图 16-15 所示,蜗杆传动也是一种齿轮传动,常用于传递两交错轴之间的运动和动力,交错角为 90°,通常由蜗杆和蜗轮组成,蜗杆为主动件。

1) 蜗杆传动的应用、类型和特点

（1）蜗杆传动的应用

蜗杆传动在汽车上的应用主要有蜗轮蜗杆转向器、驱动桥的主减速器、车速表中驱动蜗轮蜗杆、磁感应式车速里程表中的传动机构、汽车电动雨刮器中的减速机构以及汽车修理和钣金设备等。

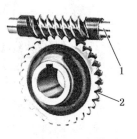

图 16-15　蜗杆传动
1—蜗杆；2—蜗轮

（2）蜗杆传动的类型

根据蜗杆的形状不同，蜗杆传动可分为圆柱蜗杆传动（如图 16-16(a) 所示）、环面蜗杆传动（如图 16-16(b) 所示）和锥蜗杆传动（如图 16-16(c) 所示）等。

圆柱蜗杆传动又分为普通蜗杆传动和圆弧蜗杆传动，普通圆柱蜗杆根据不同的齿廓曲线又可分为阿基米德蜗杆、渐开线蜗杆等，其中阿基米德蜗杆由于加工方便，应用最为广泛。

(a) 圆柱蜗杆传动

(b) 环面蜗杆传动

(c) 锥蜗杆传动

图 16-16　蜗杆传动的类型

（3）蜗杆传动的特点

① 传动比大且准确。在传力机构中，通常传动比可在 8～80 范围内选取。在分度机构中，传动比可达 1 000。

② 工作平稳，噪声低。

③ 结构紧凑，并可根据要求实现自锁。

④ 传动效率低，一般为 70%～80%，自锁时为 40% 左右。由于蜗杆传动效率低，摩擦产生的热量较大，所以要求有良好的润滑和冷却。

⑤ 增加较贵重的有色金属的消耗，成本高。

蜗杆传动主要用于传动比较大，结构要求紧凑的场合；或用于需要传动具有自锁性能的场合。

2) 蜗杆传动的主要参数

如图 16-17 所示，通过蜗杆轴线并与蜗轮轴线垂直的平面称为中间平面。它对于蜗杆是轴面，对于蜗轮为端面。在中间平面上，蜗杆和蜗轮的啮合可看作渐开线齿轮与齿条的啮合。在中间平面上的基本参数为标准值，即蜗杆的轴面参数和蜗轮的端面参数为标准值。

（1）模数 m 与压力角 α

在中间平面上，蜗杆的轴向模数 m 等于与其配对蜗轮的端面模数 m，蜗杆的模数见表 16-4 所示。

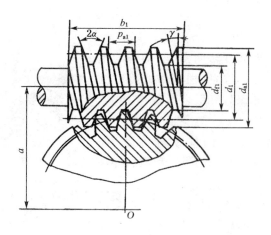 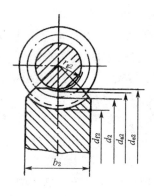

图 16-17　阿基米德蜗杆传动

表 16-4　蜗杆的模数系列

第一系列	1;1.25;1.6;2;2.5;3.15;4;5;6.3;8;10;12.5;16;20;25;31.5;40
第二系列	1.5;3;3.5;4.5;5.5;6;7;12;14

(2) 蜗杆的直径系数 q

蜗杆的直径系数 q 是蜗杆分度圆直径 d_1 除以轴向模数 m 的商，即 $q=d_1/m$。

一般在滚齿机上加工蜗轮时，要求加工蜗轮的滚刀直径应与相啮合的蜗杆直径一致。为了减少滚刀型号，便于刀具标准化，故对每个模数 m 的分度圆直径 d_1 加以限制，即规定了蜗杆直径系数 q。

(3) 传动比 i、蜗杆头数 z_1 和蜗轮齿数 z_2

一般蜗杆为主动件，设其头数为 z_1，转速为 n_1；蜗轮的齿数为 z_2，转速为 n_2。当蜗杆转一周时，蜗轮将转过 z_1 个齿（或 z_1/z_2 周），其传动比为

$$i=\frac{n_1}{n_2}=\frac{z_2}{z_1} \tag{16-14}$$

蜗杆头数通常为 $z_1=1\sim6$。若要得到大传动比时，可取 $z_1=1$，但传动效率较低。当传递功率较大时，为提高效率，通常取 $z_1=2,3,4$。

蜗轮的齿数 $z_2=iz_1$。一般 z_2 不小于 26，但也不宜大于 $60\sim80$。

(4) 蜗杆的导程角 λ

如图 16-18 所示，将蜗杆的分度圆柱面展开成平面。蜗杆的分度圆导程角 γ 是指蜗杆分度圆螺旋线的切线与端平面之间所夹的锐角，当蜗杆的直径系数 q 和蜗杆头数 z_1 选定之后，λ 的值为

$$\tan\gamma=\frac{z_1 p_{a1}}{\pi d_1}=\frac{z_1}{q} \tag{16-15}$$

导程角 γ 越大，传动效率越高，常用 γ 的范围为 $3°\sim33.5°$。

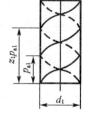 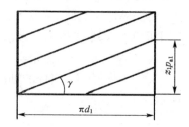

图 16-18　蜗杆分度圆柱面展开图

(5) 蜗杆传动的正确啮合条件

蜗杆传动的正确啮合条件是:蜗杆的轴面模数 m_{a1} 和轴面压力角 α_{a1} 与蜗轮的端面模数 m_{t2} 和端面压力角 α_{t2} 分别相等且为标准值;蜗杆分度圆柱上的导程角 γ_1 与蜗轮分度圆柱上的螺旋角 β_2 大小相等、旋向相同,即

$$\left.\begin{array}{l} m_{a1}=m_{t2}=m \\ \alpha_{a1}=\alpha_{t2}=\alpha \\ \gamma_1=\beta_2 \end{array}\right\} \tag{16-16}$$

3) 蜗杆传动的材料和结构

蜗杆绝大多数情况下是和轴做成一体,称为蜗杆轴。蜗杆常用的材料是碳素钢和合金钢,要求齿面光洁且有较高的硬度。

蜗轮可以制成整体的,适用于铸铁蜗轮或小直径青铜蜗轮。大直径青铜蜗轮常用组合式结构,即齿圈用有色金属制造,而轮芯用钢或铸铁制成。组合形式有三种:蜗轮常用材料为青铜和铸铁。铸造锡青铜抗胶合、耐磨性能好、易切削加工,但价格高,一般用于高速(相对滑动速度 $v<25$ m/s)的重要场合。铝铁青铜具有足够的强度、耐冲击、价格低等优点,但切削性能、抗胶合性能较差,故用于相对滑动速度 $\leqslant 6$ m/s 的场合。灰铸铁主要用于低速、轻载的场合。

16.7 轮系

1) 齿轮系的类型

根据轮系运转时各齿轮轴线位置相对机架是否固定,可将轮系分为定轴轮系和周转轮系。

(1) 定轴轮系

如图 16-19 所示为一定轴轮系,当轮系运转时,各齿轮轴线位置相对机架固定不动的轮系称为定轴轮系。

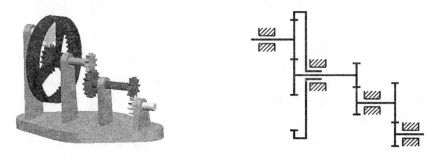

图 16-19 定轴轮系

(2) 周转轮系

当轮系运转时,至少有一个齿轮的轴线绕另一个齿轮的固定轴线转动的轮系称为周转轮系。如图 16-20 所示的差动轮系中,齿轮 2 除绕自身轴线回转外,还随同构件 H 一起绕齿轮 1 的轴线回转,既有自转又有公转,如同太阳系中的行星一样,称为行星轮;齿轮 1 的几何轴线位置固定,又与行星轮啮合,称为太阳轮;支持行星轮的回转构件 H 称为行星架;齿轮 3 称为齿圈。

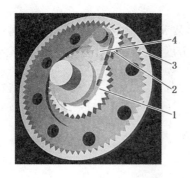 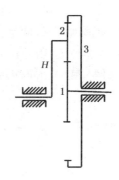

图 16-20 差动轮系
1— 太阳轮;2— 行星轮;3— 齿圈;4— 行星架 H

行星轮、行星架、太阳轮和齿圈是组成周转轮系的基本构件。

周转轮系又可分为行星轮系和差动轮系。行星轮系是太阳轮和齿圈有一个不动的周转轮系,其自由度为 1;差动轮系是太阳轮和齿圈都能转动的周转轮系,其自由度为 2。本部分主要研究行星轮系。

2) 轮系传动比的计算

(1) 定轴轮系传动比的计算

轮系中,输入轴与输出轴的角速度(或转速)之比称为轮系的传动比,用 i 表示。设 L 为轮系的首轮,K 为末轮,则该轮系的传动比为

$$i_{LK}=\frac{\omega_L}{\omega_K}=\frac{n_L}{n_K} \tag{16-17}$$

设首轮 L 的转速为 n_L,末轮 K 的转速为 n_K,m 为轮系中外啮合齿轮的对数,经过一定的推导可得平面定轴轮系的传动比为

$$i_{LK}=\frac{n_L}{n_K}=(-1)^m \frac{\text{齿轮系中轮 L 至轮 K 之间所有从动轮齿数的连乘积}}{\text{齿轮系中轮 L 至轮 K 之间所有主动轮齿数的连乘积}} \tag{16-18}$$

注意:

① 一般首末轮的转向可通过画箭头来确定。对平面定轴轮系(只有圆柱齿轮的轮系)也可以根据 $(-1)^m$ 来决定,m 为从轮 L 到轮 K 外啮合齿轮的对数,若 m 为奇数时表示首末两轮转向相反,m 为偶奇数时表示首末两轮转向相同。

② 主从关系依次类推。

③ 圆柱齿轮外啮合时两轮转向相反,内啮合时两轮方向相反。

圆锥齿轮两轮方向用画箭头方法确定,箭头同时指向或背离啮合点。

蜗杆传动的转向及旋向可用左右手螺旋定则来判断:用左(右)手握住蜗杆(左旋用左手,右旋用右手,轴线在手中),四指绕向蜗杆转向,则大拇指所指相反方向就是蜗轮在啮合点处的线速度方向。

④ 既是主动轮又是从动轮的齿轮称为惰轮,它不影响传动比大小,只起改变从动轮转向的作用。

汽车中常用的二轴、三轴式手动变速器均为定轴轮系。

【例 16-2】 在图 16-21 所示的三轴四速汽车变速器中,轴 1 为输入轴,轴 2 为中间轴,轴 3 为倒挡轴,轴 4 为输出轴,已知 $z_1=19, z_2=38, z_3=31, z_4=26, z_5=21, z_6=36, z_7=14, z_8=12, n_1=1\,000$ r/min,求轴 4 的四挡转速。

【解】 ① 当齿轮 5 和 6 啮合时:轴 1 和轴 4 之间经过两对外啮合齿轮 1、2 和 5、6。

$$i_{14}=\frac{n_1}{n_4}=(-1)^2\frac{z_2 z_6}{z_1 z_5}=+\frac{38\times 36}{19\times 21}=+\frac{24}{7}$$

$$n_4=\frac{n_1}{i_{14}}=\frac{1\,000\times 7}{24}=292(\text{r/min})$$

② 齿轮 3 和 4 啮合时:轴 1 和轴 4 之间经过两对外啮合齿轮 1、2 和 3、4。

$$i_{14}=\frac{n_1}{n_4}=(-1)^2\frac{z_2 z_4}{z_1 z_3}=+\frac{38\times 26}{19\times 31}=+\frac{52}{31}$$

$$n_4=\frac{n_1}{i_{14}}=\frac{1\,000\times 31}{52}=596(\text{r/min})$$

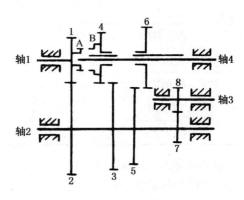

图 16-21 三轴四速变速器传动简图

③ 当半离合器 A、B 接合时,轴 4 和轴 1 两轴直接接合,所以转速相等。

$$n_4=1\,000(\text{r/min})$$

④ 当齿轮 6 和 8 啮合时:轴 1 和轴 4 之间经过三对外啮合齿轮 1、2、7、8、8、6。

$$i_{14}=\frac{n_1}{n_4}=(-1)^3\frac{z_2 z_8 z_6}{z_1 z_7 z_8}=-\frac{38\times 36}{19\times 14}=-\frac{36}{7}$$

$$n_4=\frac{n_1}{i_{14}}=-\frac{1\,000\times 7}{36}=-194(\text{r/min})$$

【例 16-3】 如图 16-22 所示的轮系中,已知各齿轮的齿数 $z_1=20, z_2=40, z_2'=15, z_3=60, z_3'=18, z_4=18, z_7=20$,齿轮 7 的模数 $m=3$ mm,蜗杆头数为 1(左旋),蜗轮齿数 $z_6=40$。齿轮 1 为主动轮,转向如图所示,转速 $n_1=100$ r/min。试求齿条 8 的速度和移动方向。

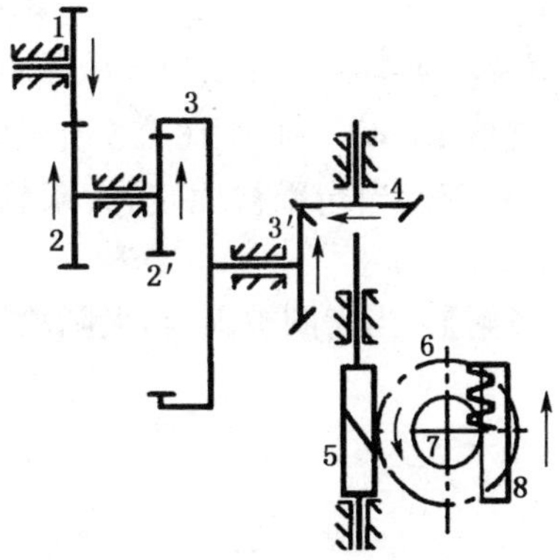

【解】 通过画箭头可以确定齿条的移动方向向上(如图 16-22)。

图 16-22 轮系

由 $i_{16}=\dfrac{n_1}{n_6}=\dfrac{z_2 z_3 z_4 z_6}{z_1 z_2' z_3' z_5}$ 得

$$n_6=\frac{n_1}{i_{16}}=n_1\frac{z_1 z_2' z_3' z_5}{z_2 z_3 z_4 z_6}=100\times\frac{20\times 15\times 18\times 1}{40\times 60\times 18\times 40}=0.312\,5(\text{r/min})$$

$$v_8=v_7=2\pi r_7 n_7/60=\pi m z_7 n_7/60=3.14\times 3\times 20\times 0.312\,5/60=0.98(\text{mm/s})$$

(2) 行星轮系传动比的计算

行星轮系传动比的计算应用转化轮系法。根据相对运动原理,假想对整个行星轮系加上

一个与行星架转速 n_H 大小相等转向相反的公共转速 $-n_H$,则行星架被固定,而各构件间的相对运动关系保持不变。这样,原行星轮系就转变为假想的定轴轮系,这个经过一定条件转化得到的假想定轴轮系,称为原行星轮系的转化轮系。

如图 16-20 所示的差动轮系转化后的转速如表 16-5 所示。

表 16-5 行星轮系转化后的转速表

构件名称	原来的转速	转化轮系中的转速
太阳轮 1	n_1	$n_1^H = n_1 - n_H$
行星轮 2	n_2	$n_2^H = n_2 - n_H$
齿圈 3	n_3	$n_3^H = n_3 - n_H$
行星架 H	n_H	$n_H^H = n_H - n_H = 0$

利用定轴轮系传动比的计算方法,可列出转化轮系中任意两个齿轮的传动比。

1,3 轮的传动比为:

$$i_{13}^H = \frac{n_1^H}{n_3^H} = \frac{n_1 - n_H}{n_3 - n_H} = -\frac{z_3}{z_1}$$

设 n_G 和 n_K 为行星轮系中任意两个齿轮 G 和 K 的转速,n_H 为行星架的转速,则有

$$i_{GK}^H = \frac{n_G^H}{n_K^H} = \frac{n_G - n_H}{n_K - n_H} = \pm\frac{\text{齿轮 G 到 K 之间所有从动轮齿数的连乘积}}{\text{齿轮 G 到 K 之间所有主动轮齿数的连乘积}} \quad (16\text{-}19)$$

汽车自动变速器用的行星齿轮机构通常由两排或多排行星齿轮机构连接在一起,用以满足汽车行驶及各种工况下所需要的多个传动比和传给驱动轮不同转矩的需要,其基本组成及工作原理,可以用单排行星齿轮机构来说明,如图 16-23 所示。单排行星齿轮机构由一个太阳轮 1、一个齿圈 3、一个行星架 4 和几个行星齿轮 2 组成,行星齿轮 2 的数量根据传递转矩的大小可选择 4~6 个,并均匀对称地布置。

【例 16-4】 如图 16-23 所示的单排行星机构中,设太阳轮的齿数为 $z_1 = 24$,齿圈 3 的齿数 $z_3 = 56$。当齿圈被固定,太阳轮 1 为主动件、行星架 4 为从动件时,行星机构的传动比为多少?

【解】 当齿圈被固定,太阳轮 1 为主动件而行星架 4 为从动件:

$$i_{13}^H = \frac{n_1 - n_H}{n_3 - n_H} = \frac{n_1 - n_H}{-n_H} = 1 - i_{1H} = -\frac{z_3}{z_1} = -\frac{7}{3}$$

$$i_{1H} = 1 + \frac{7}{3} \approx 3.33$$

3) 轮系的功用

(1) 实现远距离传动

如图 16-24 所示,当两轴间的距离较远时,如果仅用齿轮 1 和齿轮 2 传动,两轮尺寸很大,这样既占空间又费材料。若改用齿轮 a、b、c、d 组成的轮系传动,使整个机构的轮廓尺寸减小。

(2) 实现变速传动

在汽车变速器中,利用定轴轮系实现手动变速传动。如图 16-21 所示为汽车上常用的三

轴四速手动变速器传动简图。

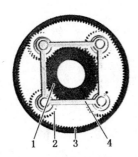 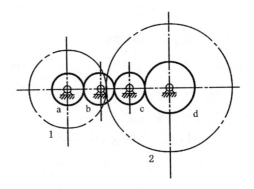

图 16-23　单排行星机构　　　　　图 16-24　利用轮系实现远距离传动
1—太阳轮；2—行星轮；3—齿圈；4—行星架

（3）实现运动的合成与分解

由例 16-2 可知：当牙嵌离合器的 A 和 B 半轴接合，滑移齿轮 4、6 空套时，轴 4 得到与轴 1 同样的高转速；离合器脱开，运动和动力由齿轮 1、2 传给轴 2，当移动滑移齿轮使 4 与 3 啮合，或 6 与 5 啮合，轴 4 可得中速或低速挡；当移动齿轮 6 与轴 3 上的齿轮 8 啮合，轴 4 转速反向，可得低速的倒车挡。

在汽车变速器中利用行星轮系实现自动变速传动。例 16-4 中求得的传动比大于 1，所以可以实现一个低速挡。同理，单排行星齿轮传动机构利用自动变速器中的离合器和制动器可以实现减速挡、超速挡、直接挡、倒挡和空挡。

① 空挡。行星齿轮机构中所有的元件都不固定，可以自由转动，此时无论动力从哪一个元件输入，都不会有动力输出，即自动变速器处于空挡位置。

② 降速挡。实现降速挡可通过固定行星齿轮机构中的两种元件来实现，一种是固定太阳轮，另一种是固定齿圈。

当固定太阳轮时（$n_1=0$），以齿圈为主动件，行星架 H 为从动件，并且 $z_3>z_1$。当动力输入给齿圈 n_3 时，齿圈将使行星齿轮在行星架上自转，由于太阳轮被固定，则自转着的行星齿轮与行星架将一起绕着太阳轮公转。此时由公式 $i_{13}^H=\dfrac{n_1-n_H}{n_3-n_H}=-\dfrac{z_3}{z_1}$，因 $n_1=0$ 解之得，$i_{3H}=\dfrac{n_3}{n_H}=\dfrac{z_1}{z_3}+1>1$，故 $n_3>n_H$，所以实现了降速传动，为一种降速挡。因为行星架以较低的速度转动，所以输出转矩增大。另外，由于传动比为正，因此行星架和齿圈同向转动。

当齿圈固定时 $n_3=0$，太阳轮为主动件，行星架为从动件。同理解出，$i_{1H}=\dfrac{n_1}{n_H}=\dfrac{z_3}{z_1}+1>1$，故 $n_1>n_H$，即为另一种降速挡。另外，由于传动比为正，行星架和太阳轮同向转动。

③ 直接挡。若行星齿轮机构的任意两个元件为主动件同向同速转动时，则第三元件的转速必然与前两者转速相等。当齿圈和太阳轮为主动件同向同速转动时，齿圈的内齿和太阳轮试图以同一旋转方向转动行星齿轮，结果把行星齿轮锁在齿圈与太阳轮之间。此时，行星齿轮机构像一个整体。主动件与从动件被锁在一起从而形成直接挡传动，输入转速等于输出转速。

④ 超速挡。超速挡的实现只要将上述降速挡两种情况中的主动件与从动件互换即可。

当固定太阳轮时,以行星架为主动件,齿圈为从动件。这时 $i_{H3} = \dfrac{n_H}{n_3} = \dfrac{z_3}{z_3 + z_1} < 1$,故 $n_3 > n_H$,所以实现了超速传动,为一种超速挡。

当固定齿圈时,以行星架为主动件,太阳轮为从动件。这时,$i_{H1} = \dfrac{n_H}{n_1} = \dfrac{z_1}{z_3 + z_1} < 1$,故 $n_1 > n_H$,所以实现了超速传动,为另一种超速挡。

⑤ 倒挡。行星架固定,行星轮系变为定轴轮系,无论太阳轮为主动件还是从动件,齿圈作从动件或主动件,太阳轮的转动与齿圈的转动方向始终相反。这时的倒挡有两种情况:

若以太阳轮为主动件,齿圈为从动件,则 $i_{13} = \dfrac{n_1}{n_3} = -\dfrac{z_3}{z_1}$,故得一降速倒挡;

若以齿圈为主动件,太阳轮为从动件,则 $i_{31} = \dfrac{n_3}{n_1} = -\dfrac{z_1}{z_3}$,故得一超速倒挡。

此时行星齿轮只起惰轮作用(只改变旋转方向)。

综上所述,行星齿轮机构可以获得 5 个前进挡、2 个倒挡和 1 个空挡,其工作情况可用表 16-6 归纳如下:

表 16-6 行星齿轮机构变速的工作情况

挡位	固定件	主动件	从动件	传动比	备 注
1 挡	齿圈	太阳轮	行星架	$i_{1H} = \dfrac{z_3 + z_1}{z_1}$	传动比最大,行驶速度最慢挡,驱动转矩最大
2 挡	太阳轮	齿圈	行星架	$i_{3H} = \dfrac{z_3 + z_1}{z_3}$	
3 挡				1	直接挡
4 挡	太阳轮	行星架	齿圈	$i_{H3} = \dfrac{z_3}{z_1 + z_3}$	传动比最小,行驶速度最快挡,驱动转矩最小
5 挡	齿圈		太阳轮	$i_{H1} = \dfrac{z_1}{z_1 + z_3}$	
倒 1 挡	行星架	太阳轮	齿圈	$i_{13} = -\dfrac{z_3}{z_1}$	慢倒挡
倒 2 挡	行星架	齿圈	太阳轮	$i_{31} = -\dfrac{z_1}{z_3}$	快倒挡
空挡	三元件不固定				无输出

在机械传动中有时需要将一个运动分解到几个方向或把几个运动合成一个运动,如图 16-25 所示的汽车后桥差速器就把主变速器的运动分解到左右两个半轴上。

如图 16-25(b)所示,动力由主动齿轮 5 传给松套在后轴上的从动齿轮 4,对于底盘来说,主动齿轮 4 和从动齿轮 5 的几何轴线都固定不动,所以组成定轴轮系。行星齿轮 2 松套在从动齿轮 4 侧面突出部分的小轴上,它们同时与半轴齿轮 1 和半轴齿轮 3 啮合。当汽车在平坦

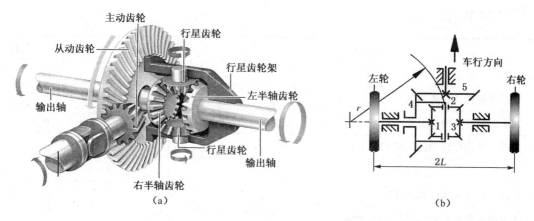

图 16-25 汽车后桥差速器

的道路直线行驶时,左、右两轮所行的距离相等,所以转速也相同。这时行星齿轮 2 不绕自己的轴线转动,而齿轮 1、2、3 如同一个整体一起随着从动齿轮 4 转动,所以 $n_1 = n_2 = n_4$。当汽车向左转弯时,右齿轮比左齿轮转得快,这时半轴齿轮 1 和半轴齿轮 3 之间发生相对转动,行星齿轮 2 除随从动齿轮 4 转动外,还要绕自己的轴线转动,所以是个行星轮,齿轮 4 是个行星架,齿轮 1 和齿轮 3 是中心轮,它们组成一个行星轮系。

任务归纳

1) 通过齿轮传动装置的拆装,了解齿轮传动的基本知识:

(1) 齿轮传动是一种应用非常广泛的机械传动方式。齿轮传动分平面齿轮传动和空间齿轮传动。齿轮齿廓曲线多为渐开线轮廓。

(2) 直齿圆柱齿轮各部分的名称和符号;直齿圆柱齿轮的主要参数有 z、m、α、h_a^* 和 c^*;直齿圆柱齿轮能够正确啮合的条件是两齿轮的模数和压力角相等且为标准值;能够连续传动的条件为重合度 $\varepsilon > 1$。

(3) 斜齿圆柱齿轮主要参数有螺旋角、模数、压力角和齿数。斜齿圆柱齿轮的正确啮合条件是两轮的法面模数和法面压力角分别相等且为标准值;两轮分度圆柱上的螺旋角大小相等、旋向相反(同)。

(4) 直齿锥齿轮的正确啮合条件为:两轮的大端模数和大端压力角分别相等且为标准值。

(5) 齿轮传动的主要失效形式有轮齿折断、齿面点蚀、齿面磨损、齿面胶合和塑性变形。

(6) 蜗杆传动的主要参数有 m、α、q 和 i。蜗杆传动的正确啮合条件是:蜗杆的轴面模数 m_{a1} 和轴面压力角 α_{a1} 与蜗轮的端面模数 m_{t2} 和端面压力角 α_{t2} 分别相等且为标准值;蜗杆分度圆柱上的导程角 γ_1 与蜗轮分度圆柱上的螺旋角 β_2 大小相等、旋向相同。

(7) 齿轮系的类型、传动比的计算和轮系的主要应用。

2) 通过齿轮传动装置的拆装,掌握齿轮传动装置的拆装方法。

任务测评

技能目标	自评	互评	备注
1. 知道齿轮传动的应用吗?			
2. 知道齿轮传动的类型吗?			
3. 知道齿轮各部分的名称吗?			
4. 知道各种齿轮传动的正确啮合条件吗?			
5. 会计算定轴轮系的传动比吗?			
6. 会计算行星轮系的传动比吗?			
7. 能正确拆装和维护齿轮传动装置吗?			
8. 在进行拆装时,能按照操作规程规范操作吗?			

个人小结:

教师评价:　　　　　　　　　　　　　　　　　　　　　教师签名

思考题

一、填空题

1. 轮齿的失效形式有_____、_____、_____、_____和_____。
2. 常见的齿轮形状为_____齿廓。
3. 汽车手动变速器常采用_____轮系,驱动桥中的差速器称为_____轮系。
4. 蜗杆传动中_____为主动件。
5. 汽车自动变速器利用单排行星齿轮可以实现_____挡、_____挡、_____挡和_____挡,共_____个挡位。

二、选择题

1. 下列( )齿轮传动比表示超速运动。
   A. 2.15∶1　　　　B. 1∶1　　　　C. 0.8∶1　　　　D. 以上都不表示
2. 惰轮位于主动齿轮和从动齿轮之间,从动齿轮( )。
   A. 转动方向与主动齿轮相同　　　　B. 转动方向与主动齿轮相反
   C. 保持静止　　　　D. 使从动齿轮转动加快
3. 下列高速噪声大的齿轮是( )。
   A. 直齿轮　　　　B. 斜齿轮
   C. A和B　　　　D. A和B都不大
4. 技师A说,从动齿轮齿数比上主动齿轮齿数可以确定传动比;技师B说,从动齿轮转速比上主动齿轮转速可以确定传动比。说法正确的是( )。
   A. A正确　　　　B. B正确
   C. 两人都正确　　　　D. 两人均不正确
5. 加工标准齿轮时,为了不产生根切现象,规定最小齿数不少于( )。
   A. 14齿　　　　B. 15齿　　　　C. 16齿　　　　D. 17齿

三、判断题

1. 蜗杆传动与其他齿轮相比,最大的特点是传动比大,是其他齿轮机构无法实现的。( )
2. 轮系的传动比指轮系中首、末两轮的齿数比。( )
3. 轮系可合成运动,但不可分解运动。( )
4. 齿轮参数中最基本的参数是齿数、模数和压力角。( )
5. 在制造、安装过程中,一对相互啮合的齿轮的中心距发生微小误差会改变其瞬时传动比,因此在制造、安装时的要求较高。( )

四、简答题

1. 比较各种齿轮传动的正确啮合条件是什么?
2. 什么是齿轮的根切现象?怎么避免齿轮根切现象的出现?
3. 变速器中为何大多采用加工相对困难的斜齿轮,而不使用加工简单的直齿轮?
4. 蜗杆传动在汽车中的应用有哪些?
5. 简述齿轮传动装置的拆装步骤。

五、计算题

1. 有一齿轮减速器,主动齿轮齿数 $z_1=20$,从动齿轮齿数 $z_2=50$,试计算传动比 i_{12}。若主动齿轮转速 $n_1=800$ r/min,求从动齿轮转速。

2. 所图 16-26 示,轮系中各齿轮的齿数分别是:$z_1=20$,$z_2=40$,$z_3=60$,$z_4=20$,$z_5=30$,$z_2'=25$,$z_3'=35$,$n_1=1000$ r/min,求 n_5。

3. 如图 16-27 所示为周转轮系。已知 $z_1=15$,$z_2=25$,$z_3=20$,$z_4=60$,$n_1=200$ r/min,$n_4=50$ r/min,且两太阳轮 1、4 转向相反。试求行星架转速 n_H 及行星轮转速 n_3。

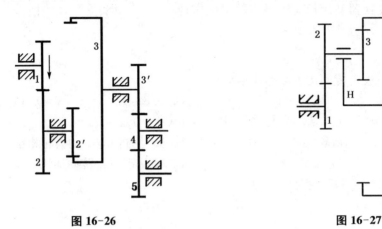

图 16-26　　　　　　　图 16-27

项目 6　液压传动装置的应用与拆装

项目情境

液压传动在汽车上的应用非常广泛,如汽车液压制动系统、液压助力转向系统、液压悬架系统以及自卸汽车液压系统等,作为一名汽车专业人员,必须掌握液压传动的基础知识。通过本项目两个任务的学习,使学生熟悉各种常用液压元件的结构和工作原理,知道液压传动在汽车上的应用。

项目目标

能力目标
1. 能正确使用液压千斤顶;
2. 能分析汽车液压传动系统;
3. 能正确选用常用液压元件;
4. 能进行汽车液压系统的拆装;
5. 能进行汽车液压元件的拆装。

知识目标
1. 正确描述液压传动的概念和工作原理;
2. 正确描述液压传动系统的组成及其作用;
3. 正确描述液压传动的基本参数;
4. 正确描述液压泵、液压缸、液压马达、压力控制阀、流量控制阀和方向控制阀的图形符号和工作原理;
5. 正确描述液压泵的图形符号和工作原理。

任务 17　认识液压千斤顶

任务描述

千斤顶是一种最常用、最简单的起重工具,按照其工作原理可以分为机械丝杆、气压式和液压式,按照所能起顶质量可以分为 3 000 kg、5 000 kg、9 000 kg 等多种不同规格,目前广泛使用的是液压式千斤顶。如图 17-1 所示,液压千斤顶是汽车修理中常用的工具,主要用于更换车轮时将汽车顶起便于维修人员工作。液压千

图 17-1　液压千斤顶

斤顶是典型的液压传动系统。常用的千斤顶有直立式、卧式和分体式三种。本任务通过观察液压千斤顶的工作过程来说明液压传动的基本概念、工作原理以及液压传动系统的组成。

任务分析

任务目标	知识目标	鉴定标准
1. 观察液压千斤顶的顶起过程 2. 观察液压千斤顶的下降过程	1. 液压传动的工作原理 2. 液压传动系统的组成 3. 液压传动的基本参数	应知：液压传动的工作原理及液压传动系统的组成 应会：分析汽车液压传动系统

任务实施

所需工具：汽车、液压千斤顶、三角垫木等。

液压千斤顶的使用：

（1）起顶汽车前，应把千斤顶顶面擦拭干净，拧紧液压开关，把千斤顶放置在被顶部位的下部，并使千斤顶与被顶部位间相互垂直，以防千斤顶滑出而造成事故。

（2）旋转顶面螺杆，改变千斤顶顶面与被顶部位的原始距离，使起顶高度符合汽车需要的顶置高度。

（3）用三角形垫木将汽车着地车轮前后塞住，防止汽车在起顶过程中发生滑溜事故。

（4）用手上下压动千斤顶手柄，被顶汽车逐渐升到一定高度，在车架下放入搁车凳，禁止用砖头等易碎物支垫汽车。落车时，应先检查车下是否有障碍物，并确保操作人员的安全。

（5）徐徐拧松液压开关，使汽车缓慢平稳地下降，架稳在搁车凳上。

相关知识

液压传动是以液体为工作介质，利用液体的压力能进行运动和动力传递的一种传动方式。液压传动系统本质上是一种能量转换装置，它先将机械能转换为便于输送的液压能，随后又将液压能转换为机械能而做功。

17.1 液压传动的工作原理

如图17-2所示，液压千斤顶一般由杠杆1、大活塞11、液压缸15、小活塞3、手动柱塞泵12、单向阀5和6、托盘16、油管7和油箱8等组成。小活塞3和大活塞11分别能在泵体2和缸体14内滑动并具有良好的密封，液压千斤顶工作时，截止阀9关闭。

提起杠杆1时，手动柱塞泵油腔4内密封容积增大，形成局部真空而使压力低于大气压，油箱8中的液压油在大气压的作用下顶开单向阀6进入手动柱塞泵油腔4，吸油一次。压下杠杆1时，手动柱塞泵油腔4内压力增大，液压油顶开单向阀5通过油管7进入液压缸的油腔10中，推动大活塞11上升，将重物举起一段距离，压油一次。再提起杠杆时，单向阀5阻止液压缸15中的压力油倒流回手动柱塞泵12，从而保证重物不致自行下落。截止阀9的作用是放油，将截止阀旋转90°，在重物的重力作用下，液压缸的油液排回油箱，大活塞11可下降至原位。

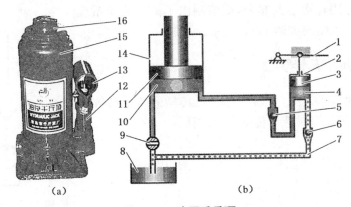

图 17-2 液压千斤顶

1—杠杆；2—泵体；3—小活塞；4、10—油腔；5、6—单向阀；7—油管；8—油箱；9—截止阀；
11—大活塞；12—手动柱塞泵；13—杠杆安装处；14—缸体；15—液压缸；16—托盘

反复提起和压下杠杆 1 时，手动柱塞泵 12 交替进行吸油和压油，压力油不断地进入液压缸 15 中，将重物提升到指定高度。

从液压千斤顶工作过程可以看出，液压传动是以液压油为工作介质，依靠油腔密封容积的变化来传递运动，通过液压油内部的压力来传递动力的。

17.2 液压传动系统的组成

如图 17-2 所示，杠杆 1、泵体 2、小活塞 3 组成了手动柱塞泵 12，是液压千斤顶的动力元件；大活塞 11 和缸体 14 组成了液压缸 15，是液压千斤顶的执行元件；单向阀 5、6 和截止阀 9 是液压千斤顶的控制元件；油管 7 和油箱 8 是液压千斤顶的辅助元件；液压千斤顶的工作介质是液压油。

液压传动系统一般由五个部分组成。

(1) 动力元件　指各种液压泵。其作用是把原动机(电动机或发动机)的机械能转换成液压油的压力能，是液压系统的动力源。

(2) 执行元件　指各种液压缸或液压马达。其作用是将液压油的压力能转换成机械能，实现往复直线运动、摆动或连续转动。

(3) 控制元件　指各种类型的液压控制阀。其作用是改变液压传动系统的压力、流量和流向，从而控制执行元件的动力、速度和方向。

(4) 辅助元件　指油箱、油管、管接头、滤油器、密封件等。其作用是储存、输送、净化和密封液压油等，并有散热作用。

(5) 工作介质　指各种液压油。其作用是在液压传动系统内传递能量。液压油不仅有效地传递能量，而且还起到润滑和散热的作用。选用合适的液压油是确保液压系统正常工作的前提。液压油是工业润滑油中用量最大、应用最广的品种。在任何液压系统中，液压油是至关重要的组成部分。

如图 17-2(b)所示的液压千斤顶工作原理图中，液压元件基本上都是用结构式或半结构式表示的示意图，这些图形直观性强，易于理解，但绘制困难。

为了简化液压传动系统图的绘制，每一个液压元件都用其图形符号表示。将表示各种不同功能的图形符号用管路连接起来,就绘制出了液压传动系统回路图。液压千斤顶回路图如图17-3所示。

17.3 液压传动的基本参数

作为汽车专业技术人员,了解一些液压传动的基本参数压力和流量等,将有利于加深对液压传动系统的认识。

1) 压力

压力是液体单位面积上所受的法向作用力,用 p 表示。

$$p = \frac{F}{A} \quad (17-1)$$

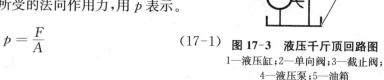

图17-3 液压千斤顶回路图
1—液压缸;2—单向阀;3—截止阀;
4—液压泵;5—油箱

式中:F——作用力(N);
　　A——有效作用面积(m^2)。

压力的国际单位制单位是 $Pa(N/m^2)$,常用单位还有 $MPa(10^6 Pa)$ 等。

根据帕斯卡原理知:在密闭容器内,施加于静止液体内的压力可以等值地传递到液体各点。在图17-2中,若小活塞3在外力 F_1 的作用下,使密闭容积中的油液产生了压力 p,由于大活塞11的有效面积 A_2 大于小活塞3的有效面积 A_1,在大活塞处使外力 F_1 放大为 F_2,F_2 的大小为

$$F_2 = \frac{A_2}{A_1} F_1 \quad (17-2)$$

液压系统的工作压力取决于负载的大小,即要克服的阻力越大,缸中的压力越大。在液压元件铭牌上所标注的压力是指额定压力,额定压力是按试验标准规定连续运转的最高压力,输出压力超过额定压力就为过载。它是液压元件的主要参数之一。

2) 流量

流量是单位时间内流过某一截面的液压油体积,以 q 表示。

$$q = \frac{V}{t} = \frac{Al}{t} = Av \quad (17-3)$$

式中:V——流过截面的液压油体积(m^3);
　　t——流过 V 体积油液所需时间(s);
　　A——截面面积(m^2);
　　l——油液流过的距离,m;
　　v——液体流速(m/s)。

流量的国际单位制是 m^3/s,常用单位还有 L/min。

额定流量是按试验标准规定,液压元件连续运转必须保证的流量,它也是液压元件的主要参数之一。

任务归纳

1) 通过液压千斤顶的使用,了解液压传动的基本知识:
(1) 液压传动是以液体为工作介质,利用液体的压力能进行运动和动力传递的一种传动

方式。液压传动是以液压油为工作介质,依靠油腔密封容积的变化来传递运动,通过液压油内部的压力来传递动力的。

(2) 液压传动系统一般由动力元件、执行元件、控制元件、辅助元件和工作介质五部分组成。

(3) 液压传动的基本参数是压力和流量。

2) 通过液压千斤顶的使用,掌握液压千斤顶的使用方法。

任务测评

技能目标	自评	互评	备注
1. 知道液压千斤顶的分类和组成吗?			
2. 知道液压传动的工作原理吗?			
3. 知道液压传动系统的组成吗?			
4. 知道液压传动的基本参数吗?			
5. 能独立使用液压千斤顶顶起汽车吗?			
6. 能按照操作规程规范操作吗?			
个人小结:			
教师评价:		教师签名	

思考题

一、填空题

1. 液压传动是以_____作为工作介质,依靠_____来传递运动,通过_____来传递动力的。
2. 液压传动系统由_____、_____、_____、_____和_____五个部分组成。
3. 液压传动的两个基本参数是_____和_____。
4. 液压系统的工作压力取决于_____。
5. 同一液压管路中,截面面积与流速成_____比。

二、判断题

1. 液压传动系统实质上是一个能量转换装置。 (　　)
2. 动力元件主要指的是各种液压缸和液压马达。 (　　)
3. 液压千斤顶的起顶速度仅与操作者的力量有关。 (　　)
4. 液压泵的作用是将液压能转换成机械能。 (　　)
5. 液力变矩器是液力传动而不是液压传动。 (　　)

三、简答题

1. 简述液压传动的工作原理。
2. 液压传动系统由哪些部分组成?各部分的功用是什么?
3. 若进入某液压缸的流量为 q,活塞面积为 A,那么,活塞的运动速度是多少?
4. 什么是额定压力和额定流量?
5. 液压传动系统在汽车中的应用有哪些?

任务 18　液压元件的认识和拆装

任务描述

汽车液压助力转向系统的作用是保持汽车稳定地直线行驶,并能根据需要改变方向,助力转向系统是在机械式转向系统的基础上加装一套动力辅助装置组成的。

如图 18-1 所示,属于动力辅助装置的部件有转向油罐 10、转向油泵 11、转向油管 12、位于转向器 7 内的转向控制器和转向动力缸。当驾驶员转动转向盘 1 时,转向摇臂 6 摆动,通过转向直拉杆 8、转向横拉杆 5、转向节臂 4,使转向轮偏转,从而改变汽车的行驶方向。假如向左转动转向盘 1,汽车转向系统动作,带动前车轮向左转;反之,车轮向右转。

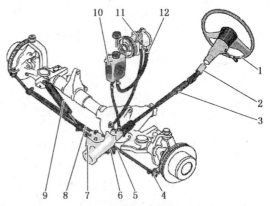

图 18-1　汽车液压助力转向系统工作示意图
1—转向盘;2—转向轴;3—转向中间轴;4—转向节臂;
5—转向横拉杆;6—转向摇臂;7—转向器;8—转向直拉杆;
9—转向减振器;10—转向油罐;11—转向油泵;12—转向油管

转向器输入轴带动转向器 7 内部的转向控制阀移动,使转向动力缸产生液压作用力,帮助驾驶员转向操纵。这样,为了克服地面作用于转向轮上的转向阻力矩,驾驶员需要加于转向盘上的转向力矩,比用机械转向系统时所需的转向力矩小得多。那么,这种液压转向系统中各种液压元件的结构、图形符号和工作原理是怎样的呢?

如图 18-2 所示,汽车液压助力转向系统转向油泵采用的是双作用叶片泵。

本任务以双作用叶片泵为例来说明液压元件的拆装过程。通过对常用液压元件的拆装,使学生掌握各种常用液压元件的结构、工作原理图形符号和选用技能。

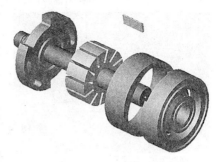

图 18-2 双作用叶片泵

任务分析

任务目标	知识目标	鉴定标准
1. 观察各种常见液压元件 2. 能正确选用常见的液压元件 3. 能正确拆装常见液压元件	1. 液压元件的作用 2. 液压元件的结构和工作原理 3. 液压元件的图形符号	应知:常见液压元件的作用、结构、工作原理和图形符号 应会:选用和拆装常见液压元件

任务实施

所需工具:活动扳手、螺丝刀等。

拆装步骤:

以双作用叶片泵为例来说明液压元件的拆装过程。如图 18-3 所示为双作用叶片泵的总成图。如图 18-4 所示为组成双作用叶片泵的零件图。

(1) 卸下螺栓,拆开泵体。
(2) 取出配油盘。
(3) 取出转子和叶片。
(4) 取出定子,再取配油盘。
(5) 清洗叶片、转子、定子、配油盘、密封圈、轴承、泵体、泵盖和螺栓等零件。
(6) 将叶片装入转子内(注意叶片的安装方向)。
(7) 将配油盘装入左泵体内,再放进定子。
(8) 将装好的转子放入定子内。
(9) 插入传动轴和配油盘(注意配油盘的方向)。
(10) 装上密封圈和右泵体,用螺栓拧紧。
(11) 将工具擦净放回原处,清洁场地。

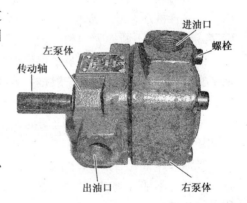

图 18-3 双作用叶片泵的总成图

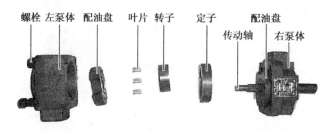

图 18-4 组成双作用叶片泵的零件图

相关知识

18.1 动力元件

液压系统中的液压油要经过一定的动力推动才能够流动,就像心脏推动血液流动一样。动力元件泵依靠原动机输入的机械能运动,完成吸油、排油从而推动液压油流动,最后将原动机输入的机械能转换为液体的压力能向系统供油。

汽车液压助力转向系统中的泵可根据需要选择齿轮泵、叶片泵和柱塞泵等。

1) 液压泵的工作原理

如图 18-5 所示的单柱塞液压泵中,柱塞 2 装在缸体 4 中形成一个密封容积,柱塞 2 在弹簧 3 的作用下始终压紧在偏心轮 1 上。原动机驱动偏心轮 1 旋转使柱塞 2 做往复运动,密封容积的大小发生周期性的交替变化。当柱塞 2 右移时,密封容积由小变大形成部分真空,油箱中液压油在大气压力作用下经吸油管顶开吸油单向阀 5 进入密封容积而实现吸油;反之,当柱塞 2 左移时,密封容积由大变小,密封容积中吸满的油液将顶开压油单向阀 6 流入系统而实现压油。这样液压泵就将原动机输入的机械能转换成液压油的压力能,原动机驱动偏心轮不断旋转,液压泵就不断地吸油和压油。

由上述分析可见,液压泵是依靠密封容积变化来实现吸油和压油的,故一般称为容积式液压泵。液压泵输出流量的大小取决于密封容积的变化量和柱塞单位时间往复运动的次数。液压泵必须具有密封容积且密封容积发生交替变化才能吸油和压油;泵中应有配流装置,以使吸油腔和压油腔不能互通;吸油过程中,一般油箱须和大气相通。

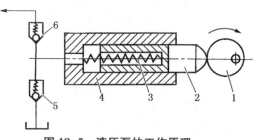

图 18-5 液压泵的工作原理
1—偏心轮;2—柱塞;3—弹簧;4—缸体;
5—吸油单向阀;6—压油单向阀

液压泵的排量指泵轴转一转时,密封容积的变化量,即在无泄漏的情况下,泵轴转一转所能排出的液体体积,用 V 表示。排量是液压泵的主要性能参数之一。流量与排量的关系为 $q = nV$。

2) 液压泵的分类

液压泵按其在单位时间内所能输出的油液的体积是否可调节而分为定量泵和变量泵两类;按结构形式可分为齿轮式、叶片式和柱塞式三大类。表 18-1 所示为液压泵的图形符号。

表 18-1　液压泵的图形符号

名　　称	单向定量泵	单向变量泵	双向定量泵	双向变量泵
图形符号	⊘	⊘	⊘	⊘

(1) 齿轮泵

齿轮泵一般做成定量泵，按结构不同，齿轮泵分为外啮合齿轮泵和内啮合齿轮泵。

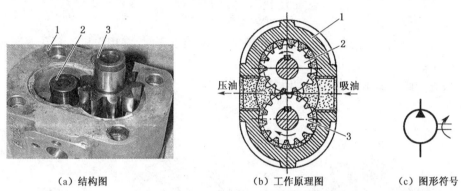

(a) 结构图　　(b) 工作原理图　　(c) 图形符号

图 18-6　外啮合齿轮泵
1—壳体；2—主动齿轮；3—从动齿轮

如图 18-6 所示为外啮合齿轮泵。在泵的壳体 1 内有一对外啮合渐开线直齿轮，齿轮两端面有端盖盖住（图中未示出），齿轮两端面与泵盖的间隙以及齿轮的齿顶与泵体内表面的间隙都很小，一对啮合的轮齿将泵体、前后泵盖和齿轮包围的密封容积分隔成左、右两个密封工作腔。当原动机带动主动齿轮 2 如图示方向转动时，右侧的轮齿不断退出啮合，其工作油腔容积逐渐增大，形成局部真空，油箱中的液压油在大气压力的作用下进入密封油腔——吸油腔，随着齿轮的转动，吸入的液压油被齿间转移到左侧的密封工作腔；而左侧的轮齿不断进入啮合，使密封油腔——压油腔容积逐渐减小，压力升高，从压油口输出压力油。齿轮连续旋转，泵连续不断地吸油和压油。吸油区和压油区由相互啮合的轮齿分隔开，没有配流装置。

内啮合齿轮泵有如图 18-7 所示的渐开线齿轮泵和如图 18-8 所示的摆线齿轮泵两种，其工作原理与外啮合齿轮泵完全相同。

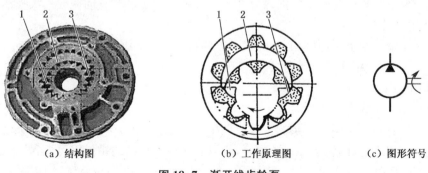

(a) 结构图　　(b) 工作原理图　　(c) 图形符号

图 18-7　渐开线齿轮泵
1—吸油腔；2—压油腔；3—隔板

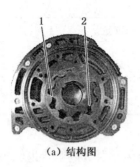 

(a) 结构图　　　　　　(b) 工作原理图　　　　　(c) 图形符号

图 18-8　摆线齿轮泵
1—吸油腔；2—压油腔

泵的铭牌中有 CB 标志的为齿轮泵。齿轮泵一般为低压泵，多用作机油泵和液压转向泵。

(2) 叶片泵

叶片泵有单作用式和双作用式两大类。

① 单作用叶片泵

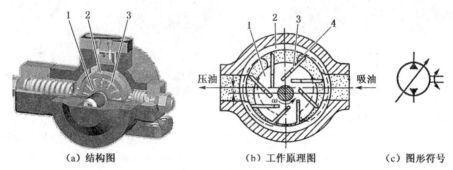

(a) 结构图　　　　　　(b) 工作原理图　　　　　(c) 图形符号

图 18-9　单作用叶片泵
1—转子；2—定子；3—叶片；4—配油盘

如图 18-9 所示为单作用叶片泵，它由转子 1、定子 2、叶片 3、配油盘（虚线所示为配油盘窗口）和端盖（图中未示出）等零件组成。两相邻叶片 3、配油盘、定子 2、转子 1 以及端盖之间形成了一个个密封工作容积。当转子 1 逆时针方向旋转时，图示右侧叶片向外伸出，密封工作容积增大，产生真空，液压油通过吸油口和配油盘上窗口吸入；在图示左侧，密封工作容积逐渐减小，压力升高，液压油通过配油盘另一个窗口和压油口压出。转子不停地旋转，泵就不停地吸油和压油。吸油腔和压油腔由配油盘分开。这种泵的转子每转一周完成一次吸油和一次压油，称为单作用叶片泵。

单作用叶片泵为变量泵，其偏心距和偏心方向可通过手动或自动调节而改变。这种泵不宜用于高压系统中，可用作液压转向泵。

② 双作用叶片泵

如图 18-10 所示为双作用叶片泵。

双作用叶片泵和单作用叶片泵的工作原理相同，不同的是转子每转一周，每个密封工作腔各完成两次吸油和压油，因转子和定子同心，所以双作用叶片泵的排量不可调，是定量泵。

泵的铭牌中型号有 YB 标志的为叶片泵。叶片泵适用于中、高压系统，如用作富康轿车的转向油泵。

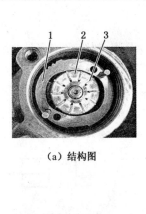 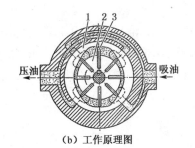

(a) 结构图　　　　　　　(b) 工作原理图　　　　　　(c) 图形符号

图 18-10　双作用叶片泵

1—定子；2—转子；3—叶片

 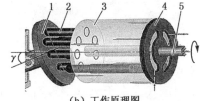

(a) 结构图　　　　　　　(b) 工作原理图　　　　　　(c) 图形符号

图 18-11　轴向柱塞泵

1—斜盘；2—柱塞；3—缸体；4—配油盘；5—传动轴

(3) 柱塞泵

柱塞泵按柱塞的排列和运动方向不同，可分为径向柱塞泵和轴向柱塞泵两类。柱塞泵是靠柱塞在缸体中做往复运动造成密封容积的变化来实现吸油与压油的。

轴向柱塞泵是将多个柱塞配置在一个共同缸体的圆周上，并使柱塞中心线和缸体中心线平行的一种泵。如图 18-11 所示的直轴式轴向柱塞泵。由斜盘 1、柱塞 2、缸体 3、配油盘 4 和传动轴 5 组成。柱塞沿圆周均匀分布在缸体内，斜盘轴线与缸体轴线倾斜一角度 γ，柱塞靠机械装置或低压油作用压紧在斜盘 1 上，配油盘 4 和斜盘 1 固定不转，传动轴 5 带动缸体和柱塞一起转动。在图示方向旋转时，柱塞 2 在自下而上回转的半周内逐渐向外伸出，使缸体内的工作容积不断增大而产生局部真空，从而将油液经配油盘的配油口吸入；在自上而下回转的半周内逐渐向里推入，使密封工作容积变小，将油液从配油口排出。缸体每转一转，每个柱塞往复运动一次，完成一次吸油、排油动作。吸油腔与压油腔通过配油盘分开。

如改变斜盘倾角 γ，就能改变柱塞行程的长度，即改变液压泵的排量。如改变斜盘倾角的方向，就能改变吸油和压油的方向，即成为双向变量泵。泵的铭牌中有 XB 标志的为轴向柱塞泵，轴向柱塞泵是双向变量泵，适用于高压、大功率的系统或流量需要调节的液压系统，如汽车液压吊车油泵等。

18.2　执行元件

液压系统中液压油的压力能最终要转换成机械能，以使主机的工作装置克服负载阻力而产生运动，工作装置实现的运动有往复直线运动、转动或摆动，运动形式不同，选用的执行元件也不同。液压助力转向系统中使用了液压缸将液体的压力能转换成了机械能。

液压系统中的执行元件主要有液压缸和液压马达。

1) 液压缸

液压缸能实现往复直线运动。液压缸结构简单,配制灵活,设计、制造比较容易,使用维护方便,与杠杆、连杆、齿轮齿条、棘轮棘爪、凸轮等机构配合,可获得多种机械运动。

汽车液压助力转向系统中使用的液压缸为单杆活塞式液压缸,如图 18-12 所示。

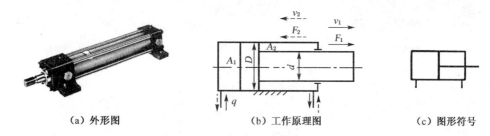

(a) 外形图　　　　(b) 工作原理图　　　　(c) 图形符号

图 18-12　单杆活塞式液压缸

单杆活塞式液压缸主要由缸体、活塞和活塞杆组成,有缸体固定和活塞杆固定两种形式,图 18-12(a)所示为缸体固定式。由于 $A_1 > A_2$,当左右两腔分别进入压力油时,即使流量和压力相等,$F_1 > F_2$,$v_1 < v_2$。即无杆腔进压力油时,活塞杆推力 F_1 大,速度 v_1 低;有杆腔进压力油时,活塞杆推力 F_2 小,速度 v_2 高。液压缸左右两腔同时接通压力油,即差动连接。如图 18-13 所示,液压缸左右两腔同时进入压力油,因为两腔的有效作用面积不等,活塞向右的推力大于向左的推力,故活塞向右运动。差动连接常用在需要实现"快进(差动连接)、工进(无杆腔进压力油)、快退(有杆腔进压力油)"的工作循环要求的液压系统中。

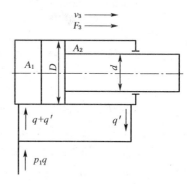

图 18-13　差动液压缸

除了单杆活塞式液压缸,液压缸还有双杆活塞式液压缸、柱塞式液压缸、伸缩式液压缸等,如表 18-2 所示。

表 18-2　其他液压缸

种类	外形图	图形符号	应用场合
双杆活塞式液压缸			用于要求往复运动速度和负载相同的场合
柱塞式液压缸			用于长行程的机床等
伸缩式液压缸			用于汽车起重机的伸缩臂回路中

2) 液压马达

液压马达能实现旋转运动。

液压马达按排量能否改变可分为定量马达和变量马达。表 18-3 所示为液压马达的图形符号。

表 18-3　液压马达的图形符号

名　称	单向定量马达	单向变量马达	双向定量马达	双向变量马达
图形符号	⊖	⊘	⊖	⊘

液压马达按结构可分为齿轮马达、叶片马达和柱塞马达。

在汽车起重机中常采用轴向柱塞液压马达,如图 18-14 所示。斜盘 1、配油盘 4 固定不动,柱塞 2 在回转缸体 3 的柱塞孔中移动,处在高压腔中的柱塞被顶出,压在斜盘上。斜盘对柱塞的反作用力可分解为与液压力平衡的轴向分力和作用在柱塞上的垂直分力,垂直分力使回转缸体产生转矩,带动马达轴 5 转动。

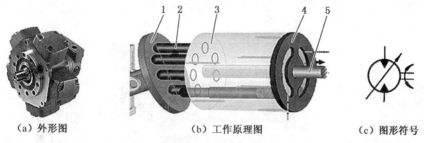

(a) 外形图　　　(b) 工作原理图　　　(c) 图形符号

图 18-14　轴向柱塞式液压马达
1—斜盘;2—柱塞;3—回转缸体;4—配油盘;5—输出轴

18.3　控制元件

液压助力转向系统中采用方向控制阀来调节油液的流向,以满足汽车转向的要求。为了保证执行元件能按设计要求安全可靠地工作,不仅要对液压油流动的方向进行控制,还要对液压油的压力和流量进行控制,这些控制元件就是液压控制阀,按其用途分为方向控制阀、压力控制阀和流量控制阀三类。

1) 方向控制阀

方向控制阀(简称方向阀)是用于控制液压系统中油路的接通、切断或改变液流方向的液压阀,可以控制执行元件的启动、停止或运动方向的改变。常用的方向控制阀有单向阀和换向阀。

(1) 单向阀

① 作用

单向阀的作用是控制油液的单向流动。

② 工作原理

单向阀有普通单向阀和液控单向阀两种。

如图 18-15 所示的普通单向阀中,液压油从阀体左端的通口 P_1 流入时,克服弹簧 3 作用在阀芯 2 上的力,使阀芯向右移动,打开阀口,并通过阀芯 2 上的径向孔 a、轴向孔 b 从阀体右端的通口 P_2 流出。液压油从阀体右端的通口 P_2 流入时,它和弹簧力一起使阀芯锥面压紧在阀座上,使阀口关闭,油液无法通过。

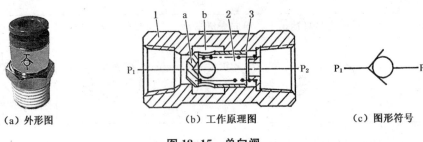

(a) 外形图　　　　(b) 工作原理图　　　　(c) 图形符号

图 18-15　单向阀
1—阀体；2—阀芯；3—弹簧

如图 18-16 所示的液控单向阀中，当控制口 K 处无液压油通入时，它的工作原理和普通单向阀一样，压力油只能从 P_1 流向 P_2，反向截止；当控制口 K 有控制压力油时，因控制活塞 1 右侧 a 腔通泄油口 L，活塞 1 右移，推动顶杆 2 顶开阀芯 3，使通口 P_1 和 P_2 接通，油液就可在两个方向自由流通。

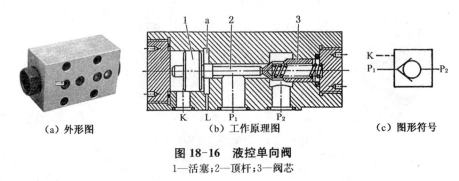

(a) 外形图　　　　(b) 工作原理图　　　　(c) 图形符号

图 18-16　液控单向阀
1—活塞；2—顶杆；3—阀芯

(2) 换向阀

① 作用

换向阀借助于阀芯和阀体间的相对移动来控制油路通断或变换油液的流动方向，从而使液压执行元件启动、停止或变换运动方向。

② 工作原理

汽车液压助力转向系统中常采用的换向阀多为滑阀式三位五通换向阀，如图 18-17 所示。该换向阀阀芯 6 的移动由转向盘 1 操纵。当汽车直线行驶时，转向盘 1 不动，滑阀处于中位，上边三个油口互相连通，下边两个油口封闭，如图 18-17(b) 所示；当转向盘 1 向左转时，滑阀

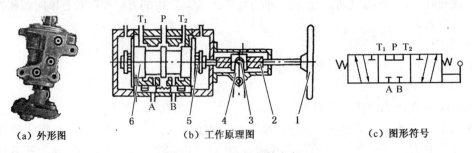

(a) 外形图　　　　(b) 工作原理图　　　　(c) 图形符号

图 18-17　三位五通换向阀
1—转向盘；2—转向螺杆；3—转向螺母；4—转向摇臂；5—复位装置；6—阀芯

阀芯 6 左移，三位五通换向阀处于左位，P 与 B 油口接通，A 与 T_1 油口接通，T_2 油口关闭；当方向盘向右转时，滑阀阀芯右移，三位五通换向阀处于右位，P 与 A 油口接通，B 与 T_2 油口接通，T_1 油口关闭。

换向阀图形符号的含义如下：

（1）用方框表示换向阀的工作位置，有几个方框就表示有几位。

（2）一个方框中上边和下边与外部连接的接口总数为通路数。

（3）方框内的箭头表示此位置上油路的通断状态，但箭头的方向并不一定代表油液实际流动的方向；"⊤"和"⊥"表示此通路被阀芯封闭，该路不通。

（4）一般用 P 表示进油口，T 或 O 表示回油口，A、B 等表示与执行元件连接油口，用 K 表示控制油口。

阀芯移动的控制方式如图 18-18 所示。

（a）手动式　　（b）电动式　　（c）弹簧式　　（d）液动式　　（e）液压先导控制式

图 18-18　换向阀芯控制方式

常用的换向阀的图形符号见表 18-4 所示。

表 18-4　常用换向阀图形符号

名　称	图形符号	名　称	图形符号
二位二通	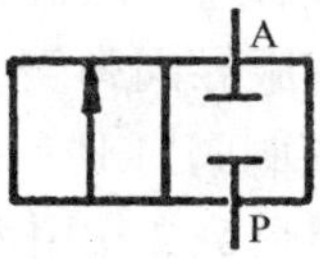 （图）	二位五通	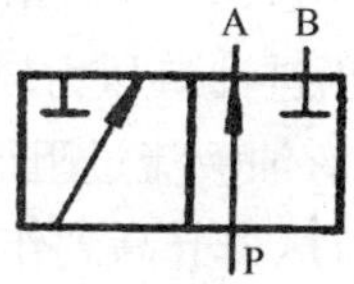 （图）
二位三通	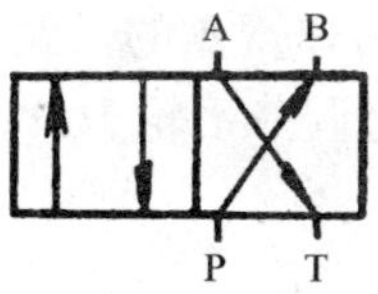 （图）	三位四通	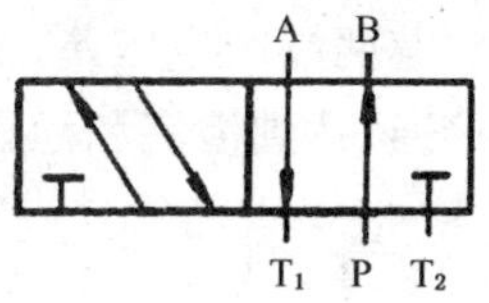 （图）
二位四通	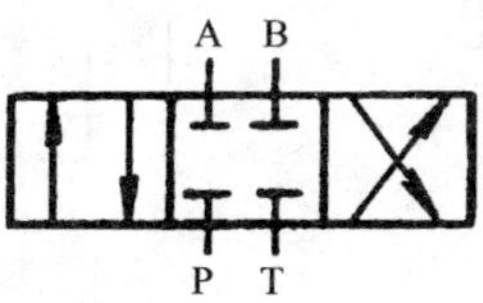 （图）	三位五通	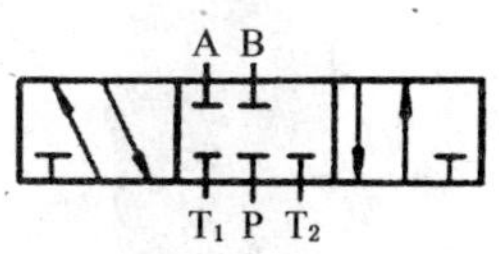 （图）

2）压力控制阀

压力控制阀是用于控制油液压力的液压阀。压力阀按功用不同分为溢流阀、减压阀和顺序阀等。它们的共同特点是利用油液的液压作用力与弹簧力相平衡的原理进行工作，通过调节阀的开口量来实现控制系统压力的目的。

（1）溢流阀

① 作用

溢流阀通过阀口的溢流起到溢流调压、安全保护、远程调压、油泵卸荷以及使执行元件的回油腔形成背压等作用。

② 工作原理

常用的溢流阀按其结构形式和基本动作方式有直动式和先导式两种。

在如图 18-19 所示的直动式溢流阀中，P 是进油口，T 是回油口，进口压力油经阀芯 3 中间的阻尼孔 a 作用在阀芯的底部端面上，当液压力小于弹簧力时，阀芯压在阀座上不动，阀口关闭；当液压力大于弹簧力时，阀芯上移，阀口打开，油液便从出油口 T 流回油箱，从而保证系统压力基本恒定；调整螺帽 1 可以改变弹簧的压紧力，这样也就调整了溢流阀进口处的油液压力 p。

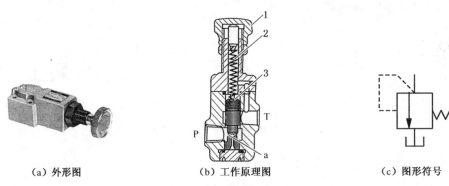

(a) 外形图　　(b) 工作原理图　　(c) 图形符号

图 18-19　直动式溢流阀
1—螺帽；2—调压弹簧；3—阀芯

如图 18-20 所示的先导式溢流阀中，压力油从 P 口进入，通过油道 b、a 后作用在导阀阀芯 3 上，当进油口压力较低，作用在导阀上的液压力不足以克服导阀弹簧 2 的作用力时，导阀关闭，没有油液流过阻尼孔 c，主阀芯 5 处于最下端位置，溢流阀阀口 P 和 T 隔断，没有溢流。当进油口压力升高到作用在导阀阀芯 3 上的液压力大于导阀弹簧 2 作用力时，导阀打开，压力油就可通过阻尼孔 c 流回油箱。由于阻尼孔的作用，使主阀芯 5 上端的液压力小于下端压力，即主阀芯两端产生压差，主阀芯 5 便在压差作用下克服主阀弹簧 4 的弹簧力上移，主阀进、回油口接通，达到溢流和稳压作用。导阀弹簧 2 的压力值通过调节手轮 1 设定。

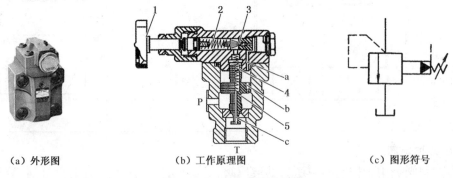

(a) 外形图　　(b) 工作原理图　　(c) 图形符号

图 18-20　先导式溢流阀
1—调节手轮；2—导阀弹簧；3—导阀阀芯；4—主阀弹簧；5—主阀芯

(2) 减压阀

① 作用

减压阀是使出口压力低于进口压力的一种压力控制阀,其作用是使用一个油源能同时提供两个或几个不同压力的输出。

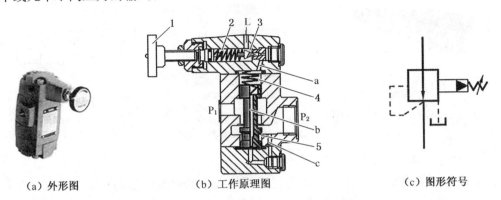

(a) 外形图　　　　(b) 工作原理图　　　　(c) 图形符号

图 18-21　先导式减压阀

1—调节手轮;2—先导阀弹簧;3—先导阀芯;4—主阀芯弹簧;5—主阀芯

② 工作原理

减压阀也有直动式和先导式两种。如图 18-21 所示的为先导式减压阀。它由主阀和先导阀组成。P_1 口是进油口,P_2 口是出油口。通过调节手轮 1 设定压力值,当出口压力低于先导阀弹簧 2 的调定压力时,先导阀呈关闭状态,先导阀芯 3 不动,阀的进、出油口是相通的,亦即阀是常开的,此时减压阀口开度最大,不起减压作用。若出口压力增大到先导阀调定压力时,先导阀芯 3 移动,阀口打开,主阀弹簧腔的液压油经过油道 a,然后由外泄口 L 流回油箱,同时出油口 P_2 处的液压油流过油道 c、阻尼孔 b,使主阀芯 5 两端产生压力降,主阀芯 5 在压差的作用下,克服主阀芯弹簧 4 的弹簧力抬起,减压阀口减小,压降增大,使出口压力下降到调定值。同理,出口压力减小,阀芯就下移,开大阀口,阀口处阻力减小,压降减小,使出口压力回升到调定值。

(3) 顺序阀

① 作用

顺序阀利用油路的压力控制多个执行元件动作的顺序动作。

② 工作原理

顺序阀也有直动式和先导式两种。在如图 18-22 所示的直动式顺序阀中,液压油从进油口 P_1 流入,经阀体上的油道 a 流到阀芯 3 的下面,当进油口压力 p 较低时,阀芯 3 在弹簧作用下处于下端位置,进油口 P_1 和出油口 P_2 不相通。当作用在阀芯 3 下端的液压油的压力大于阀芯弹簧 2 的预紧力时,阀芯 3 向上移动,阀体上腔的液压油通过外泄口 L 流回油箱,阀口打开,油液便经阀口从出油口流出,从而操纵另一执行元件或其他元件动作。阀芯弹簧 2 的压力值通过调节手轮 1 设定。

顺序阀和溢流阀的结构基本相似,不同的只是顺序阀的出油口通向系统的另一压力油路,而溢流阀的出油口通油箱。此外,由于顺序阀的进、出油口均为压力油,所以它的泄油口 L 必须单独外接油箱。

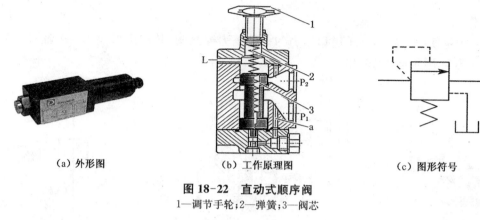

图 18-22 直动式顺序阀
1—调节手轮；2—弹簧；3—阀芯

3）流量控制阀

流量控制阀就是依靠改变阀口通流截面积的大小或通流通道的长短来控制通过阀的流量，从而调节执行元件（液压缸或马达）运动速度的液压阀。常用的流量控制阀有节流阀和调速阀。

(1) 节流阀

① 作用

节流阀用于控制液压系统中液体的流量以实现对液压系统的速度控制。

② 工作原理

如图 18-23 所示的节流阀中，液压油从进油口 P_1 进入阀体，经节流口从出口 P_2 流出。流量调整手轮 1 可使节流阀芯上下移动改变节流口的开口量大小，从而实现对流体流量的调节。

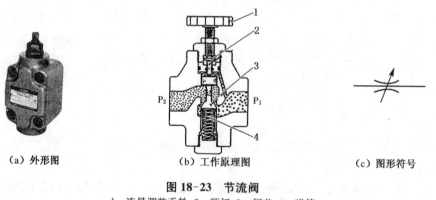

图 18-23 节流阀
1—流量调整手轮；2—顶杆；3—阀芯；4—弹簧

(2) 调速阀

① 作用

调速阀用于控制液压系统中液体的流量，实现对液压系统的速度控制。

② 工作原理

调速阀是由定差减压阀与节流阀串联而成的组合阀。

如图 18-24 为调速阀工作原理图。调速阀是在节流阀 2 前面串接一个定差减压阀 1 组合而成。液压泵的出口（即调速阀的进口）压力 p_1 由溢流阀调整基本不变，而调速阀的出口压力

p_3 则由液压缸负载 F 决定。液压油先经减压阀产生一次压力降,将压力降到 p_2,然后液压油经通道 e、f 作用到减压阀的 d 腔和 c 腔;节流阀的出口压力 p_3 又经反馈通道 a 作用到减压阀的上腔 b,当减压阀的阀芯在弹簧力 F_s、液压油压力 p_2 和 p_3 作用下处于某一平衡位置时(忽略摩擦力和液动力等),则有

$$p_2 A_1 + p_2 A_2 = p_3 A + F_s \tag{18-1}$$

式中:A、A_1 和 A_2——分别为 b 腔、c 腔和 d 腔内压力油作用于阀芯的有效面积,且 $A = A_1 + A_2$。

故
$$p_2 - p_3 = \Delta p = F_s / A \tag{18-2}$$

因为弹簧刚度较低,且工作过程中减压阀阀芯位移很小,可以认为 F_s 基本保持不变。故节流阀两端压力差 $p_2 - p_3$ 也基本保持不变,这就保证了通过节流阀的流量基本稳定。

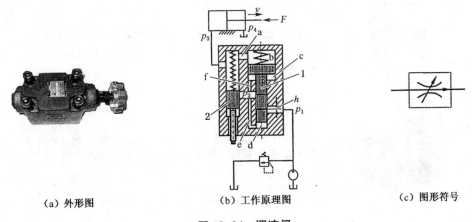

(a) 外形图 (b) 工作原理图 (c) 图形符号

图 18-24 调速阀
1—减压阀;2—节流阀

调速阀和节流阀在液压系统中的应用基本相同,节流阀适用于一般的节流调速系统,而调速阀适用于执行元件负载变化大而运动速度要求稳定的系统中。

18.4 辅助元件

液压系统中的辅助元件有滤油器、蓄能器、油箱、热交换器、密封装置等,如液压助力转向系统中的转向油罐就是辅助元件。这些元件虽然仅起到辅助作用,但是对系统的工作性能有直接的影响,甚至影响到系统正常工作,必须给予足够的重视。

1) 滤油器

(1) 作用

滤油器的功用是过滤混在液压油中的杂质,保证系统正常工作。

(2) 类型

滤油器按其滤芯材料的过滤机制分为表面型滤油器、深度型滤油器和吸附型滤油器三种,如表 18-5 所示。汽车上常用的滤油器主要有网式滤油器和吸附型滤油器(可用磁铁代替)。网式滤油器常安装于油底壳与油泵之间,而吸附型滤油器常用于变速器中。

表 18-5 常用滤油器的结构及其特点

名称	结构图	特点说明	图形符号
表面型		网式滤油器依靠铜丝网层数及网孔大小过滤。其特点是结构简单,油液通流能力大,清洗方便,但过滤精度低	
表面型		线隙式滤油器依靠线间微小间隙来过滤油液中的杂质。其特点是结构简单,油液通流能力大,过滤精度高,但滤芯材料强度低,不易清洗	
深度型		纸芯式滤油器的结构与线隙式相同,为了增大过滤面积,纸芯常制成折叠形。其特点是过滤精度高,但堵塞后无法清洗,必须更换纸芯	
吸附型		磁性滤油器的滤芯由永久磁铁制成,能吸住油液中的铁屑、铁粉和可带磁性的磨料等。可用磁铁代替	

2)蓄能器

(1)作用

蓄能器能够节能、补偿压力、吸收压力脉动、缓和冲击、提供应急动力等。

(2)类型

蓄能器主要有弹簧式和充气式两类,汽车上常用的有弹簧式蓄能器和皮囊式蓄能器,如表 18-6 所示。

表 18-6 常用蓄能器的结构及特点

名称	结构图	特点说明	图形符号
弹簧式		利用弹簧的压缩和伸长来储存、释放压力能,结构简单,反应灵敏。但容量小,供小流量、低压回路缓冲之用,不适用于高压或高频的工作场合	
皮囊式		结构简单,气囊惯性小,反应灵敏,安装方便,维修容易。但皮囊和壳体制造比较困难,并且皮囊强度不高,允许的液压波动值受到限制,只能在一定的温度范围内(-27~70℃)工作	

3）其他辅助元件

（1）油箱

油箱在液压系统中的功用是储存油液、散发油液中的热量、沉淀污物并逸出油液中的气体。

在液压系统中，可利用床身或底座内的空间作油箱，也可采用单独油箱。汽车中常用底座内的空间或使用小的油罐来做油箱。

（2）热交换器

液压系统在正常工作温度（30～50℃）下工作，如依靠自然冷却无法使油温控制在上述范围内时，需要安装冷却器；反之，如环境温度太低无法使液压泵启动或正常运转时，必须安装加热器。

（3）密封装置

液压系统中具有相对运动的表面和固定连接的表面要进行可靠的密封，防止油液泄漏，提高液压系统的工作性能和效率。

任务归纳

1）通过常见液压元件的拆装，了解液压元件的基本知识：

（1）液压传动是以液体为工作介质，利用液体的压力能进行运动和动力传递的一种传动方式。

（2）动力元件是将机械能转换成为液压能的元件，按结构形式主要包括齿轮泵、叶片泵和柱塞泵。按排量分为定量泵和变量泵。执行元件是将液压能转换为机械能的元件，主要有液压缸和液压马达，前者做直线或摆动运动，后者做旋转运动。控制元件指压力、方向和流量控制阀。

（3）辅助元件指滤油器、蓄能器等元件。

2）通过液压元件的拆装，掌握液压元件的选用方法。

任务测评

技能目标	自评	互评	备注
1. 知道液压元件的分类吗?			
2. 知道液压元件的作用吗?			
3. 知道液压元件的工作原理吗?			
4. 能绘制液压元件的图形符号吗?			
5. 能独立拆装常见液压元件吗?			
6. 能按照操作规程规范操作吗?			

个人小结:

教师评价: 教师签名:

思考题

一、填空题

1. 液压泵按结构形式分为_____、_____和_____三类。
2. 液压系统的执行元件包括_____和_____。
3. 液压阀按照功用可分为_____、_____和_____三类。
4. 调速阀是_____和_____串联而成的组合阀。
5. 液压辅助元件主要有_____、_____、_____、_____和_____等。

二、判断题

1. 液压缸能将液压能变成机械的回转运动。（　）
2. 为了改变油液流动方向，应采用节流阀。（　）
3. 通常采用溢流阀进行设定液压系统的系统压力。（　）
4. 节流阀可以用于调整液压执行元件的运动速度。（　）
5. 液压辅助元件的损坏可以影响系统正常工作。（　）

三、简答题

1. 简述液压泵的工作原理。
2. 从能量转换角度说明液压泵、液压马达和液压缸三者的作用。
3. 说明液压阀的分类、作用、工作原理并画出其图形符号。
4. 液压辅助元件有哪些？简述其作用。
5. 举例说明各种液压元件在汽车上的应用。

参考文献

[1] 吴笑伟. 汽车机械基础教程. 北京:北京大学出版社,2012.
[2] 吴笑伟. 汽车机械基础教程. 哈尔滨:哈尔滨工程大学出版社,2014.
[3] 刘力,王冰. 机械制图. 北京:高等教育出版社,2008.
[4] 程叶军. 汽车材料与金属加工. 北京:中国劳动社会保障出版社,2007.
[5] 凌永成. 汽车运行材料. 北京:北京大学出版社,2013.
[6] 王纪安. 工程材料与成形工艺基础. 北京:高等教育出版社,2009.
[7] Hibbeler R C. 工程力学. 董春敏,金云平,译. 北京:电子工业出版社,2006.
[8] 武昭晖,张淑娟. 工程力学. 北京:北京大学出版社,2008.
[9] 陆一心,陆维倩,陆维佳. 汽车液压系统及故障维修. 北京:化学工业出版社,2007.